国家社科基金重大项目"构建全民共建共享的社会矛盾纠纷多元化解机制研究"（15ZDC029）阶段性成果

中国调解研究文丛（理论系列）
总主编　廖永安

调解协议
司法确认程序研究

王国征　等◎著

中国人民大学出版社
· 北京 ·

总　序

美国法理学者富勒曾言："法治的目的之一在于以和平而非暴力的方式来解决争端。"在所有第三方纠纷解决机制中，调解无疑是合意最多、强制最少的和平方式。从古代儒家的"无讼"理念，到抗日民主政权时期的"马锡五"审判模式，再到新时代的"枫桥经验"，调解凝聚为中华民族独特的法律文化意识，不仅是外显于中华社会的治理模式，而且是内嵌于淳朴人心的处事习惯与生活方式；不仅是人们定分止争的理想选择、思维习惯，而且是为人称颂的息事宁人、和睦相处的传统美德。更为弥足珍贵的是，源自东方的调解文化，在发展和传播的过程中，其理念和价值早已为域外文明所接受，成为西方话语主导下的现代司法体系中一个难得的东方元素和中国印记。

然而，在我国现代化转型的过程中，调解制度仍主要遵循由政府主导的自上而下式发展进路，要么在法治现代化改革中被边缘化，要么在维护社会稳定大局中被急功近利地运动化推进，导致各种调解制度处于不确定、不规范的运作状态。与之相伴随的是，法律人对调解的研究也大多埋首于优势、意义等"形而上"的宏大叙事问题，对调解现代化面临的困境与对策则缺乏深入分析。调解研究就像一只"无脚的鸟"，始终没有落到可以栖息、生长的实地，呈现浮躁、幼稚的状态。在现实的调解实战中，调解队伍庞大但调解员素质参差不齐、调解基准多样但缺乏法律支撑、调解程序灵活但少有必要规范、调解方法多元但囿于直接经验等，这些都成为制约调解实践进一步发展的瓶颈。由此观之，我国调解在现代化转型中仍滞留在经验层面，缺乏理论化、系统化、规模化、现代化的升华，以致有些人视其为"与现代法治精神相悖"的历史遗留，对中华民族自身的调解传统、制度和实践缺乏足够的道路自信、理论自信、制度自信和文化自信。

放眼域外，西方法治发达国家为克服对抗式诉讼代价昂贵等固有弊端，自 20 世纪 70 年代末以来，提倡推行以调解为核心的非诉纠纷解决机制，形成了接近正义运动的"第三次浪潮"。目前，在不少西方发达国家，调解的学科化或科学化发展趋势十分明显。社会学、心理学、经济学等研究成果在调解领域的广泛应用，不仅大大提升了调解的科学化水平，还使调解成为一门新兴的综合学科。体系化、标准化的调解课程不仅是调解员培训必修的课程，而且成为法学院的常规课程。调解学科的兴起，还催生了一个行业。在一些国家，调解已经成为人们可以终身从事的一种职业。

因此，在调解的现代化转型上，不得不承认在不少方面我们已经落后了。这引起了我们的忧思。我们的文化传统在异域他乡能呈现科学化、体系化、职业化与商业化的欣欣向荣景象，实用主义的引导与作用，或许可以成为答案之一，但从技术层面而言，精细化的研究始终是一个不可逾越的基础。如果我们再不警醒，再不转变调解的研究方式，再不提升调解的精细化研究水平，长此以往，调解话语权的失去将成为必然。因此，调解的实践者和研究者需要有持之以恒的毅力去推动中国调解制度的发展。基于这样的使命感，我们策划出版了"中国调解研究文丛"，力图在以下方面有所裨益。

其一，促进调解制度改革，提升社会治理水平。党的十九大报告提出，要打造全民共建共治共享的社会治理格局，强调加强预防和化解社会矛盾机制建设，正确处理人民内部矛盾。毋庸置疑，调解在我国社会矛盾化解中起着举足轻重的作用。而政策性因素对调解的长久发展而言，更像是一个"药引子"，真正让调解养成"健康体魄"的还是制度性因素。我国现行的调解制度主要包括人民调解、法院调解、行政调解、仲裁调解、商事调解、行业调解等。文丛将充分回应如何夯实人民调解制度、规范行政调解制度、改革法院调解制度、发展商事调解等新型调解制度等关键问题，并注重各种制度之间的对接、协调与平衡，探寻科学的制度创新与改革路径，以此建立起一套科学高效的社会矛盾化解机制，提升我国的社会治理水平。

其二，创新调解研究范式，构建调解的"中国话语体系"。调解研究范式不论是彻头彻尾的洋腔洋调，还是墨守成规的自说自话，抑或是一孔之见的片面窥探，都无法铿锵有力并落地生根。我们只有立足本土资源，把握国际调解新动向，并展开跨学科研究，才有可能使调解的中国话语掷地有声。文丛就实证性而言，它客观、可信，考证严密；就国际性而言，它深刻、独到，视野宽阔；就跨学科性而言，它多元、缜密，交叉融合，希冀为构建调解的"中国话语体系"指明基本方向。

其三，建立调解教材体系，增强调解人才培养能力。开发一套科学、系统、规范、实用的调解教材，为调解人才培养提供强有力的理论指导和体系化的培训支撑，具有重要的现实意义。文丛力图填补国内系统化调解教材的空白，改进当前少量既有教材存在的理论性不彰、实践性不强、操作性不便等不足，希望抓住调解员这一核心要素，从调解经验总结、调解经典案例评析、社会心理学在调解中的应用、中国调解文化解读、调解策略梳理等多维度构筑我国调解教材体系，进而提升我国培养调解人才的能力。

文丛的开发得到了最高人民法院和司法部的鼎力支持，并分为两个子系列：一个是理论系列，由最高人民法院李少平副院长担任顾问，其编写主要依托最高人民法院与湘潭大学共建的多元化纠纷解决机制研究基地；另一个是实务系列，由司法部刘振宇副部长担任顾问，其编写主要依托司法部与湘潭大学共建的调解理论研究与人才培训基地。此外，文丛的编写与出版还获得了中国民事诉讼法学研究会 ADR 理论研究专业委员会、中国仲裁法学研究会调解与谈判专业委员会、调解研究领域的知名学者、调解实务界权威专家以及中国人民大学出版社的大力支持。我们期望并相信，文丛的面世将为构筑我国科学的调解人才培养培训体系提供理论指导，为全面发挥调解在促进社会矛盾化解、社会治理创新中的作用提供智力支持，为构建适应我国现代化进程和独具中国特色的调解话语体系作出贡献。

是为序。

谢　勇　廖永安
2019 年 2 月

目　录

导　言

　　调解为化解民事纠纷的多元化机制之一，是指在第三人的主持下，通过斡旋、协商、劝说、教育等手段，促使纠纷当事人之间达成基于自主意志的协议，以消除争议的一种法律制度。[①]

　　依照不同的标准，调解可进行不同的分类。依据主持调解者不同，调解可以分为机构调解与个人调解。前者为一些组织机构作为调解人的调解；后者为一般公民作为调解人的调解。

　　就机构调解而言，依机构的性质不同还可将调解进一步分为社会调解（包括行业调解、商事调解）、人民调解、法院调解、仲裁调解、公证调解、行政调解等。一般社会机构进行的调解为社会调解；人民调解委员会进行的调解为人民调解；法院在民事诉讼过程中进行的调解，为法院调解；仲裁机构在仲裁过程中进行的调解为仲裁调解；公证机构进行的调解为公证调解；行政机关进行的调解为行政调解。[②]

　　依法律效力不同，调解可以分为诉讼调解与诉讼外调解。诉讼调解，也称为法院调解，即在民事诉讼过程中由法院主持的调解。法院主持的诉讼调解，是法院行使国家审判权的一种方式。调解达成协议，一般情况下由法院根据调解协议制作调解书。生效的调解书与生效的判决具有同等的

---

　　① 廖永安主编：《中国调解学教程》，湘潭，湘潭大学出版社 2016 年版，第 24 页。

　　② 应当注意的是，行政调解解决的问题不是行政争议，而是由行政机关主持的对民事纠纷的调解，如公安机关对伤害赔偿案件、交通肇事赔偿案件进行的调解。

法律效力，可以作为执行依据。①② 诉讼外调解，也称为非诉调解，包括社会调解（含行业调解、商事调解等）、人民调解、行政调解、仲裁调解、公证调解。诉讼外调解，调解人进行调解并非行使国家审判权的一种方式，其所达成的调解协议，一般不能作为执行依据（仲裁调解协议是具有法律效力

---

　　① 1982 年 3 月 8 日，中华人民共和国第五届全国人民代表大会常务委员会第二十二次会议通过《中华人民共和国民事诉讼法（试行）》（简称 1982 年《民事诉讼法（试行）》），自 1982 年 10 月 1 日起试行。此为我国第一部民事诉讼法典。1991 年 4 月 9 日，第七届全国人民代表大会第四次会议通过《中华人民共和国民事诉讼法》（简称 1991 年《民事诉讼法》）；2007 年 10 月 28 日，第十届全国人民代表大会常务委员会第三十次会议通过《关于修改〈中华人民共和国民事诉讼法〉的决定》（简称 2007 年《民事诉讼法》），共 19 个条文，主要涉及再审程序和执行程序；2012 年 8 月 31 日，第十一届全国人民代表大会常务委员会第二十八次会议通过《关于修改〈中华人民共和国民事诉讼法〉的决定》（简称 2012 年《民事诉讼法》），共涉及 60 个条文，对《民事诉讼法》进行了全面修订；2017 年 6 月 27 日，第十二届全国人民代表大会常务委员会第二十八次会议通过《关于修改〈中华人民共和国民事诉讼法〉和〈中华人民共和国行政诉讼法〉的决定》（简称 2017 年《民事诉讼法》），就《民事诉讼法》修改而言，第 55 条增加 1 款，作为第 2 款，规定了人民检察院提起和支持民事公益诉讼。
　　② 1991 年《民事诉讼法》第 89 条第 1 款规定："调解达成协议，人民法院应当制作调解书。调解书应当写明诉讼请求、案件的事实和调解结果。"第 2 款规定："调解书由审判人员、书记员署名，加盖人民法院印章，送达双方当事人。"第 3 款规定："调解书经双方当事人签收后，即具有法律效力。"该内容在 2007 年《民事诉讼法》中的序号仍为第 89 条，在 2012 年《民事诉讼法》的序号为第 97 条。1991 年《民事诉讼法》第 216 条第 2 款规定："调解书和其他应当由人民法院执行的法律文书，当事人必须履行。一方拒绝履行的，对方当事人可以向人民法院申请执行。"该内容在 2007 年《民事诉讼法》中的序号为第 212 条第 2 款，在 2012 年《民事诉讼法》中的序号为第 236 条第 2 款。上述规定，明确了法院调解不仅具有法律效力，而且具有强制执行的效力。

的，仲裁调解书可以作为执行依据①②）。

---

　　①　我国目前有两种仲裁：民间仲裁和行政仲裁。前者的仲裁机构属于民间组织，后者的仲裁机构属于行政机构。前者如中国国际贸易仲裁委员会、北京仲裁委员会等；后者包括劳动争议仲裁委员会和农村土地承包仲裁委员会。关于民间仲裁调解法律效力的规定有：1991 年《民事诉讼法》第 207 条第 2 款规定："法律规定由人民法院执行的其他法律文书，由被执行人住所地或者被执行的财产所在地人民法院执行。"第 217 条第 1 款规定："对依法设立的仲裁机构的裁决，一方当事人不履行的，对方当事人可以向有管辖权的人民法院申请执行。受申请的人民法院应当执行。"2007 年《民事诉讼法》第 212 条第 2 款、第 213 条第 1 款与 2012 年《民事诉讼法》第 236 条第 2 款、第 237条第 1 款均有相似或相同的规定。1992 年 7 月 14 日，最高人民法院审判委员会第 528 次会议讨论通过《关于适用〈中华人民共和国民事诉讼法〉若干问题的意见》（简称 1992 年《民诉意见》）第 256条第 1 款规定："民事诉讼法第二百零七条第二款规定的由人民法院执行的其他法律文书，包括仲裁裁决书、公证债权文书。"《中华人民共和国仲裁法》（1994 年 8 月 31 日第八届全国人民代表大会常务委员会第九次会议通过　根据 2009 年 8 月 27 日第十一届全国人民代表大会常务委员会第十次会议《关于修改部分法律的决定》第一次修正　根据 2017 年 9 月 1 日第十二届全国人民代表大会常务委员会第二十九次会议《关于修改〈中华人民共和国法官法〉等八部法律的决定》第二次修正）第51 条规定："仲裁庭在作出裁决前，可以先行调解。当事人自愿调解的，仲裁庭应当调解。调解不成的，应当及时作出裁决。调解达成协议的，仲裁庭应当制作调解书或者根据协议的结果制作裁决书。调解书与裁决书具有同等法律效力。"第 62 条规定："当事人应当履行裁决。一方当事人不履行的，另一方当事人可以依照民事诉讼法的有关规定向人民法院申请执行。受申请的人民法院应当执行。"上述规定，明确了民间仲裁调解不仅具有法律效力，而且具有强制执行的效力。

　　②　关于行政仲裁调解法律效力的规定有：《中华人民共和国劳动争议调解仲裁法》（2007 年 12月 29 日第十届全国人民代表大会常务委员会第三十一次会议通过）第 14 条第 1 款规定："经调解达成协议的，应当制作调解协议书。"第 2 款规定："调解协议书由双方当事人签名或者盖章，经调解员签名并加盖调解组织印章后生效，对双方当事人具有约束力，当事人应当履行。"第 3 款规定："自劳动争议调解组织收到调解申请之日起十五日内未达成调解协议的，当事人可以依法申请仲裁。"第 15 条规定："达成调解协议后，一方当事人在协议约定期限内不履行调解协议的，另一方当事人可以依法申请仲裁。"第 16 条规定："因支付拖欠劳动报酬、工伤医疗费、经济补偿或者赔偿金事项达成调解协议，用人单位在协议约定期限内不履行的，劳动者可以持调解协议书依法向人民法院申请支付令。人民法院应当依法发出支付令。"第 51 条规定："当事人对发生法律效力的调解书、裁决书，应当依照规定的期限履行。一方当事人逾期不履行的，另一方当事人可以依照民事诉讼法的有关规定向人民法院申请执行。受理申请的人民法院应当依法执行。"《中华人民共和国农村土地承包经营纠纷调解仲裁法》（2009 年 6 月 27 日第十一届全国人民代表大会常务委员会第九次会议通过）第 7 条规定："村民委员会、乡（镇）人民政府应当加强农村土地承包经营纠纷的调解工作，帮助当事人达成协议解决纠纷。"第 10 条第 1 款规定："经调解达成协议的，村民委员会或者乡（镇）人民政府应当制作调解书。"第 2 款规定："调解协议书由双方当事人签名、盖章或者按指印，经调解人员签名并加盖调解组织印章后生效。"第 11 条第 1 款规定："仲裁庭对农村土地承包经营纠纷应当进行调解。调解达成协议，仲裁庭应当制作调解书；调解不成的，应当及时作出裁决。"第 2 款规定："调解书应当写明仲裁请求和当事人协议的结果。调解书由仲裁员签名，加盖农村土地承包仲裁委员会印章，送达双方当事人。"第 3 款规定："调解书经双方当事人签收后，即发生法律效力。在调解书签收前当事人反悔的，仲裁庭应当及时作出裁决。"第 49 条规定："当事人对发生法律效力的调解书、裁决书，应当依照规定的期限履行。一方当事人逾期不履行的，另一方当事人可以向被申请人住所地或者财产所在地的基层人民法院申请执行。受理申请的人民法院应当依法执行。"

非诉调解（不含仲裁调解）所达成的调解协议不具有法律效力，不利于发挥非诉调解在解决民事纠纷中的功能。为此，2012 年《民事诉讼法》在实践的基础上，在特别程序一章中规定了"确认调解协议案件"一节。2012 年《民事诉讼法》第 194 条规定："申请司法确认调解协议，由双方当事人依照人民调解法等法律，自调解协议生效之日起三十日内，共同向调解组织所在地基层人民法院提出。"第 195 条规定："人民法院受理申请后，经审查，符合法律规定的，裁定调解协议有效，一方当事人拒绝履行或者未全部履行的，对方当事人可以向人民法院申请执行；不符合法律规定的，裁定驳回申请，当事人可以通过调解方式变更原调解协议或者达成新的调解协议，也可以向人民法院提起诉讼。"调解协议司法确认机制的确立，实现了非诉调解与司法程序之间的有效衔接，激活了非诉调解的生机和活力，促进了多元纠纷解决机制的不断完善。[1][2]

关于调解协议司法确认程序的概念，存在不同的表述。第一种观点认为："确认调解协议案件，是指当事人对经人民调解委员会等调解组织调解达成的协议，依法申请人民法院予以确认，并赋予该调解协议具有强制执行力的案件。"[3][4] 第二种观点认为："确认调解协议案件，又称司法确认案件，是指法院根据双方当事人的共同申请，依法对调解组织调解达成的调

[1] 全国人大常委会法制工作委员会民法室编著：《2012 民事诉讼法修改决定条文释解》，北京，中国法制出版社 2012 年版，第 241 页。

[2] 有观点认为，确认调解协议案件中的"调解协议"是指"法院调解以外，无论是否具有调解职能的国家机关、社会团体、其他组织以及人民调解员、仲裁员，在当事人自愿、平等的基础上，不违背法律、法规和国家政策进行调解，尊重当事人权利的原则，经民间调解、行政调解、仲裁调解，双方当事人达成的民事调解协议。双方当事人认为必要的，都可以在调解协议生效后一定时间内（一般不超过 3 个月）共同向人民法院申请司法确认。""这里的调解协议不包括劳动争议调解协议。"最高人民法院民事诉讼法修改研究小组编著：《〈中华人民共和国民事诉讼法〉修改条文理解与适用》，北京，人民法院出版社 2012 年版，第 384 页。该观点将民间仲裁调解协议和农村土地承包经营纠纷调解协议列入可司法确认的范围，显然是与有关法律规定相矛盾的。

[3] 全国人大常委会法制工作委员会民法室编著：《2012 民事诉讼法修改决定条文释解》，北京，中国法制出版社 2012 年版，第 240、241 页；全国人民代表大会常务委员会法制工作委员会编：《中华人民共和国民事诉讼法释义：最新修正版》，北京，法律出版社 2012 年版，第 456 页。

[4] 类似的表述为："确认调解协议案件，是指当事人对经人民调解委员会等调解组织调解达成的协议，依法申请人民法院予以确认其效力，以使其具有强制执行力的案件。"江伟主编：《民事诉讼法学》，北京，北京大学出版社 2015 年版，第 334 页。

解协议进行审查并确认其法律效力的案件。从性质上说，确认调解协议案件的程序属于非讼程序。"① 第三种观点认为："调解协议司法确认程序，是指人民法院适用审查当事人提出的调解协议司法确认案件的程序。调解协议司法确认案件，是指对于当事人之间民事权利义务纠纷，经人民调解组织和其他依法成立的具有调解职能的组织调解达成具有民事合同性质的协议后，由双方当事人共同到人民法院申请确认调解协议的法律效力的一种案件类型。"② 第四种观点认为："所谓调解协议司法确认程序是指对于涉及当事人之间民事权利义务的纠纷，经人民调解组织调解达成具有民事合同性质的协议后，由双方当事人向人民法院共同申请确认调解协议的法律效力的程序。"③④ 第五种观点认为："调解协议司法确认，是指纠纷主体在法院和仲裁机构以外的调解组织的主持下达成调解协议，当事人向有管辖权的法院申请司法确认，法院对调解协议进行审查，确认调解协议效力，并作出具有法律强制执行力文书的司法程序。"⑤ 根据 2012 年《民事诉讼法》第 195 条的规定，法院受理申请调解协议司法确认后，经审查，符合法律规定的，裁定调解协议有效，一方当事人拒绝履行或者未全部履行的，对方当事人可以向人民法院申请执行；不符合法律规定的，裁定驳回申请。作为执行根据的是认定调解协议有效的裁定，而不是调解协议；驳回申请的裁定，不是执行根据（根据司法解释，尚存在不予受理的裁定，同样也不是执行根据）。据此，第一种观点使人不仅产生申请司法确认的调解协议仅限于人民调解协议的误解，而且产生调解协议也可作为执行根据的误解。第二种观点无法解释非诉调解协议可能在法院确认之前就具有法律效力。

　　① 宋朝武主编：《民事诉讼法学》，北京，高等教育出版社 2017 年版，第 342、343 页。
　　② 汤维建主编：《民事诉讼法学》，北京，北京大学出版社 2014 年版，第 351 页。
　　③ 江伟主编：《民事诉讼法》，北京，高等教育出版社 2016 年版，第 356 页。
　　④ 类似的观点还有：一种情况是在"司法确认程序的涵义"标题下，内容为"所谓确认人民调解协议程序，就是指调解当事人申请人民法院就调解协议进行审查确认其法律效力的一种非讼程序"。张卫平：《民事诉讼法》，北京，法律出版社 2016 年版，第 459 页。另一种情况是，"调解协议司法确认程序，是指人民法院根据双方当事人的申请，对人民调解委员会主持下达成的解决纠纷的调解协议，依法予以确认并赋予其强制执行力的程序"。蔡虹：《民事诉讼学》，北京，北京大学出版社 2016 年版，第 425 页。
　　⑤ 王福华：《民事诉讼法学》，北京，清华大学出版社 2015 年版，第 418 页。

第三种观点存在相互指引的不足。第四种观点将司法确认程序适用的范围仅限于人民调解协议。相比而言，第五种观点较为全面。

笔者认为，调解协议司法确认程序，是指人民法院审查非诉调解协议（不含仲裁调解协议）效力申请所适用的一种特别程序。

第一章 调解协议司法确认程序的立法进程

调解协议司法确认程序的立法进程，是与承认人民调解协议的民事合同的法律性质、保障人民调解协议的其他法律机制一起，不断发展完善的。总的看来，该发展历程经历了从司法实务到立法，从人民调解协议到一般调解协议。具体而言，该发展历程为从不承认人民调解协议的法律效力（更遑论其他调解协议的效力）到司法实务中承认人民调解协议的民事合同法律效力，再到司法实务有条件承认调解协议的司法确认；承认一般调解协议的民事合同效力；进一步明确调解协议的司法确认程序；最终在立法上规定人民调解协议的司法确认，再发展到在立法上规定一般调解协议的司法确认程序。

第一节　2002 年之前人民调解协议无任何法律效力

一、1954 年《人民调解委员会暂行组织通则》中的规定

1954 年 2 月 25 日，政务院通过的《人民调解委员会暂行组织通则》对于人民调解协议的法律效力，并没有具体规定。不过，1954 年《人民调解委员会暂行组织通则》第 8 条规定："调解委员会调解案件时，应利用生产空隙时间进行工作，应倾听当事人的意见，深入调查研究，弄清案情，以和蔼耐心的态度，说理的方式，进行调解。案件调解成立后，得进行登记，必要时得发给当事人调解书。"第 9 条规定："调解委员会调解案件，如有违背政策法令情形，人民法院应予以纠正或撤销。"

在理论上，有学者认为："自愿原则是调解工作的首要原则，这项原则的实际运用不仅表现在调解需要有双方当事人出自内心的同意，而且要求调解工作者在调解各种纠纷的过程中，必须坚持民主的即循循善诱、说服教育、批评和自我批评的方法，不得强迫命令、独断专行、施加压力、不得把自己的意志强加于双方当事人，调解的结果（调解协议）也必须经过双方当事人的同意才能成立，当事人双方或一方对于已经达成的调解协议可以追悔，不通过调解组织径直向人民法院起诉。这样就完全排除了调解组织有可能采用审判的或行政的方法去解决民间纠纷。"[①] 按照这一观点，人民调解委员会主持达成的调解协议没有任何法律效力。

二、1982 年《民事诉讼法（试行）》中的规定

1982 年《民事诉讼法（试行）》第 14 条第 1 款规定："人民调解委员会是在基层人民政府和基层人民法院指导下，调解民间纠纷的群众性组织。"第 2 款规定："人民调解委员会依照法律规定，根据自愿原则，用说服教育的方法进行调解工作。当事人对调解达成的协议应当履行；不愿调解或者调解不成的，可以向人民法院起诉。"第 3 款规定："人民调解委员会调解案件，如有违背政策法律的，人民法院应当予以纠正。"对于 1982 年《民事诉讼法（试行）》第 14 条的规定，有学者进行解读认为："在人民调解委员会主持下达成的调解协议，对双方有约束力，应当自动履行，但不能强制执行。不愿调解或者调解不成的，可以向人民法院起诉，任何人都不得压制。所谓'不愿调解'，包括一方或者双方都不愿调解，也包括当事人不愿由某一个人或者某几个人调解。所谓'调解不成'，包括调解达不成协议，或者虽然达成了协议，但一方或者双方事后翻悔，拒不履行，纠纷仍然存在等几种情况。"[②] 还有学者认为：人民调解委员会主持下的调解所达成的协议，"主要靠双方当事人相互的承诺、信用和社会舆论等道德力量来维持，由当事人自觉履行，不具有法律上的强制性。如果当事人一方或双方翻悔，有

---

① 韩延龙：《我国人民调解工作的三十年》，载《法学研究》1981 年第 2 期，第 49 页。

② 程延陵、朱锡森、唐德华、杨荣新：《中华人民共和国民事诉讼法（试行）释义》，长春，吉林人民出版社 1984 年版，第 20 页。

权向人民法院起诉，任何个人和单位不能加以干涉和阻止"[1]。"经调解达成协议后，一方当事人又反悔，继而向人民法院起诉，调解委员会可以再做工作，说服教育，但说服无效，当事人仍坚持向人民法院起诉，调解委员会也不得阻拦。"[2]

关于人民调解协议的性质，涉及人民调解协议是否属于民事法律行为。肯定人民调解协议是民事法律行为的理由有：（1）调解协议的达成，是双方当事人一致的意思表示预期产生的民事法律后果，因此，调解协议是双方的民事法律行为。（2）人民调解是纠纷当事人自愿请求调解组织的帮助，他们在真实和不受威胁欺诈的基础上表达自己的意志。调解协议正是调解组织按照当事人的意志引导他们自愿在互谅互让的基础上正确处理相互间的权利义务关系而形成的。人民调解委员会调解民间纠纷的依据是国家的法律和政策，其目的也正是在于教育、说服当事人依照法律的要求正确处理相互间的权利义务关系，所以当事人接受调解也是按照法律和政策要求，在调解人员监督下进行的合法民事行为。（3）人民调解与法院调解及行政调解的根本区别，在于它是一种民间调解制度。人民调解委员会是法定的民间调解组织，它所主持的调解活动只能是调整当事人相互间权利义务关系的民事法律行为。否定人民调解协议是民事法律行为的理由有：（1）民事法律行为是独立的、平等的民事主体依法根据自己的意志所实施的能够产生民事权利和民事义务的合法行为。在调解过程中，调解委员会要独立进行意思表示，并且这种意思表示不受当事人的约束。所以调解协议不完全是当事人意思表示的结果，而是调解人员和当事人共同意思表示的结果。（2）民事法律行为是以设立、变更、终止民事权利和民事义务为目的的行为，而有的调解协议并不以设立民事权利和民事义务关系为目的，有的调解协议也不是以变更、终止原有的法律关系为目的。在大量的民事纠纷中，并不是因权利人的权利受到侵犯，也不是义务人不履行义务。这就很难在当事人间划分权利义务关系，因而调解协议缺乏民事法律行为的目的要素。（3）民事法律行为是符合民事法律规范的合法行为。人民调解组织可调解的民事纠纷范围不同于法律所调整的社会关系范围。人民调解除依据法律

---

[1] 梁贤一：《第一讲　什么是人民调解？》，载《人民司法》1982 年第 3 期，第 31 页。

[2] 梁贤一：《第五讲　人民调解工作的原则和纪律》，载《人民司法》1982 年第 8 期，第 27 页。

政策调解外，主要是依据道德规范，而且所占的比重比较大，所以调解该类纠纷所达成的协议不一定符合民事法律规范。① 与人民调解协议是否属于民事法律行为相近的问题是人民调解协议是否属于民事合同？对此，也有不同看法。一种观点认为，人民调解协议是发生纠纷的双方当事人关于消除纠纷，在彼此间设立、变更、终止民事关系的协议，是民事合同；人民调解协议是符合民事合同的本质要求的，它是一种双务合同，是双方法律行为。② 另一种观点主张，不宜将人民调解协议视为民事合同。民事合同一般是为确立一定民事权利义务而成立的，而调解协议只是为解决一定民事权利义务纠纷成立的，二者的目的与意义不同；即使某些民事合同是变更、消灭某种权利义务关系，也是确定权利义务本身，而不是解决现存的权利义务纠纷，二者的作用与意义也不同。再者，任何一种民事合同都具有一定的属性，而调解协议除了反映发生纠纷而获得调解解决的那个合同的性质外，并不存在任何独立的合同性质。③

对于人民调解协议的效力，法学界存在着截然相反的两种观点：(1) 肯定说。该说认为人民调解委员会制作的调解协议书应具有法律约束力，其理由有：第一，人民调解委员会的法律地位是由我国宪法和法律赋予的。人民调解制度作为我国司法制度的重要补充，成为我国一项重要的法律制度，如果调解委员会作出的调解协议不具有法律效力，势必影响宪法赋予它调解民间纠纷职权的行使。第二，从调解协议书的内容看，1954年《人民调解委员会暂行组织通则》把遵守政策、法律作为调解工作的第一条原则。因此，调解协议书的内容是符合法律与政策的规定的。第三，从调解委员会调解纠纷的要求看，通过做说服疏导工作，使当事人自愿调整双方的法律关系，这是对当事人之间存在的法律关系的重新确定，这种确定是当事人的真实意思表示。因此，在调解委员会主持下达成协议是一种合法的法律行为，法律行为具有法律约束力，当事人都要自觉履行。④ (2) 否定说。该说认为人民调解委员会制作的调解协议书没有法律效

---

① 朱长立：《关于人民调解若干问题的研究》，载《法学研究》1992年第5期，第81页。
② 王坚平：《关于人民调解协议的争议》，载《河北法学》1988年第6期，第39、40页。
③ 刘家兴：《关于人民调解的几个理论问题》，载《法学研究》1987年第6期，第66、67页。
④ 贺剑强：《人民调解协议应具有法律效力》，载《法学》1987年第6期，第49页。

力，其理由有：首先，如果人民调解协议具有法律效力，则人民调解委员会的法律地位要改变。从事调解工作的主体是人民调解委员会，人民调解委员会是在基层人民政府和人民法院指导下，用说服教育的方式调解民间纠纷的基层群众性自治组织。它既不是国家审判机关，也不是政府行政部门，因而不具备司法职权，因此，如果确定人民调解协议具有法律效力，那么实际上就等于把执法的权能授予了一个群众性的自治组织。这不仅理论上说不通，而且有损国家法律的尊严。其次，人民调解协议具有法律效力不利于我国调解体系的系统化、科学化。我国除了人民调解以外，还有行政调解和司法调解。这三种调解主体的地位不同，达成协议的效力也各不相同，形成了三个有效的层次和防御系统。如果基层群众性自治组织调解所达成的协议具有法律效力，而国家行政机关调解所达成的协议却只有行政约束力，势必造成我国调解科学体系、结构的紊乱。再次，人民调解协议具有法律效力有悖于人民调解的本质特点和基本原则。坚持自愿性是人民调解显著的本质特点之一，也是我国人民调解工作长期坚持的优良传统和基本原则。调解协议是建立在当事人自愿基础上的，它的履行只能依靠社会公德和当事人的自觉。当事人不愿调解，或达成协议后反悔的，可以向人民法院起诉，这是当事人的民事权利，调解委员会不得进行干预。强求当事人履行协议，必然同人民调解工作的基本原则相悖。最后，从实践情况看，调解人员文化水平还比较低，政策和法律知识还比较欠缺，一些调解人员不能正确地按照法律、政策和道德规范平息纠纷，而是依靠长辈威严、风俗习惯"和稀泥"，有的甚至利用工作便利搞强迫调解或者袒护一方当事人，文化水平低、不懂法的当事人慑于调解人员的威严而"自愿地"接受一些违背法律政策的调解协议，一旦事后醒悟，常常追悔莫及，拒不履行。如果不论调解协议的内容是否违法，当事人是否反悔，都一律强迫当事人去履行，势必会损害人民群众的合法权益和法律的严肃性、公正性，影响人民调解工作的声誉。①

　　从1982年《民事诉讼法（试行）》第14条第2款关于当事人应当履行人民调解协议的规定来看，似乎是承认人民调解协议的法律效力的，但法

---

① 杨少春：《人民调解协议不应具有法律效力》，载《法学》1987年第6期，第50页。

律又没有明确规定人民调解协议具有法律效力，更不存在强制执行效力。为此，学者们提出了确保人民调解协议履行的建议和措施，主要有：(1) 民事诉讼方式。有学者认为，1982 年《民事诉讼法（试行）》第 14 条的规定说明，"经过人民调解委员会调解达成的协议，当事人应当自觉地、积极地履行，而不应该久拖不行，或者出尔反尔，随意推翻自愿达成的协议。但是，如果当事人认为不合理，不服该协议，有权向人民法院起诉。这表明，经人民调解委员会调解达成的协议不具有法律效力。我们认为对这一问题应作适当的改革。因为，对人民调解委员会调解后所达成的协议，如果不加区别地一概都容许可以遵守，也可以不遵守，不仅会大大削弱人民调解委员会的作用，影响人民调解委员会的声誉，而且会使本来已经得到正确解决的纠纷，又起诉到人民法院，增加人民法院的负担。我们的意见是，对人民调解委员会已经调解过的纠纷，当事人又向人民法院起诉的，人民法院经过认真审核，对人民调解委员会确实调解错误或不当的，可予以受理，并作出裁判或者重新调解达成协议。经过核实，认为经人民调解委员会调解达成的协议是正确的或基本正确的，就应当驳回起诉，维持原调解协议"[①]。类似的说法认为，"人民调解协议具有与民事合同同等的法律效力，人民调解协议一经达成，对当事人有法律约束力。当事人都必须按照协议之规定，履行自己的义务。非依法律或他方当事人同意，不得变更或解除协议。一方拒不履行的，他方有权向人民法院提起诉讼，要求人民法院依法强制其履行。人民法院经审查，认为调解协议合法，应裁定维持原调解协议。有执行内容的调解协议，裁定生效后，当事人仍不履行的，经他方当事人申请，由人民法院强制执行；经审查，认为调解协议是无效的，应裁定原调解协议无效，驳回起诉；经审查认为调解协议是可撤销的，且在诉讼中对方当事人提出了撤销协议之请求，应裁定撤销原调解协议"[②]。(2) 司法确认方式。有学者建议："立法机关在有关法律中作出明文规定，对那些确属自愿达成的合法的调解协议，经过一定的司法程序所确认，承

---

① 柴发邦、李春霖：《改革与完善人民调解制度》，载《政法论坛》1986 年第 1 期，第 53、54 页。

② 王坚平：《关于人民调解协议的争议》，载《河北法学》1988 年第 6 期，第 41 页。

认其效力。"①（3）公证方式。认为在调解协议达成的同时，由双方当事人约定共同将调解协议提交国家公证机关确认和予以保护。国家公证机关可以对人民调解协议及其法律强制效力予以审查认可，并赋予其债权追索、给付内容以强制执行效力。（4）担保方式。认为对人民调解协议可以采取履行担保措施。人民调解协议确立的双方当事人的权利义务关系，多带有债权性质，为确保其履行，可以采用保证、抵押、定金或留置的债的担保方式。②

三、1989 年《人民调解委员会组织条例》中的规定

1989 年 5 月 5 日，国务院第四十次常务会议通过的《人民调解委员会组织条例》（国务院令第 37 号）（1989 年 6 月 17 日发布施行）对人民调解协议的效力予以明确。1989 年《人民调解委员会组织条例》第 9 条第 1 款规定："人民调解委员会主持下达成的调解协议，当事人应当履行。"第 2 款规定："经过调解，当事人未达成协议或者达成协议后又反悔的，任何一方可以请求基层人民政府处理，也可以向人民法院起诉。"1989 年《人民调解委员会组织条例》第 9 条的许多内容重申了 1982 年《民事诉讼法（试行）》第 14 条的，其重要不同是 1989 年《人民调解委员会组织条例》第 9 条第 2 款规定，经过调解，当事人达成协议后又反悔的，任何一方可以请求基层人民政府处理，也可以向人民法院起诉。

对于 1989 年《人民调解委员会组织条例》相关规定，较权威的观点认为，《人民调解委员会组织条例》"明确规定了调解协议具有法律的约束力。条例从确认和保障人民调解的合法性与严肃性出发，在第 9 条中明确规定：'人民调解委员会主持下达成的调解协议，当事人应当履行。'这是继民事诉讼法（试行）之后，再次明确肯定了调解协议对当事人具有法律约束力。这是由于调解协议是双方当事人在调解委员会主持下达成的一种民事法律行为，按照民法通则的规定，民事法律行为从成立时起具有法律约束力。行为人非依法律规定或者取得对方同意，不得擅自变更或者解除。而且条例还明确规定，基层人民政府对调解协议，'符合法律、法规、规章和政策

---

① 刘家兴：《关于人民调解的几个理论问题》，载《法学研究》1987 年第 6 期，第 67 页。
② 朱长立：《关于人民调解若干问题的研究》，载《法学研究》1992 年第 5 期，第 84 页。

的，应当予以支持；违背法律、法规、规章和政策的，应当予以纠正。'这不仅直接规定了调解协议具有法律约束力，而且对调解协议的履行也有所保护和监督"①。不过，也有学指出，1989年《人民调解委员会组织条例》第9条自身就是相互矛盾和冲突的。其第1款明确规定当事人应当履行人民调解协议，即隐含了人民调解协议是具有法律效力的，否则就不存在当事人应当履行的问题；第2款又规定，当事人达成协议后反悔的可以起诉，这就使调解协议不具有执行力和约束力，实际上又是对前文"应当履行"的否定，并最终导致司法实践中对调解协议的法律效力的否定。这就造成在司法实践中，人民法院对"调解后又反悔"的案件，不考虑调解协议的对错，这不仅影响和削弱了人民调解协议的法律效力，也挫伤了人民调解工作者的积极性。②

四、1991年《民事诉讼法》中的规定

1991年《民事诉讼法》第16条第1款规定："人民调解委员会是在基层人民政府和基层人民法院指导下，调解民间纠纷的群众性组织。"第2款规定："人民调解委员会依照法律规定，根据自愿原则进行调解。当事人对调解达成的协议应当履行；不愿调解、调解不成或者反悔的，可以向人民法院起诉。"第3款规定："人民调解委员会调解民间纠纷，如有违背法律的，人民法院应当予以纠正。"在1991年修改民事诉讼法的过程中，"有一种意见认为，调解达成的协议，对当事人双方、对社会都具有法律约束力，当事人不履行，应当强制执行。对当事人不愿调解、调解不成或者不履行调解协议的，应当请求基层人民政府的司法助理员处理，而不应向人民法院起诉。有的同志还要求规定调解委员会调解的案件符合政策法律的，人民法院应当予以维持；违背政策法律的，人民法院应当予以纠正。总之，想把调解组织的调解搞成一道必经的程序，把调解协议搞成具有强制执行

---

① 东其（作者工作单位：司法部基层工作司）：《谈谈〈人民调解委员会组织条例〉的几点新发展》，载《人民司法》1989年第9期，第43页。

② 联合调研组：《人民调解的新发展——新时期人民调解制度的调研报告》，载《上海市政法管理干部学院学报》1999年第2期，第59页。

力的文书，赋予司法助理员以裁决权。当然这种意见没有被采纳"①。有学者将 1991 年《民事诉讼法》第 16 条的解读为："人民调解不同于法院调解。在性质上，人民调解是诉讼外的调解活动，而人民法院调解则是一种诉讼活动，是人民法院行使审判权的一种方式。在效力上，人民调解达成的协议，当事人固然有义务履行，但它不具有法律上的强制效力，当事人反悔的，可以向人民法院起诉；而人民法院通过调解双方自愿达成的协议，则具有法律上的约束力和执行力，如果负有义务的当事人不履行法院调解协议，对方当事人有权申请人民法院强制执行。"②

显然，相比 1982 年《民事诉讼法（试行）》第 14 条第 2 款的规定，1991 年《民事诉讼法》第 16 条第 2 款的规定更明确地表明了人民调解协议不具有法律约束力。就当事人达成协议后反悔的可以向人民法院起诉而言，1991 年《民事诉讼法》第 16 条第 2 款事实上重申了 1989 年《人民调解委员会组织条例》第 9 条第 2 款的相关规定。

第二节　2002 年至 2004 年赋予人民调解协议民事合同性质

一、关于人民调解协议法律效力的探索

人民调解协议不具有约束力和执行力，影响了人民调解工作在群众中的威信，挫伤调解员的积极性。经过人民调解委员会调解达成调解协议的，一方不履行调解协议，另一方只能到法院起诉。当事人起诉到法院后，法院通常不会考虑双方已经达成的调解协议，而仅仅对当事人原来的民事纠纷进行处理。这就相当于当事人在人民调解委员会主持下达成的调解协议根本不存在。这种状况在一定程度上妨碍了当事人选择人民调解作为解决民事纠纷的途径，导致人民调解制度在实践中存在着萎缩的态势，人民调

---

① 唐德华：《民事诉讼立法与适用》，北京，中国法制出版社 2002 年版，第 310 页。
② 方昕主编：《中华人民共和国民事诉讼法释义》，北京，红旗出版社 1991 年版，第 23 页。

解制度的功能和作用不能得到应有的发挥。① 为解决人民调解协议的法律效力问题，在理论上，有学者指出："需要在立法中解决在司法程序中如何使人民调解程序与诉讼程序有机衔接并通过诉讼程序支持正确的调解、纠正错误的调解的问题。"② 有学者主张采取人民调解协议核准制度。"人民调解协议核准制度，是指在人民调解委员会主持下，当事人双方（或多方）自愿达成的人民调解协议，经人民法院审核批准，具有法律约束力的制度。人民调解协议核准制度兼采调解和判决的优点。"③

　　在实践中，自 1999 年起，上海市杨浦、浦东、奉贤、长宁等区开始探索人民调解协议书的法律效力问题。其方式有：（1）人民调解协议书公证制。为解决人民调解协议书效力与人民调解权威性问题，上海地区采取人民调解协议书公证制。人民调解协议书公证制是指民间纠纷经过人民调解组织调解达成协议后，经当事人申请，公证机构对该协议进行公证，证明其真实性、合法性。为了使人民调解协议书公证制能规范运作，上海市部分区先后制定了《上海市普陀区人民调解协议书公证暂行办法》、《上海市普陀区人民调解协议书公证暂行办法实施细则》、《办理有关房屋产权分割的人民调解协议书公证程序》和《人民调解协议书公证须知》，形成了一套系统的运作规程。④（2）人民调解协议书审核制。为了解决调解协议书有效性差、反悔率高的问题，在上海市司法局的积极鼓励和指导下，2000 年杨浦区在全市率先探索人民调解协议书审核制，得到最高人民法院和司法部的充分肯定。⑤ 其主要做法是：民间纠纷经过人民调解委员会调解达成协议的，"由街道（镇）民间纠纷调解中心确认后，出具人民调解协议书。如一方当事人反悔或拒不履行协议，另一方当事人诉请法院维持原协议的，法院应当对当事人在街

---

① 最高人民法院民事诉讼法修改研究小组编著：《〈中华人民共和国民事诉讼法〉修改条文理解与适用》，北京，人民法院出版社 2012 年版，第 44 页。
② 孙东民、王学译：《〈人民调解法〉应当突破的几个问题》，载《当代司法》1998 年第 1 期，第 11 页。
③ 孙士祯：《论人民调解协议核准制度》，载《当代司法》1999 年第 1 期，第 61 页。
④ 郑耀抚：《人民调解制度的新发展——关于试行人民调解协议公证制的报告》，载《中国司法》2000 年第 11 期，第 50 页。
⑤ 上海市司法局：《人民调解——社会稳定的重要元素》，载《人民论坛》2001 年第 12 期，第 53 页。

道（镇）调解中心达成的协议书进行审核。如协议不违反法律、法规，不损害国家、集体、第三人及社会公共利益，也无重大误解或显失公平的，法院可以直接在判决中支持原协议；如原协议有瑕疵，法院可以通过判决予以救济；如原协议违背法律，人民法院应当予以纠正。当事人就原纠纷起诉的，法院在庭审中可以将原协议作为证据进行审查"。试行的人民调解协议书审核制，解决了人民调解制度的调解协议书缺乏法律约束力问题，通过调解程序与诉讼程序接轨，赋予人民调解协议书实质上的法律约束力，从而使人民调解活动得到司法保障，使人民调解的作用得到充分发挥。①

2001 年 9 月，北京市丰台区司法局和丰台区人民法院联合发布《关于加强和指导人民调解工作的意见》，依照该《意见》，丰台法院在审判活动中对合法的人民调解协议内容可以作为证据予以采信，或在法院调解书、判决书中予以采用，从而在客观上达到了通过诉讼程序赋予调解协议内容法律效力的目的，使人民调解组织主持下双方当事人依法自愿达成的协议在国家司法程序中得到了确认和支持。②

2002 年 7 月上海法院在全国率先确认：依法成立的人民调解协议，对当事人具有约束力。上海市高级人民法院认为，凡是经过人民调解委员会调解，采用书面形式订立的具有民事权利义务关系内容的人民调解协议，双方当事人签名或盖章的，即具有合同的效力。但是，有关婚姻、收养、监护等身份关系，以及劳动争议等人民调解协议，不属于此类范畴。凡是符合诉讼时效规定的，一方当事人向法院提起诉讼，状告对方违反调解协议，并要求对方履行的，或者请求变更、撤销协议的，或请求确认协议无效的，或者是当事人将人民调解协议作为合同而发生争议的，法院应当受理。③

---

① 刘忠定（上海市杨浦区司法局局长）：《人民调解协议书审核制的试行及实践意义》，载《上海市政法管理干部学院学报》2001 年第 1 期，第 57、58 页。

② 刘俊生等：《丰台区实现人民调解与诉讼程序接轨》，载《法制日报》2011 年 10 月 14 日，第 4 版。

③ 刘昕：《为发挥人民调解作用上海市高院决定：调解书具有法律效力》，载《新闻晚报》2002 年 7 月 11 日。

二、2002 年《人民调解协议司法解释》

为了充分发挥人民调解制度的作用，提高调解协议在解决民事纠纷方面的实效，最高人民法院就人民调解协议的法律效力问题在上海市进行了专题调研。在总结上海经验的基础上，2002 年 9 月 5 日，最高人民法院审判委员会第 1240 次会议通过了《关于审理涉及人民调解协议的民事案件的若干规定》（法释〔2002〕29 号）（2002 年 9 月 16 日公布，自 2002 年 11 月 1 日起施行，简称 2002 年《人民调解协议司法解释》）。2002 年《人民调解协议司法解释》以司法解释的形式，第一次在法律上明确了人民调解协议的性质和效力，即人民调解协议具有民事合同的性质和法律效力。该《司法解释》第 1 条规定："经人民调解委员会调解达成的、有民事权利义务内容，并由双方当事人签字或者盖章的调解协议，具有民事合同性质。当事人应当按照约定履行自己的义务，不得擅自变更或者解除调解协议。"根据时任最高人民法院副院长曹建明在全国人民调解工作会议上的讲话，具有民事合同性质的调解协议必须具备四个条件：（1）主持调解的必须是人民调解委员会，行政机关、其他组织或者调解机构主持达成的调解协议，不适用该司法解释；（2）调解协议必须具有民事权利义务内容；（3）调解协议必须采用书面形式；（4）当事人必须签字或者盖章，如果双方或者一方当事人没有签字或者盖章，调解协议对当事人没有法律约束力。调解协议与合同法中的有名合同有区别，它属于无名合同，在传统民法中称为和解合同。①

2002 年《人民调解协议司法解释》不仅明确了人民调解协议的民事合同性质，而且规定了实现人民调解协议的诉讼程序与非诉程序。2002 年《人民调解协议司法解释》第 2 条第 1 款规定："当事人一方向人民法院起诉，请求对方当事人履行调解协议的，人民法院应当受理。"第 2 款规定："当事人一方向人民法院起诉，请求变更或者撤销调解协议，或者请求确认调解协议无效的，人民法院应当受理。"第 10 条规定："具有债权内容的调

---

① 林世钰：《人民调解协议将具有法律效力》，载《检察日报》2002 年 9 月 28 日。

解协议，公证机关依法赋予强制执行效力的，债权人可以向被执行人住所地或者被执行人的财产所在地人民法院申请执行。"2002 年《人民调解协议司法解释》第 2 条规定的是实现人民调解协议的诉讼程序，第 10 条规定的是实现人民调解协议的非诉程序（公证）。

2002 年 9 月 11 日，司法部通过的《人民调解工作若干规定》第 5 条规定："根据《最高人民法院关于审理涉及人民调解协议的民事案件的若干规定》，经人民调解委员会调解达成的、有民事权利义务内容，并由双方当事人签字或者盖章的调解协议，具有民事合同性质。当事人应当按照约定履行自己的义务，不得擅自变更或者解除调解协议。"

2002 年《人民调解协议司法解释》，通过明确人民调解协议的合同性质，强化了协议的法律效力。2002 年《人民调解协议司法解释》实际上是将人民调解协议纳入了合同法规范的范畴，使人民法院得以合同法为根据对当事人双方对人民调解协议所发生的争议进行审理并作出判决。如果人民调解协议按照合同法的要件是有效的，当事人就必须履行协议的规定，不履行义务的，人民法院可以根据判决强制执行，从而解决了人民调解协议没有法律上的约束力的瓶颈问题。2002 年《人民调解协议司法解释》明确了以下几点：（1）人民调解协议的当事人双方之间就调解协议发生争议诉诸法院的，法院应当审理并作出裁判。这就意味着协议本身成了法院审理的对象，诉讼标的即为当事人争议的调解协议。法院在审理中仅就调解协议是否成立、有效以及权利义务问题进行审理，而不涉及当事人之间在协议达成之前的实体争议。正是这一点，保证了调解协议的法律效力，使调解协议能够有效地成为解决纠纷的手段。如果法院继续对协议达成前的实体争议进行审理，人民调解协议就没有意义了。（2）人民法院审理的人民调解协议并非所有的人民调解组织所达成的调解协议，而是指具有民事权利义务内容的调解协议。（3）司法解释将人民调解协议认定为合同性质，为审理找到了实体法根据。人民调解协议纠纷处理的实体法根据就是《合同法》。人民法院受理的关于人民调解协议的争议包括了四种诉讼请求：请求履行调解协议；请求撤销调解协议；请求变更调解协议；请求确认（无效或有效）调解协议。法院则相应地判定协议是否成立、有效；是否应当履行；是否应当撤销；是否应当变更也都依据《合同法》的相关规定。①②③

　　根据上述司法解释和部门规章，如果一方不履行调解协议，另一方可以向法院起诉请求对方履行调解协议。在当事人是否应当履行调解协议的诉讼中，法院审理的对象是调解协议的效力问题，而不是原来的民事纠纷。当事人一方起诉请求对方履行调解协议，对方当事人反驳的，有责任对反驳

---

① 张卫平：《人民调解：完善与发展的路径》，载《法学》2002 年第 12 期，第 48、49 页。

② 当然，在理论上也有学者对人民调解协议的民事合同性质提出质疑。有学者认为，在性质上，民事合同不具有解决纠纷的功能，而调解协议是在调解组织和双方当事人参加下达成的解决争议的一种文书。在内容上，"调解协议所确认的义务实质上是一种侵权的责任，义务主体所承担的责任是由于他侵害了对方合法权益，而当事人在订立民事合同时所确定的民事义务绝对不是以侵害对方权益而引起的。""合同说"与《民事诉讼法（试行）》以及其他法律规定的主管规定相抵触。"合同说表面上似乎能提高人民调解委员会的地位，实则把人民调解委员会沦为'民事合同'见证人或鉴定人，甚至是充当居间人，或为当事人的传声媒介，改变人民调解委员会的性质和宗旨，危害人民调解事业的发展。"陈彬、覃东明：《'调解协议为民事合同'质疑》，载《政法学刊》1989 年第 4 期，第 28、29 页。也有学者认为，合同具有商业交易内容，而调解协议不反映交易关系；民事合同是双方的合意行为，而调解协议是双方当事人及调解组织之间就如何解决纠纷达成的三方协议。参见谢钧：《加强人民调解工作需依法规范进行》，载《上海市政法管理干部学院学报》2001 年第 2 期，第 56 页。还有学者认为，就人民调解协议的特征来说，其不同于一般的民事合同。第一，一般民事合同的标的是基于一定的民事法律事实所产生的民事权利义务，其目的在于设立、变更或终止民事权利义务关系。而人民调解协议的对象，是一定法律关系所生之争执，故争议法律关系是调解协议的对象，是一定法律关系所生之争执，故争议法律关系是调解协议客体，其目的在于解决彼此之间的争端，从而达到确定民事权利义务的目的。第二，一般民事合同一旦被撤销、或宣告无效，其法律后果是返还财产或赔偿损失，而人民调解协议一旦被撤销或宣告无效，原纠纷继续存在，当事人仍可以原有的争议法律关系向人民法院提起诉讼。第三，从管辖法院的确定来看，一般民事合同争议由被告住所地和合同履行地法院管辖，而调解协议一旦发生争执，基于人民法院对调解组织的指导和监督，当事人只能向调解组织所在地人民法院提起变更或撤销之诉。第四，一般民事合同一旦经双方当事人合意并签字，即产生相应的法律效力，而人民调解协议的达成，不仅需要双方当事人的合意与签字，而且还必须经人民调解委员会确认并签字盖章，才产生相应的法律效力。正是由于上述区别，应当认为人民调解协议不是普通的民事合同，将人民调解协议视为民事合同无法从理论上得到充分的论证。参见江伟、廖永安：《简论人民调解协议的性质与效力》，载《法学杂志》2003 年第 2 期，第 11 页。

③ 还有学者认为，"人民调解协议的'法律约束力'应当被理解为区别于高于、强于民事合同的法律效力，同时仍未具备与法院的裁判或调解书以及仲裁裁决等同样的强制执行力"。从司法确认程序设置来看，"人民调解协议在法律效力上有别于也高于一般的民事合同。因为，民事合同的双方当事人并不能通过向法院申请确认且仅仅经由这样一种非讼性质的简易程序，就使彼此间的合同获得可直接交付强制执行的效力。这说明，当事人之间的民事争议由人民调解委员会处理解决之后，所形成的调解协议在作为民事合同的基础上又加上了'经群众性自治组织认证'的公共性质，不能再简单地等同于私人间订立的契约。国家权力以某种方式对这种效力上超出或高于一般合同的当事人协议加以担保成为必要。"王亚新：《〈民事诉讼法〉修改与调解协议的司法确认》，载《清华法学》2011 年第 3 期，第 19、20 页。

诉讼请求所依据的事实提供证据予以证明。因而被告所能提出的抗辩事由是相当有限的，只能就调解协议存在无效或得以撤销的事由进行抗辩。若未能提出上述抗辩事由或抗辩事由不成立，法院即可确认调解协议的效力，支持原告的请求。这就从根本上改变了人民调解协议无任何法律约束力的状况。实践中，在当事人双方未对调解协议发生争议，而仅仅是对调解协议的履行发生争议，即义务人不履行调解协议的场合，可以通过民事诉讼获得执行力。人民法院在这一诉讼中仅仅审查义务人是否应当履行即可，而无须对原来的民事纠纷进行审理。这些措施有利于使调解协议尽快获得强制执行力。①

第三节　2004 年至 2009 年对部分调解协议的司法确认

一、2004 年《民事调解司法解释》中的司法确认规定

《最高人民法院关于人民法院民事调解工作若干问题的规定》（法释〔2004〕12 号）（2004 年 8 月 18 日最高人民法院审判委员会第 1321 次会议通过，2004 年 9 月 16 日公布，自 2004 年 11 月 1 日起施行，简称 2004 年《民事调解司法解释》）第 3 条第 1 款规定："根据民事诉讼法第八十七条的规定，人民法院可以邀请与当事人有特定关系或者与案件有一定联系的企业事业单位、社会团体或者其他组织，和具有专门知识、特定社会经验、与当事人有特定关系并有利于促成调解的个人协助调解工作。"第 2 款规定："经各方当事人同意，人民法院可以委托前款规定的单位或者个人对案件进行调解，达成调解协议后，人民法院应当依法予以确认。"按照最高人民法院的解读，2004 年《民事调解司法解释》第 3 条规定，第一次以司法解释的形式明确了对调解协议进行司法确认的程序。② 2004 年《民事调解司法解

---

① 最高人民法院民事诉讼法修改研究小组编著：《〈中华人民共和国民事诉讼法〉修改条文理解与适用》，北京，人民法院出版社 2012 年版，第 45 页。

② 最高人民法院修改后民事诉讼法贯彻实施工作领导小组编著：《最高人民法院民事诉讼法司法解释理解与适用》（下），北京，人民法院出版社 2015 年版，第 920 页；李少平主编：《最高人民法院多元化纠纷解决机制改革意见和特邀调解规定的理解与适用》，北京，人民法院出版社 2017 年版，第 285 页。

释》第 12 条规定："调解协议具有下列情形之一的，人民法院不予确认：
（一）侵害国家利益、社会公共利益的；（二）侵害案外人利益的；（三）违
背当事人真实意思的；（四）违反法律、行政法规禁止性规定的。"

本书认为，非诉调解协议才存在司法确认问题，而 2004 年《民事调解
司法解释》名称中含有"人民法院民事调解"，其适用的对象是人民法院的
调解协议，且第 3 条规定的委托调解是否属于法院调解并不明确。

二、2007 年《加强人民调解工作意见》中的司法确认规定

2007 年 8 月 23 日，最高人民法院、司法部《关于进一步加强新形势下
人民调解工作的意见》（司发〔2007〕10 号，简称 2007 年《加强人民调解
工作意见》）第 5 条规定："进一步加强人民调解与诉讼程序的衔接配合。人
民调解组织要依法调解矛盾纠纷，规范制作人民调解协议书。各级人民法
院特别是基层人民法院及其派出的人民法庭，要严格按照《最高人民法院
关于审理涉及人民调解协议的民事案件的若干规定》，及时受理涉及人民调
解协议的民事案件，并依法确认人民调解协议的法律效力。当事人持已经
生效的人民调解协议向人民法院申请支付令的，人民法院应当及时审查，
符合法定条件的，应当及时发出支付令。人民法院对于常见性、多发性的
简单民事纠纷，在当事人起诉时或立案前，可以引导当事人通过人民调解
解决矛盾纠纷。人民法院对于进入诉讼程序的民事案件，在征得当事人的
同意后，可以委托人民调解组织对案件进行调解。人民法院对刑事自诉案
件和其他轻微刑事案件，可以根据案件实际情况，参照民事调解的原则和
程序，尝试推动当事人和解，尝试委托人民调解组织调解。"

上述规定中要求人民法院"严格按照《最高人民法院关于审理涉及人
民调解协议的民事案件的若干规定》，及时受理涉及人民调解协议的民事案
件，并依法确认人民调解协议的法律效力"，尤其是"依法确认人民调解协
议的法律效力"，其字面含义是对人民调解协议的司法确认。这与 2004 年
《民事调解司法解释》第 3 条规定的对委托调解协议司法确认不同；且 2007
年《加强人民调解工作意见》对委托调解的规定也不同于 2004 年《民事调
解司法解释》的，2007 年《加强人民调解工作意见》中的委托调解仅限于
"进入诉讼程序的民事案件"，而 2004 年《民事调解司法解释》中的委托调

解并无此限制。此外，2007 年《加强人民调解工作意见》还增加了对非诉调解协议的法律保障机制——支付令的适用。

三、关于调解协议司法确认的实践探索

2004 年《民事调解司法解释》第 3 条规定了委托调解协议的司法确认程序，地方法院对委托调解协议司法确认进行了具体探索。

2006 年 2 月 6 日，上海市高级人民法院、上海市司法局印发的《关于规范民事纠纷委托人民调解的若干意见》（沪高法〔2006〕34 号）第 3 条规定："【委托调解的范围】下列民事纠纷，人民法院可以委托纠纷发生地的人民调解组织进行调解：（1）离婚纠纷；（2）追索赡养费、扶养费、抚育费纠纷；（3）继承、收养纠纷；（4）相邻纠纷；（5）买卖、民间借贷、借用等一般合同纠纷；（6）损害赔偿纠纷；（7）物业纠纷；（8）其他适合委托人民调解组织进行调解的纠纷。"第 4 条规定："【委托调解的阶段】人民法院在纠纷受理前、纠纷受理后开庭审理前以及审理过程中（以下简称'诉前'、'审前'和'审中'），均可以将纠纷委托人民调解组织进行调解。"第 10 条规定："【诉前调解与诉讼的衔接】诉前经委托人民调解组织主持调解达成协议，一方当事人不履行的，对方当事人可以向人民法院申请支付令。诉前经委托人民调解组织主持调解达成协议，当事人要求人民法院审查后出具民事调解书的，人民法院应当尽快立案、审查。对于符合法律规定的，应当出具民事调解书。诉前调解未能达成协议，当事人持人民调解组织出具的调解终结书向人民法院起诉的，人民法院应当依照法律规定及时受理案件，并将该纠纷经过人民调解组织调解的情况，在裁判文书中予以说明。"第 11 条规定："【审前、审中调解与诉讼的衔接】审前、审中经人民调解组织主持调解，当事人达成口头调解协议并已实际履行而不必出具书面调解书的，当事人应当向人民法院申请撤诉。审前、审中经人民调解组织主持调解达成书面调解协议，当事人向人民法院申请撤诉的，经审查符合要求的，人民法院应当准许。审前、审中经人民调解组织主持调解达成书面调解协议，当事人要求人民法院出具民事调解书的，人民法院经审查符合要求的，应当出具民事调解书。审前、审中经人民调解组织主持调解未能达成调解协议，或者达成的调解协议无效、被撤销，或当事人达成协议后反悔的，人民法院应当依法对案件进行审理，并将该纠纷经过人民

调解组织调解的情况，在裁判文书中予以说明。"[①] 上海做法的特点有：
（1）委托调解中的受托调解人仅限于人民调解委员会；（2）委托调解分为
诉前委托调解、审前委托调解和审中委托调解；（3）诉前委托调解协议适
用支付令；（4）当事人可以对审前和诉中委托调解协议反悔。

2008 年 8 月 20 日，安徽省高级人民法院和安徽省司法厅联合出台的《安
徽省高级人民法院、安徽省司法厅关于规范民事案件委托人民调解的若干意
见》（皖司发〔2008〕68 号）第 2 条规定："人民法院在案件审理过程中可
以将下列民事案件委托人民调解组织进行调解：（1）离婚案件；（2）追索
赡养费、扶养费、抚育费案件；（3）继承、收养案件；（4）相邻纠纷案件；
（5）买卖、民间借贷、借用等一般合同纠纷案件；（6）损害赔偿案件；
（7）其他适合委托人民调解组织进行调解的民事案件。"第 6 条规定："人民
调解组织调解达成协议的，应当在结案后 5 日内将《委托人民调解反馈函》
连同《人民调解协议书》、相关证据材料移送人民法院。同时敦促当事人向
人民法院申请撤诉，由人民法院审查后决定是否予以准许。如果当事人要
求人民法院按照调解协议出具民事调解书的，人民法院应对调解协议的合
法性进行审查，制作民事调解书送达当事人。"第 8 条规定："经人民调解组
织主持调解达成的协议经审查无效或当事人反悔的，人民法院应当依法对
案件进行审理。"[②] 安徽省的上述规定，与相关司法解释相比有以下不同：
（1）委托调解的受托方仅限于人民调解委员会，而 2004 年《民事调解司法
解释》第 3 条规定的委托调解并无此限制。（2）委托调解发生在案件审理过
程中，而 2004 年《民事调解司法解释》第 3 条规定的委托调解是诉前委托
还是诉中委托抑或包括两者，并不明确。（3）依照安徽省《关于规范民事案
件委托人民调解的若干意见》，委托调解协议的效力仅限于作为法院准予撤诉
或者制作调解书的依据；当事人对委托调解协议反悔的，"人民法院应当依法
对案件进行审理"。这样的规定，似乎与 2002 年《人民调解协议司法解释》第
1 条规定的人民调解协议的民事合同性质相悖，且也不存在 2004 年《民事调
解司法解释》第 3 条第 2 款规定的人民法院对委托调解协议的确认问题。

———————

① 《上海市高级人民法院上海市司法局关于规范民事纠纷委托人民调解的若干意见》，见 ht-
tp：//www. pdsfxz. com. cn/conpage/conpage. aspx？ info _ id=4289，访问时间：2018 - 01 - 10。
② 安徽省高级人民法院、安徽省司法厅《关于规范民事案件委托人民调解的若干意见研究与分
析》，见 https：//wenku. baidu. com/view/01dc66679b6648d7c1c7460a. html，访问时间：2018 - 01 - 10。

2007 年 11 月 21 日，甘肃省定西市中级人民法院审判委员会第 109 次会议讨论通过《定西市中级人民法院关于人民调解协议诉前司法确认机制的实施意见（试行）》（见附录），这是看到的较早的专门规定调解协议司法确认的规范性文件。

第四节　2009 年《诉讼与非诉讼衔接意见》进一步 明确了民事调解协议的司法确认

2008 年年底，中央部署了深化司法体制和工作机制改革的任务，安排了"法院做好诉调对接、国家建立大调解格局、立法机关制定法律"。最高人民法院被中央确定为"建立健全诉讼与非诉讼相衔接的矛盾纠纷解决机制"改革项目的牵头单位。最高人民法院在 2008 年 5 月确定了吉林高院、河北廊坊中院、上海浦东新区法院、重庆渝中区法院、福建莆田中院、福建厦门同安区法院、广东东莞第二法院、云南曲靖中院、甘肃定西中院等 9 个法院开展多元纠纷解决机制改革的试点工作，为改革方案的制定和深化提供了有力的实践支持。[1] 经过试点，2009 年 7 月 24 日，最高人民法院发布了《关于建立健全诉讼与非诉讼相衔接的矛盾纠纷解决机制的若干意见》（法发〔2009〕45 号，简称 2009 年《诉讼与非诉讼衔接意见》）。2009 年《诉讼与非诉讼衔接意见》把调解协议的司法确认作为非诉讼纠纷解决方式与诉讼衔接的 8 种方式之一[2]，对定西中院探索、提出、试点和推行的人民调解协议诉前司法确认机制的核心内容和主要经验做法予以采纳。[3]

一、扩大赋予合同效力的调解协议的范围

2002 年《人民调解协议司法解释》仅规定了人民调解协议具有民事合同的性质和效力，而实际上解决民事纠纷的调解协议并不仅限于人民调解

---

① 最高人民法院修改后民事诉讼法贯彻实施工作领导小组编著：《最高人民法院民事诉讼法司法解释理解与适用》（下），北京，人民法院出版社 2015 年版，第 920 页。

② 陈永辉：《健全诉讼与非诉讼相衔接的矛盾纠纷解决机制》，载《人民法院报》2009 年 8 月 5 日，第 1 版。

③ 王芳、柴永祥：《定西中院诉前司法确认机制引热议》，载《甘肃法制报》2009 年 11 月 11 日，第 A005 版。

协议。为促进调解这一非诉讼纠纷机制的发展，2009 年《诉讼与非诉讼衔接意见》进一步扩大赋予合同效力的调解协议的范围。2009 年《诉讼与非诉讼衔接意见》第 8 条第 1 款规定："为有效化解行政管理活动中发生的各类矛盾纠纷，人民法院鼓励和支持行政机关依当事人申请或者依职权进行调解、裁决或者依法作出其他处理。调解、裁决或者依法作出的其他处理具有法律效力。当事人不服行政机关对平等主体之间民事争议所作的调解、裁决或者其他处理，以对方当事人为被告就原争议向人民法院起诉的，由人民法院作为民事案件受理。法律或司法解释明确规定作为行政案件受理的，人民法院在对行政行为进行审查时，可对其中的民事争议一并审理，并在作出行政判决的同时，依法对当事人之间的民事争议一并作出民事判决。"① 第 2 款规定："行政机关依法对民事纠纷进行调处后达成的有民事权

---

①　该规定为行政附带民事诉讼规定。民事案件与行政案件交叉处理机制引起关注的案件是河南省焦作市山阳区法院审理的高某善、电子光源总店、焦作市影视器材公司、焦作市房产管理局之间的房屋纠纷案。参见王光辉：《一个案件八份判决——从一个案例看行政诉讼与民事诉讼的交叉与协调》，载《中外法学》1998 年第 2 期，第 113—115 页。如何处理民事案件与行政案件交叉问题，学界存在不同的观点，实务上的做法也不统一。概括起来，大致有以下观点：有的主张建立行政附带民事诉讼制度的模式，可称其为一元化模式。所谓行政附带民事诉讼是指在行政诉讼过程中，人民法院在审理和确认行政主体的行政行为是否正确与合法的同时，根据当事人或利害关系人的请求，合并审理与被诉的行政行为有关联的民事争议，将两种不同的争议并案审理，在解决行政争议的同时，附带解决民事争议的制度。有的主张建立行政附带民事诉讼和民事附带行政诉讼并行的模式。也有的主张应当根据当事人启动诉讼程序时间的不同，分别适用民事诉讼中的行政附属审查与行政附带民事诉讼制度来区别厘定两种不同的救济途径。还有的主张分别审理，具体来讲，在民事诉讼中如果涉及需要对行政行为的合法性进行审查时，应当行使法官的释明权，由当事人行使自己的权利，决定是否请求人民法院对行政机关的行政行为的合法性进行审查，并承担相应的法律后果。如果当事人请求人民法院对行政机关的行政行为的合法性进行审查，民事审判庭应当中止民事诉讼，将当事人的请求移送行政审判庭进行审查，由行政审判庭对行政行为的合法性作出裁判，裁判结果作为民事审判的依据，由民事审判庭对当事人的民事争议作出裁判。同样，在行政审判中如果遇到类似的情况也作同样的处理。还有的主张，谁为前提谁优先是处理行民交叉案件的一般原则。参见江伟、范跃如：《民事行政争议关联案件诉讼程序研究》，载《中国法学》2005 年第 3 期，第 166 - 170 页；廖永安：《论我国民事与行政争议交叉案件的协调处理》，载《中南大学学报（社会科学版）》2005 年第 5 期，第 745 页；黄学贤：《行民交叉案件处理之探究》，载《法学》2009 年第 8 期，第 78 - 81 页。《最高人民法院关于执行〈中华人民共和国行政诉讼法〉若干问题的解释》（法释〔2000〕8 号）（1999 年 11 月 24 日由最高人民法院审判委员会第 1088 次会议通过，自 2000 年 3 月 10 日起施行）第 61 条规定："被告对平等主体之间民事争议所作的裁决违法，民事争议当事人要求人民法院一并解决相关民事争议的，人民法院可以一并审理。"2014 年修改后的《行政诉讼法》增加第 61 条，该条第 1 款规定："在涉及行政许可、登记、征收、征用和行政机关对民事争议所作的裁决的行政诉讼中，当事人申请一并解决相关民事争议的，人民法院可以一并审理。"该规定正式确立了行政附带民事诉讼制度。

利义务内容的调解协议或者作出的其他不属于可诉具体行政行为的处理，经双方当事人签字或者盖章后，具有民事合同性质，法律另有规定的除外。"第 9 条规定："没有仲裁协议的当事人申请仲裁委员会对民事纠纷进行调解的，由该仲裁委员会专门设立的调解组织按照公平中立的调解规则进行调解后达成的有民事权利义务内容的调解协议，经双方当事人签字或者盖章后，具有民事合同性质。"第 10 条规定："人民法院鼓励和支持行业协会、社会组织、企事业单位等建立健全调解相关纠纷的职能和机制。经商事调解组织、行业调解组织或者其他具有调解职能的组织调解后达成的具有民事权利义务内容的调解协议，经双方当事人签字或者盖章后，具有民事合同性质。"第 11 条规定："经《中华人民共和国劳动争议调解仲裁法》规定的调解组织调解达成的劳动争议调解协议，由双方当事人签名或者盖章，经调解员签名并加盖调解组织印章后生效，对双方当事人具有合同约束力，当事人应当履行。双方当事人可以不经仲裁程序，根据本意见关于司法确认的规定直接向人民法院申请确认调解协议效力。人民法院不予确认的，当事人可以向劳动争议仲裁委员会申请仲裁。"依照上述第 8 条、第 9 条、第 10 条、第 11 条规定，经行政机关、人民调解组织、商事调解组织、行业调解组织或者其他具有调解职能的组织对民商事争议调解后达成的调解协议，具有民事合同的性质和效力，当事人应当遵守和履行。需要注意的是，2009 年《诉讼与非诉讼衔接意见》第 9 条规定的是仲裁机构开展的仲裁程序外的调解，其不同于仲裁中的调解。具有民事合同性质的调解协议，是指没有仲裁协议的当事人申请仲裁委员会对民事纠纷进行调解，由该仲裁委员会专门设立的调解组织按照公平、中立的调解规则进行调解后达成的有民事权利义务内容的、经双方当事人签字或盖章的调解协议，这种调解协议不能直接成为法院执行的依据。而仲裁过程中经仲裁庭调解达成的调解协议，仲裁庭可以依法制作调解书，当事人可以依法申请法院强制执行。①

---

① 卫彦明、向国慧：《〈关于建立健全诉讼与非诉讼相衔接的矛盾纠纷解决机制的若干意见〉的理解与适用》，载《人民司法·应用》2009 年第 17 期，第 31 页。

二、增加保障调解协议的法律途径

2004 年《民事调解司法解释》仅规定对委托调解协议的司法确认，而 2009 年《诉讼与非诉讼衔接意见》不仅扩大了可以司法确认的调解协议的范围，明确了司法确认的程序，而且增加了保障调解协议的法律途径。对调解协议的法律保障途径，除司法确认程序外，2009 年《诉讼与非诉讼衔接意见》还规定如下内容。

（一）申请赋予强制执行效力的公证债权文书

2009 年《诉讼与非诉讼衔接意见》第 12 条规定："经行政机关、人民调解组织、商事调解组织、行业调解组织或者其他具有调解职能的组织对民事纠纷调解后达成的具有给付内容的协议，当事人可以按照《中华人民共和国公证法》的规定申请公证机关依法赋予强制执行效力。债务人不履行或者不适当履行具有强制执行效力的公证文书的，债权人可以依法向有管辖权的人民法院申请执行。"

（二）申请支付令

2009 年《诉讼与非诉讼衔接意见》第 13 条第 1 款规定："对于具有合同效力和给付内容的调解协议，债权人可以根据《中华人民共和国民事诉讼法》和相关司法解释的规定向有管辖权的基层人民法院申请支付令。申请书应当写明请求给付金钱或者有价证券的数量和所根据的事实、证据，并附调解协议原件。"第 2 款规定："因支付拖欠劳动报酬、工伤医疗费、经济补偿或者赔偿金事项达成调解协议，用人单位在协议约定期限内不履行的，劳动者可以持调解协议书依法向人民法院申请支付令。"

调解协议可以申请支付令的有两种情况：一种是普通调解协议，即对于具有合同效力和给付内容的调解协议，债权人可以根据民事诉讼法和相关司法解释的规定向有管辖权的基层人民法院申请支付令。另一种是劳动争议调解协议。根据劳动争议调解仲裁法的规定，因支付拖欠劳动报酬、工伤医疗费、经济补偿或者赔偿金事项达成调解协议，用人单位在协议约定期限内不履行的，劳动者可以持调解协议书依法向人民法院申请支付令。[1]

---

[1]　卫彦明、向国慧：《〈关于建立健全诉讼与非诉讼相衔接的矛盾纠纷解决机制的若干意见〉的理解与适用》，载《人民司法·应用》2009 年第 17 期，第 29 页。

（三）进行民事诉讼

2009 年《诉讼与非诉讼衔接意见》第 20 条规定："经行政机关、人民调解组织、商事调解组织、行业调解组织或者其他具有调解职能的组织调解达成的具有民事合同性质的协议，经调解组织和调解员签字盖章后，当事人可以申请有管辖权的人民法院确认其效力。当事人请求履行调解协议、请求变更、撤销调解协议或者请求确认调解协议无效的，可以向人民法院提起诉讼。"

三、扩大可以司法确认的调解协议的范围

其一，依据 2009 年《诉讼与非诉讼衔接意见》第 20 条规定，经行政机关、人民调解组织、商事调解组织、行业调解组织或者其他具有调解职能的组织调解达成的具有民事合同性质的协议，均可申请司法确认；而 2004 年《民事调解司法解释》仅规定委托调解协议才可司法确认。

其二，依据 2009 年《诉讼与非诉讼衔接意见》第 11 条规定，经《劳动争议调解仲裁法》规定的调解组织调解达成的劳动争议调解协议，双方当事人可以不经仲裁程序而直接申请确认调解协议效力；而 2007 年《劳动争议调解仲裁法》第 15 条规定："达成调解协议后，一方当事人在协议约定期限内不履行调解协议的，另一方当事人可以依法申请仲裁。"

四、进一步规范和完善司法确认程序

2009 年《诉讼与非诉讼衔接意见》第四部分"规范和完善司法确认程序"，对调解协议司法确认作了专门规定。2009 年《诉讼与非诉讼衔接意见》规定的司法确认程序，既是对人民法院司法确认实践的提炼和总结，也是对 2004 年《民事调解司法解释》所提出的确认程序的完善，解决了行政调解、民间调解与司法程序的有效衔接问题，具有灵活、简便、快捷等显著优势。

（一）调解协议司法确认案件的管辖

2009 年《诉讼与非诉讼衔接意见》第 21 条规定："当事人可以在书面调解协议中选择当事人住所地、调解协议履行地、调解协议签订地、标的物所在地基层人民法院管辖，但不得违反法律对专属管辖的规定。当事人

没有约定的，除《中华人民共和国民事诉讼法》第三十四条规定的情形外，由当事人住所地或者调解协议履行地的基层人民法院管辖。经人民法院委派或委托有关机关或者组织调解达成的调解协议的申请确认案件，由委派或委托人民法院管辖。"

对上述规定的理解可分为三个层次：一是对于委派或委托调解协议的司法确认，由委派或委托法院管辖。该规定既包括了级别管辖，也包括了地域管辖。值得注意的是，委派或委托调解协议司法确认的管辖法院并不仅限于基层法院，因为根据 2009 年《诉讼与非诉讼衔接意见》第 14 条、第 15 条的规定，委派法院和委托法院并不仅限于基层法院。二是对于非委派或委托调解协议的司法确认，优先适用当事人的管辖协议。这样规定，显然是将调解协议司法确认案件作为合同纠纷案件。但与一般合同纠纷案件不同的是，对于调解协议司法确认案件，当事人只能选择基层法院。三是对于非委派或委托调解协议的司法确认，当事人没有约定管辖的情况下，由当事人住所地或者调解协议履行地的基层人民法院管辖。这种情形与第二种情形类似，均是将调解协议司法确认案件作为合同纠纷案件，但与一般合同纠纷管辖不同，不是由被告住所地法院管辖，而是由当事人住所地法院管辖。

从将调解协议的司法确认案件的管辖确定为主要是基层人民法院管辖来看，似乎可以看出是将调解协议司法确认程序作为一种特别程序的。

（二）调解协议司法确认案件的申请和受理

2009 年《诉讼与非诉讼衔接意见》第 22 条规定："当事人应当共同向有管辖权的人民法院以书面形式或者口头形式提出确认申请。一方当事人提出申请，另一方表示同意的，视为共同提出申请。当事人提出申请时，应当向人民法院提交调解协议书、承诺书。人民法院在收到申请后应当及时审查，材料齐备的，及时向当事人送达受理通知书。双方当事人签署的承诺书应当明确载明以下内容：（一）双方当事人出于解决纠纷的目的自愿达成协议，没有恶意串通、规避法律的行为；（二）如果因为该协议内容而给他人造成损害的，愿意承担相应的民事责任和其他法律责任。"

调解协议司法确认程序的启动为由双方当事人以书面形式或者口头形式共同申请的规定，说明该程序为特别程序，因为程序的启动方式是申请而不是起诉；且双方当事人共同申请，意味着当事人之间不存在争议。

（三）调解协议司法确认案件的审理程序

2009 年《诉讼与非诉讼衔接意见》第 23 条规定："人民法院审理申请确认调解协议案件，参照适用《中华人民共和国民事诉讼法》有关简易程序的规定。案件由审判员一人独任审理，双方当事人应当同时到庭。人民法院应当面询问双方当事人是否理解所达成协议的内容，是否接受因此而产生的后果，是否愿意由人民法院通过司法确认程序赋予该协议强制执行的效力。"

令人疑惑的是，2009 年《诉讼与非诉讼衔接意见》对调解协议司法确认案件的审理程序为何要规定"参照适用《中华人民共和国民事诉讼法》有关简易程序的规定"？如上所述，关于调解协议司法确认案件的管辖和启动方式的规定，是将其作为特别程序的。特别程序的特点就包括基层人民法院管辖和独任审判。

（四）调解协议司法确认案件的审查确认结果

2009 年《诉讼与非诉讼衔接意见》第 24 条第 1 款规定："有下列情形之一的，人民法院不予确认调解协议效力：（一）违反法律、行政法规强制性规定的；（二）侵害国家利益、社会公共利益的；（三）侵害案外人合法权益的；（四）涉及是否追究当事人刑事责任的；（五）内容不明确，无法确认和执行的；（六）调解组织、调解员强迫调解或者有其他严重违反职业道德准则的行为的；（七）其他情形不应当确认的。"第 2 款规定："当事人在违背真实意思的情况下签订调解协议，或者调解组织、调解员与案件有利害关系、调解显失公正的，人民法院对调解协议效力不予确认，但当事人明知存在上述情形，仍坚持申请确认的除外。"第 25 条规定："人民法院依法审查后，决定是否确认调解协议的效力。确认调解协议效力的决定送达双方当事人后发生法律效力，一方当事人拒绝履行的，另一方当事人可以依法申请人民法院强制执行。"

人民法院在确认程序中应当对调解协议的内容进行审查，但这种审查主要是对自愿性和合法性的审查。根据 2009 年《诉讼与非诉讼衔接意见》的规定，人民法院在审查后不予确认调解协议效力的情形主要有三大类。

第一类为违反自愿原则的调解协议。根据 2009 年《诉讼与非诉讼衔接意见》第24条第2款规定，违反当事人意愿的调解协议，人民法院原则上不予确认。同时，由于是否违反当事人意愿通常很难确定，尤其在受到某种压力的情况下，当事人可能在口头上仍表示自己是自愿签署调解协议的。如何界定哪些压力、哪种程度的压力构成对当事人意志自由的妨碍，这是一个难以确定的问题。考虑到处于中立第三方的调解组织、调解员在调解过程中具有平衡当事人双方力量、压力、利益的重要作用，而且调解结果是否公正也能从一定层面反映当事人的意愿，因此，如果调解组织、调解员与案件有利害关系，或者调解结果显失公正的，基本可以推定调解协议违背了当事人的意愿。当然，这仅仅是一种逻辑上的推定，而且民事活动尊重当事人意思自治，因此，如果法院已经明确向当事人提示存在上述情况，但当事人仍然坚持申请确认调解协议效力的，人民法院应当尊重当事人的意愿，依法确认调解协议的效力。

第二类为违法达成的调解协议。2009年《诉讼与非诉讼衔接意见》规定的因违法而不予确认的情形具体包括：违反法律、行政法规强制性规定的；侵害国家利益、社会公共利益的；侵害案外人合法权益的；涉及是否追究当事人刑事责任的；调解组织、调解员强迫调解或者有其他严重违反职业道德准则的行为的。调解组织、调解员强迫调解或者有其他严重违反职业道德准则行为的情况，虽然涉及调解协议的签订是否自愿的问题，但考虑到这种行为已经严重危及调解的发展，严重损害了当事人的利益，2009年《诉讼与非诉讼衔接意见》将其纳入不予确认的范围，并且不受当事人意见的影响。即使当事人坚持申请确认，人民法院也不得确认。

第三类为内容不明确、无法确认和执行的调解协议。人民法院应当对调解协议是否有确认利益进行审查。确认程序仅适用于对调解协议没有争议且具有执行内容的情况。对于没有执行内容的调解协议，没有必要向法院申请确认。这种协议，即使没有经过司法确认，根据2009年《诉讼与非诉讼衔接意见》的规定，仍具有合同效力，当事人应当自觉遵守。如果一方违反协议，另一方可以要求对方承担相应的法律责任。在2009年《诉讼与非诉讼衔接意见》起草修改的过程中，有一种观点认为，对调解协议内容不明确无法执行的，应当允许当事人在一定期限内予以明确，法院根据明确后的调解协议作出确认决定。但考虑到当事人在明确调解协议内容过

程中可能产生新的争议，会有损确认程序的简易和快捷优势，因此，2009
年《诉讼与非诉讼衔接意见》没有规定允许当事人对内容不明确的调解协
议在确认程序中进一步明确，而是规定人民法院对内容不明确、无法确认
和执行的调解协议不予确认。当然，如果人民法院因此对调解协议不予确
认，当事人在确认程序结束后，仍然可以继续协商、参与调解，进一步明
确调解协议的内容或签订新的内容明确的调解协议，当事人认为有必要确
认的，可以再次向人民法院申请确认。

　　如果当事人的调解协议通过了自愿性和合法性审查，且具有明确的执
行内容，有确认的意义的，人民法院应当根据 2009 年《诉讼与非诉讼衔接
意见》规定，作出确认调解协议效力的决定。确认调解协议效力的决定送
达双方当事人后发生法律效力，一方当事人拒绝履行的，另一方当事人可
以依法申请人民法院强制执行。[①]

　　此外，2010 年 6 月 7 日印发的《最高人民法院关于进一步贯彻"调解
优先、调判结合"工作原则的若干意见》（法发〔2010〕16 号）（简称 2010
年《"调解优先、调判结合"意见》）第 29 条规定："进一步完善调解衔接机
制。对经人民调解、行政调解、行业调解或者其他具有调解职能的组织调
解达成的协议，需要确认效力的，有管辖权的人民法院应当依法及时审查
确认；符合强制执行条件的，人民法院应当依法及时执行。具有债权内容
的诉讼外调解协议，经公证机关依法赋予强制执行效力的，债权人可以向
被执行人住所地或者被执行的财产所在地人民法院申请执行。"

第五节　2010 年至 2012 年法律规定人民调解协议的司法确认

一、2010 年《人民调解法》

　　2010 年 8 月 28 日第十一届全国人民代表大会常务委员会第十六次会议
通过的《中华人民共和国人民调解法》（2010 年 8 月 28 日公布，自 2011 年

---

　　① 卫彦明、向国慧：《〈关于建立健全诉讼与非诉讼相衔接的矛盾纠纷解决机制的若干意见〉
的理解与适用》，载《人民司法·应用》2009 年第 17 期，第 32 页。

1月1日起施行）（简称《人民调解法》）①，不仅明确规定了人民调解协议的法律效力及实现人民调解协议的民事诉讼程序，而且第一次在法律上规定了调解协议司法确认程序。②

《人民调解法》第33条第1款规定："经人民调解委员会调解达成调解协议后，双方当事人认为有必要的，可以自调解协议生效之日起三十日内共同向人民法院申请司法确认，人民法院应当及时对调解协议进行审查，依法确认调解协议的效力。"第2款规定："人民法院依法确认调解协议有效，一方当事人拒绝履行或者未全部履行的，对方当事人可以向人民法院申请强制执行。"第3款规定："人民法院依法确认调解协议无效的，当事人可以通过人民调解方式变更原调解协议或者达成新的调解协议，也可以向人民法院提起诉讼。"

《人民调解法》第33条的规定，是对实践中成功经验的确认。在实践中，很多地方积极探索人民调解与司法纠纷解决机制的衔接、互动机制，运用司法手段支持人民调解，人民调解协议司法确认就是其成功经验之一。③《人民调解法》第33条不仅明确采用了"司法确认"的提法，而且明确规定了司法确认的效力。

二、2011年《人民调解协议司法确认解释》

《最高人民法院关于人民调解协议司法确认程序的若干规定》（法释〔2011〕5号）（2011年3月21日最高人民法院审判委员会第1515次会议通过，2011年3月23日公布，自2011年3月30日施行，简称2011年《人民调解协议司法确认解释》）对人民调解协议司法确认程序作了具体规定。

（一）人民调解协议司法确认案件的管辖

2011年《人民调解协议司法确认解释》第2条第1款规定："当事人申

---

① 《人民调解法》第31条第1款规定："经人民调解委员会调解达成的调解协议，具有法律约束力，当事人应当按照约定履行。"第32条规定："经人民调解委员会调解达成调解协议后，当事人之间就调解协议的履行或者调解协议的内容发生争议的，一方当事人可以向人民法院提起诉讼。"

② 2004年规定委托调解协议司法确认的文件在性质上属于司法解释，而2009年规定调解协议司法确认的文件在性质不属于司法解释。

③ 全国人大常委会法工委民法室、中华人民共和国司法部法制司编著：《中华人民共和国人民调解法解读》，北京，中国法制出版社2010年版，第132页。

请确认调解协议的，由主持调解的人民调解委员会所在地基层人民法院或者它派出的法庭管辖。"第2款规定："人民法院在立案前委派人民调解委员会调解并达成调解协议，当事人申请司法确认的，由委派的人民法院管辖。"

司法解释之所以对人民调解协议司法确认案件的管辖作如此规定，是出于方便当事人、及时申请司法确认的考虑。[1] 委派调解协议司法确认由委派法院管辖是因为，委派的人民法院在初次接触案件的时候，已经对案情有了初步了解，由其对调解协议进行审查确认，有利于提高效率。例如，一个中级法院将自己有一审案件管辖权的案件在立案前委派给人民调解委员会进行调解，达成调解协议后，如果当事人申请司法确认，就应当由该中级法院进行审查。值得注意的是，2011年《人民调解协议司法确认解释》对调解协议司法确认管辖的规定不同于2009年《诉讼与非诉讼衔接意见》第21条的规定，2011年《人民调解协议司法确认解释》没有规定协议管辖，其原因是"人民调解委员会主要调解民间纠纷、多为婚姻家庭、继承纠纷、相邻关系纠纷，以及简单的民事合同、侵权责任纠纷，而且人民调解委员会与纠纷当事人之间联系密切，与当事人通常就在同一个村或者同一个街道。因此，就人民调解协议的司法确认管辖而言，没有必要规定若干个选择项供当事人选择。直接规定由调解委员会所在地的基层人民法院或其派出法庭管辖人民调解协议司法确认案件，不仅方便当事人申请确认，也方便人民法院开展必要的审查工作"[2]。不过也有学者对此提出质疑，认为这样规定"没有注意到人民调解协议本身的契约性质，没有充分考虑到当事人的意愿，应当允许当事人约定管辖法院"[3]。

（二）人民调解协议司法确认案件的申请和受理

1. 调解协议司法确认程序的申请

2011年《人民调解协议司法确认解释》第3条规定："当事人申请确认调解协议，应当向人民法院提交司法确认申请书、调解协议和身份证明、

---

[1] 张先明：《最高法院出台规定规范人民调解协议司法确认程序》，载《人民法院报》2011年3月30日，第1版。

[2] 卫彦明、蒋惠岭、向国慧：《〈关于人民调解协议司法确认程序的若干规定〉的理解与适用》，载《人民司法·应用》2011年第9期，第35、36页。

[3] 翟小芳、张倩晗：《构建符合国情的人民调解协议司法确认制度——兼评〈最高人民法院关于人民调解协议司法确认程序的若干规定〉》，载《法学杂志》2011年第S1期，第282页。

资格证明，以及与调解协议相关的财产权利证明等证明材料，并提供双方当事人的送达地址、电话号码等联系方式。委托他人代为申请的，必须向人民法院提交由委托人签名或者盖章的授权委托书。"

就调解协议司法确认程序的申请方式而言，2011 年《人民调解协议司法确认解释》第 3 条要求采取书面形式，而 2009 年《诉讼与非诉讼衔接意见》第 22 条规定书面形式和口头形式均可，显然后者更加便民。

2. 调解协议司法确认程序的受理

2011 年《人民调解协议司法确认解释》第 4 条第 1 款规定："人民法院收到当事人司法确认申请，应当在三日内决定是否受理。人民法院决定受理的，应当编立'调确字'案号，并及时向当事人送达受理通知书。双方当事人同时到法院申请司法确认的，人民法院可以当即受理并作出是否确认的决定。"第 2 款规定："有下列情形之一的，人民法院不予受理：（一）不属于人民法院受理民事案件的范围或者不属于接受申请的人民法院管辖的；（二）确认身份关系的；（三）确认收养关系的；（四）确认婚姻关系的。"

2011 年《人民调解协议司法确认解释》规定人民法院必须在收到调解协议司法确认申请后 3 日内决定是否受理，体现了快捷的指导思想。①

关于人民法院受理司法确认案件的范围，2011 年《人民调解协议司法确认解释》明确规定人民法院在 4 种情形下不受理司法确认申请，这 4 种情形可分为两种类型：其一，人民法院不受理就非民事调解协议提出的司法确认申请。在起草 2011 年《人民调解协议司法确认解释》过程中，有一种观点提出，人民调解委员会对轻微刑事案件主持调解达成协议后，当事人也可以申请司法确认。其理由是人民调解委员会可以根据人民调解法调解民间纠纷。民间纠纷的范围广泛，包括了民事案件和部分轻微刑事案件。因此，可以申请确认的调解协议既包括民事调解协议，也应当包括就轻微刑事案件达成的人民调解协议，而且可以规定调解协议经确认后，当事人不得再提起自诉。2011 年《人民调解协议司法确认解释》在序言中明确规定确认的调解协议范围为"民事调解协议"，原因有：第一，人民调解委员会对民事纠纷的调解经验相对丰富一些，法院开展的司法确认工作也主要

---

① 高绍安：《最高人民法院出台司法解释 规范人民调解协议司法确认程序》，载《中国审判》2011 年第 4 期，第 105 页。

针对民事调解协议；第二，虽然有的人民调解委员会也对部分轻微刑事案件进行调解并取得了较好的效果，但这项工作尚处于初步探索阶段，还不够成熟；第三，对民间纠纷内涵和外延的理解目前尚存争议。其二，人民法院不受理确认身份关系、收养关系及婚姻关系的申请。身份关系、收养关系、婚姻关系是否存在以及是否需要解除，不仅对当事人本人，而且对整个社会的和谐稳定都具有重要影响，当事人应当慎重处理上述关系。如果确实需要对上述关系是否存在进行认定，确实需要解除上述关系，应当通过诉讼或者其他法定方式解决。以婚姻关系为例，如果当事人协议解除婚姻，可以到民政部门办理离婚手续。如果对离婚涉及的财产分割等问题有争议，可以通过诉讼方式解决。当事人在办理离婚手续后就财产纠纷达成人民调解协议的，可以申请司法确认。①

（三）人民调解协议司法确认案件的审查

1. 审查期限

2011 年《人民调解协议司法确认解释》第 5 条第 1 款规定："人民法院应当自受理司法确认申请之日起十五日内作出是否确认的决定。因特殊情况需要延长的，经本院院长批准，可以延长十日。"第 2 款规定："在人民法院作出是否确认的决定前，一方或者双方当事人撤回司法确认申请的，人民法院应当准许。"

2. 审查方式

2011 年《人民调解协议司法确认解释》第 6 条规定："人民法院受理司法确认申请后，应当指定一名审判人员对调解协议进行审查。人民法院在必要时可以通知双方当事人同时到场，当面询问当事人。当事人应当向人民法院如实陈述申请确认的调解协议的有关情况，保证提交的证明材料真实、合法。人民法院在审查中，认为当事人的陈述或者提供的证明材料不充分、不完备或者有疑义的，可以要求当事人补充陈述或者补充证明材料。当事人无正当理由未按时补充或者拒不接受询问的，可以按撤回司法确认申请处理。"

2011 年《人民调解协议司法确认解释》确立了书面审查与庭审相结合

---

① 卫彦明、蒋惠岭、向国慧：《〈关于人民调解协议司法确认程序的若干规定〉的理解与适用》，载《人民司法·应用》2011 年第 9 期，第 36 页。

的审查原则。人民法院受理司法确认申请后,应当指定 1 名审判人员对调解协议进行审查。一般情况下,审判人员如果认为调解协议符合确认条件,可以在审查当事人申请、调解协议、有关证明材料基础上直接作出确认或者不予确认的决定。如果审判人员认为通过书面审查尚不能作出决定的,可以通知双方当事人同时到场,当面询问当事人。当事人应当向人民法院如实陈述申请确认的调解协议的有关情况,保证提交的证明材料真实、合法。为避免人民法院确认不应当确认的调解协议,人民法院在审查中,认为当事人的陈述或者提供的证明材料不充分、不完备或者有疑义的,可以要求当事人补充陈述或者补充证明材料。当事人无正当理由未按时补充或者拒不接受询问的,人民法院不能直接作出不予确认的决定。当事人这种不配合的状态,表明当事人不具有申请司法确认的真实意愿,人民法院可以按撤回司法确认申请处理。①

(四) 对人民调解协议司法确认案件的处理方式

2011 年《人民调解协议司法确认解释》第 7 条规定:"具有下列情形之一的,人民法院不予确认调解协议效力:(一)违反法律、行政法规强制性规定的;(二)侵害国家利益、社会公共利益的;(三)侵害案外人合法权益的;(四)损害社会公序良俗的;(五)内容不明确,无法确认的;(六)其他不能进行司法确认的情形。"第 8 条规定:"人民法院经审查认为调解协议符合确认条件的,应当作出确认决定书;决定不予确认调解协议效力的,应当作出不予确认决定书。"第 9 条规定:"人民法院依法作出确认决定后,一方当事人拒绝履行或者未全部履行的,对方当事人可以向作出确认决定的人民法院申请强制执行。"

就不予确认的情形而言,2011 年《人民调解协议司法确认解释》第 7 条与 2009 年《诉讼与非诉讼衔接意见》第 24 条相比,减少了 3 种情形:"涉及是否追究当事人刑事责任的"、"调解组织、调解员强迫调解或者有其他严重违反职业道德准则的行为的"以及"当事人在违背真实意思的情况下签订调解协议,或者调解组织、调解员与案件有利害关系、调解显失公正的";增加了"损害社会公序良俗的"。

---

① 卫彦明、蒋惠岭、向国慧:《〈关于人民调解协议司法确认程序的若干规定〉的理解与适用》,载《人民司法·应用》2011 年第 9 期,第 37 页。

（五）人民调解协议司法确认程序中案外人的权利救济

2011 年《人民调解协议司法确认解释》第 10 条规定："案外人认为经人民法院确认的调解协议侵害其合法权益的，可以自知道或者应当知道权益被侵害之日起一年内，向作出确认决定的人民法院申请撤销确认决定。"

2011 年《人民调解协议司法确认解释》"允许案外人申请撤销确认决定有以下考虑：第一，司法确认程序中虽然有些环节有利于避免人民法院确认侵害案外人利益的调解协议，但由于司法确认程序本身比较快捷，没有设计由法院通知案外人参与审查程序的环节，案外人在确认程序中一般没有机会表达意见、维护权利，其权利保障力度相对较弱。在此情况下，应该对案外人权利救济设置较低的门槛。第二，基于第一点理由，不宜选择审判监督程序，因为启动审判监督程序的难度相对较大，而且，再审程序一般仍用作出原生效法律文书的程序，而司法确认程序中当事人之间没有争议，司法确认程序显然不满足审理调解协议当事人与案外人利益争执的程序需求。第三，法国设置了第三人撤销诉讼制度，为我们提供了有益借鉴"[1]。

（六）人民调解协议司法确认程序中诉讼费用问题

2011 年《人民调解协议司法确认解释》第 11 条规定："人民法院办理人民调解协议司法确认案件，不收取费用。"

人民调解协议司法确认案件，不收取费用，"是为了鼓励当事人使用诉讼外纠纷解决机制"[2]。

---

[1] 卫彦明、蒋惠岭、向国慧：《〈关于人民调解协议司法确认程序的若干规定〉的理解与适用》，载《人民司法·应用》2011 年第 9 期，第 38 页。

[2] 王逸吟、任生心：《最高法明确调解协议司法确认程序》，载《光明日报》2011 年 3 月 31日，第 10 版。

第二章 调解协议确认程序制度的内容

确认调解协议具有方便、快捷、经济地处理矛盾纠纷，减轻当事人诉累，节约司法资源的优势。尽管 2010 年《人民调解法》规定了人民调解协议司法确认程序，但 2007 年《民事诉讼法》没有相应的制度对调解协议的司法确认作出衔接。[①] 2012 年《民事诉讼法》在"特别程序"一章增加一节"确认调解协议案件"[②]，包括两个条文，即第 194 条与第 195 条。

此外，《最高人民法院关于适用〈中华人民共和国民事诉讼法〉的解释》（法释〔2015〕5 号）（2014 年 12 月 18 日最高人民法院审判委员会第1636次会议通过，2015 年 1 月 30 日公布，自 2015 年 2 月 4 日起施行，以下简称 2015 年《民诉解释》）第 353 条至第 360 条又对司法确认程序作了具体规定。

第一节 申请调解协议司法确认的条件

2015 年《民诉解释》第 353 条规定："申请司法确认调解协议的，双方当事人应当本人或者由符合民事诉讼法第五十八条规定的代理人向调解组

[①] 全国人民代表大会常务委员会法制工作委员会编：《中华人民共和国民事诉讼法释义：最新修正版》，北京，法律出版社 2012 年版，第 456 页；全国人大常委会法制工作委员会民法室编著：《2012 民事诉讼法修改决定条文释解》，北京，中国法制出版社 2012 年版，第 241 页。

[②] 在 2012 年《民事诉讼法》修改过程中，关于是否将调解协议司法确认程序归入特别程序存在不同看法。有的提出，特别程序有审判有判决，但司法确认案件既无审判也无判决，建议司法确认单列一章。有的提出，该程序和督促程序、公司诉讼、国内仲裁裁决的司法审查等并列处理，法理上没有障碍，都属于诉外程序经当事人申请，获得司法审查。参见全国人大常委会法制工作委员会民法室编：《民事诉讼法立法背景与观点全集》，北京，法律出版社 2012 年版，第 135 页。

织所在地基层人民法院或者人民法庭提出申请。"第355条规定:"当事人申请司法确认调解协议,可以采用书面形式或者口头形式。当事人口头申请的,人民法院应当记入笔录,并由当事人签名、捺印或者盖章。"第356条规定:"当事人申请司法确认调解协议,应当向人民法院提交调解协议、调解组织主持调解的证明,以及与调解协议相关的财产权利证明等材料,并提供双方当事人的身份、住所、联系方式等基本信息。当事人未提交上述材料的,人民法院应当要求当事人限期补交。"

根据上述规定,申请调解协议司法确认的条件包括以下几个方面。

一、可以申请司法确认调解协议的范围

当事人可以就哪些调解协议申请司法确认,这是司法确认案件的启动前提。对于这个问题应当明确两点。

一是申请司法确认的调解协议是在调解组织主持下达成的。如前所述,依据主持调解者不同,调解可分为机构调解与个人调解。2012年《民事诉讼法》第194条规定调解协议司法确认案件由调解组织所在地基层人民法院管辖,该规定隐含了只有机构组织主持调解达成的调解协议,才存在司法确认问题。不仅当事人"私下"自行达成的和解协议不能申请司法确认,而且个人主持调解所达成的调解协议,也不存在司法确认问题。

二是对调解组织的理解,在2012年《民事诉讼法》修改过程中就存在争议:"有的提出,只有人民调解委员会作出的调解协议才可以申请司法确认。因为人民调解法规定,经人民调解委员会调解达成调解协议,双方当事人可以申请司法确认。有人提出,在实践中,除人民调解委员会的调解,还有行政机关的治安调解、交通事故赔偿调解、医疗纠纷等调解,残联、妇联、消协等社会团体的调解,国际商会的商事调解中心的调解,等等。因此,除人民调解委员会达成的调解协议外,其他有关部门主持调解达成的协议也应当允许申请司法确认。"[①] 对2011年8月2日全国人大常委会法制工作委员会民法室的民事诉讼法初步修改方案中的"经依法设立的调解委员会调解达成的民事调解协议,双方当事人可以自调解协议生效之日起

---

① 全国人大常委会法制工作委员会民法室编著:《2012民事诉讼法修改决定条文释解》,北京,中国法制出版社2012年版,第241、242页。

30 日内，共同向调解机构所在地的基层人民法院申请司法确认"，有学者提出，"经依法设立的调解委员会"范围不明确，行政机关行政执法过程中作出的民事争议的调解是否被排除在外，需要明确。有的提出："仅规定了调解委员会达成的调解协议，范围太窄，目前很多行政机关、行业协会都在做调解，建议对调解主体的范围适当扩大，在'调解委员会'后增加'有关部门'。有的建议，将涉及身份关系的调解协议排除在受理范围外。有的提出，申请司法确认的调解协议一定要有给付内容。有的建议，将'调解委员会'修改为'调解组织'，并规定对法院委托调解组织进行调解达成协议的，当事人申请司法确认应当由委托法院管辖。"[①] 2012 年《民事诉讼法》的公布，并没有结束这些争议。2012 年《民事诉讼法》公布后，关于哪些调解组织主持调解所达成的调解协议可以申请司法确认，涉及对 2012 年《民事诉讼法》第 194 条中"人民调解法等法律"中"法律"的理解。一种理解是将此处的"法律"作狭义的解释，只有人民调解法和其他由全国人大及其常委会通过的法律明确规定可以申请司法确认的调解协议才能申请确认[②]；另一种理解是将此处的"法律"作广义的解释，除了人民调解法规定人民调解协议可以申请确认外，其他法律、行政法规、地方性法规、司法解释明确规定可以确认的调解协议，都可以纳入申请确认范围。依照前一种理解，由其所主持的调解达成调解协议可以申请司法确认的调解组织，目前仅限于人民调解委员会；而依照后一种理解则并不仅限于人民调解委员会，还包括各种商事调解组织、行业调解组织等。最高人民法院是主张后一种理解的。最高人民法院的观点是，2015 年《民诉解释》规定的"申请司法确认调解协议"的范围并不限于人民调解协议，而是包括行政机关、商事调解组织、行业调解组织或其他具有调解职能的调解组织等调解达成

---

① 全国人大常委会法制工作委员会民法室编：《民事诉讼法立法背景与观点全集》，北京，法律出版社 2012 年版，第 100、121、135 页。

② 如有学者认为，"对非诉调解的生存与发展具有重要意义的'调解协议司法确认制度'，目前还只能严格地适用于'人民调解'之中。即使是专利法中规定的行政调解，由于调解协议效力不明确，甚至也不得不包装为'人民调解'的形式才得以申请司法确认。缺乏与审判程序的有效对接与司法确认机制，是导致我国非诉调解出现'泛人民调解化'的核心原因之一。"何练红、舒秋膂：《论专利纠纷行政调解协议司法确认的审查边界与救济路径》，载《知识产权》2017 年第 1 期，第 63 页。

的调解协议。①

　　因此，可申请司法确认的调解协议的范围是，纠纷双方当事人在调解组织的主持下达成的调解协议，且该调解组织并不限于人民调解委员会。

二、申请主体——"双方当事人共同"提出

　　调解协议生效后，如果当事人想通过人民法院确认调解协议的效力，应当共同申请。现实中，许多纠纷经调解达成协议后当事人都能自觉履行。但也存在调解协议不能即时履行完结的情况，有的当事人为防止调解协议在履行过程中发生变故，希望通过司法程序来确认协议的效力。

（一）"共同申请"的来源

　　如前所述，依据 2012 年《民事诉讼法》第 194 条规定，申请调解协议司法确认应当由双方当事人共同提出。需要指出的是，"司法确认"是对已生效的调解协议的确认，并不是调解协议生效的必经程序。调解协议达成后，如果双方当事人认为没有必要进行司法确认，比如调解协议即时履行完毕，或者调解协议的内容不涉及民事给付内容，双方当事人可以不申请司法确认。如果认为有必要申请司法确认，双方当事人应当共同提出申请。一方当事人提出申请，另一方当事人表示同意的，可以视为共同提出申请。② 司法实践中，双方当事人共同申请，与一方当事人申请而另一方当事人同意情形均存在。绝大多数案件是一方当事人向法院提出司法确认申请，由法院征求另一方当事人的意见，另一方当事人表示同意即可。极少数的案件是双方当事人手拉手一起申请确认。为了更灵活地适用司法确认程序，应当认为一方当事人申请而另一方当事人表示同意的，可以视为双方当事人共同申请。③

　　2012 年《民事诉讼法》这样规定，是基于我国的司法实践与立法规定。2004 年《民事调解司法解释》第 3 条第一次明确对调解协议（委托调解协议）进行司法确认的程序，但并没有规定司法确认的启动程序是"共同申

---

　　① 最高人民法院修改后民事诉讼法贯彻实施工作领导小组编著：《最高人民法院民事诉讼法司法解释理解与适用》（下），北京，人民法院出版社 2015 年版，第 922、923 页。

　　② 全国人民代表大会常务委员会法制工作委员会编：《中华人民共和国民事诉讼法释义：最新修正版》，北京，法律出版社 2012 年版，第 458 页。

　　③ 最高人民法院修改后民事诉讼法贯彻实施工作领导小组编著：《最高人民法院民事诉讼法司法解释理解与适用》（下），北京，人民法院出版社 2015 年版，第 922 页。

请"抑或"单方申请"。2009 年《诉讼与非诉讼衔接意见》第四部分"规范和完善司法确认程序"标题下第 22 条规定："当事人应当共同向有管辖权的人民法院以书面形式或者口头形式提出确认申请。一方当事人提出申请，另一方表示同意的，视为共同提出申请。"此为调解协议司法确认"共同申请"首次出现。2010 年《人民调解法》第 33 条第 1 款规定："经人民调解委员会调解达成调解协议后，双方当事人认为有必要的，可以自调解协议生效之日起三十日内共同向人民法院申请司法确认，人民法院应当及时对调解协议进行审查，依法确认调解协议的效力。"对于《人民调解法》中规定"共同申请"的理由，立法机关给出的解释是："强调'双方当事人认为有必要'和'共同申请'体现了人民调解的自愿原则。对调解协议进行司法确认不是法定义务，在调解协议达成后，如果双方当事人认为没有进行司法确认的必要，如对调解协议的内容即时履行完毕，或者调解协议的内容不涉及民事给付内容等情况下，双方当事人可以不用申请司法确认。如果认为有必要申请司法确认，双方当事人应当共同通过书面形式或者口头形式提出申请。一方当事人提出申请，另一方当事人表示同意的，可以视为共同提出申请。申请的期限是调解协议生效之日起 30 日。"[1] 显然，官方对"共同申请"理由的解读渊源于调解的自愿原则。

（二）关于"共同申请"与"单方申请"的争议

在理论上，有学者赞同"共同申请"。

有学者基于司法确认程序的非诉性质认为："只要调解协议相当于民事合同这一基本性质不变，如果司法解释或指导性司法文件赋予一方当事人申请司法确认的程序权利，而另一方当事人即使不同意却因程序的非讼性质得不到相应程序保障的话，不仅理论上说不通，还会引起司法解释是否越权或与法律抵触的疑问。"[2]

还有学者认为，调解协议本是双方当事人在调解组织主持下达成的意思表示一致的合同，"而正是权利义务的约束力不强才有了'调解协议司法确认程序'；而在司法确认之前，合同的权利义务履行与否全在于当事人主

---

[1] 全国人大常委会法制工作委员会民法室、中华人民共和国司法部法制司编著：《中华人民共和国人民调解法解读》，北京，中国法制出版社 2012 年版，第 133 页。

[2] 王亚新：《诉调对接和对调解协议的司法审查》，载《法律适用》2010 年第 6 期，第 35 页。

观意思自治，只有在双方当事人能够意识到司法确认之后的协议文本是对彼此权利义务的进一步保护，才会在司法确认事项上达成一致，'共同'向人民法院提出司法确认；反之，如果双方当事人不能意识到司法确认程序的功效，协议不管是自行协商达成，抑或是调解达成，那只是当事人自主的意思表示，并无强制性的效力，因而不能任由一方当事人申请司法确认"①。

不过也有学者对调解协议司法确认的共同申请提出质疑。

有学者认为《人民调解法》"要求双方当事人共同申请，法院才能确认。操作难度较大"②。

有学者认为，共同申请"制度安排似乎又给了一方当事人特别是债务人极大的反悔空间，是对债务人的过度宽容甚至是纵容。在对方当事人不同意的前提下，对申请方当事人特别是作为债权人的申请方来说乃是一个极大的打击和不公平"。"在申请一方当事人申请合法的前提下，对异议方程序保障的功夫即应该花在程序启动后来做，而不是启动环节，即在确认程序中应认真对待异议方当事人提出的异议，审查其异议是否合法或仅仅是故意的程序拖延战术。"③

也有学者认为："如果必须经双方申请方能启动司法确认程序，则人民调解协议的效力仍仅仅停留在完全依靠当事人自觉履行上，所有后续制度安排的展开均需指望履行义务人具备较高的道德操守。应注意的是，双方共同申请开启司法确认的机制其实包含着一个逻辑上的悖论，即通过人民调解达成协议之后，如果义务人有意履行，申请司法确认即显得毫无必要；如果义务方不准备履行，双方则难以达成向人民法院申请确认的所谓另一个合意，相关程序亦无法得以展开。可见，双方共同申请开启司法确认的机制带有较强的理想主义色彩，只有允许一方可单独申请司法确认，方符合该程序运行及推进的应然机理。"④

---

① 王嘎利：《民事司法确认程序与公证调解制度的耦合》，载《云南大学学报（社会科学版）》2017 年第 6 期，第 125 页。

② 杨雅妮：《诉外调解协议的"司法确认"程序探析——以"和谐社会"构建为背景的分析》，载《青海社会科学》2010 年第 6 期，第 219 页。

③ 胡辉：《人民调解协议的司法确认程序初探——以程序的启动为中心》，载《石河子大学学报（哲学社会科学版）》2011 年第 5 期，第 58 页。

④ 刘显鹏：《合意为本：人民调解协议司法确认之应然基调》，载《法学评论》2013 年第 3 期，第 131 页。

还有学者认为，应当承认一方单独申请司法确认，其理由为，"既然双方当事人已在自愿的基础上达成调解协议，就无须在后续司法确认程序的启动上将'共同申请'作为条件，否则会提高当事人申请司法确认的门槛，有阻碍司法确认制度发挥作用的倾向"。"现实社会矛盾纷繁复杂，大量出现某些当事人在达成调解协议后、申请司法确认前产生反悔心理，致使调解协议得不到有效履行。除此之外，还存在一些当事人在签订调解协议时存在恶意心理，假借司法确认来转移财产。这些情形都会使共同申请的程序无法启动。"①

还有学者认为，要求双方当事人共同申请，"在程序的启动方面限制过于严格。从所有诉讼程序和非讼程序的启动方面来看，当事人双方合意启动程序的规定尚不存在，即使是非讼程序也没有先例。当事人一方启动并不影响适用非讼程序来确认调解协议的效力，因此，建议改为当事人一方即可申请司法确认，启动司法确认程序"②。

还有学者认为，"双方共同申请，忽视了人民调解委员会的见证职能，降低了调解协议的效力。非讼事件的无争议性为相对无争议而非绝对的无争议，只不过在非讼程序阶段争议尚未出现而已，共同申请的模式追求绝对无争议性实无必要"③。

（三）本书对调解协议司法确认程序启动方式的看法

本书认为，这一问题确实值得进一步研究。尤其是调解协议司法确认程序与支付令程序的协调问题。支付令程序适用的条件之一也是双方当事人对债权债务无争议，但申请人为单方当事人。若调解协议司法确认仅要求单方申请，则在调解协议确定债务符合支付令条件且该债务已到期债务人不履行的情形下，司法确认程序与支付令程序在一定程度上存在混同。

（四）提出申请的委托诉讼代理人的范围

根据 2015 年《民诉解释》第 353 条规定，司法确认案件由双方当事人共同申请，提出申请的可以是当事人本人，当事人也可以委托代理人提出申请。

---

① 李娜：《诉外调解协议司法确认制度的适用研究》，河南大学 2015 年硕士学位论文，第 18、23 页。

② 唐力：《非讼民事调解协议司法确认程序若干问题研究——兼论〈中华人民共和国民事诉讼法修正案（草案）〉第 38、39 条》，载《西南政法大学学报》2012 年第 3 期，第 111 页。

③ 张自合：《论人民调解协议司法确认程序的完善》，载《山东警察学院学报》2013 年第 1 期，第 20、22 页。

诉讼代理人，是指根据法律规定或当事人的委托，代当事人进行民事诉讼活动的人。诉讼代理人分为法定诉讼代理人和委托诉讼代理人。法定诉讼代理人，简称法定代理人，是指根据法律规定代替无诉讼行为能力的当事人进行民事诉讼活动的人。无民事行为能力人和限制民事行为人在民事诉讼中都是无诉讼行为能力人。2012 年《民事诉讼法》第 57 条规定："无诉讼行为能力的人由他的监护人作为法定代理人代为诉讼。法定代理人之间互相推诿代理责任的，由人民法院指定其中一人代为诉讼。"委托诉讼代理人，又称委托代理人，是指受当事人、第三人、诉讼代表人、法定代理人的委托，代为诉讼行为的人。2012 年《民事诉讼法》第 58 条第 1 款规定："当事人、法定代理人可以委托一至二人作为诉讼代理人。"第 2 款规定："下列人员可以被委托为诉讼代理人：（一）律师、基层法律服务工作者；（二）当事人的近亲属或者工作人员；（三）当事人所在社区、单位以及有关社会团体推荐的公民。"根据 2015 年《民诉解释》第 353 条规定，当事人的法定代理人可以代理当事人参加调解并达成调解协议，但无法代理向法院申请司法确认，因为代理当事人向法院申请司法确认的代理人仅限于委托代理人，不包括法定代理人。

就委托诉讼代理人代理向法院申请司法确认而言，代理当事人参加调解并达成调解协议的某些委托代理人可能无法再次代理当事人向法院申请司法确认。2015 年《民诉解释》第 85 条规定："根据民事诉讼法第五十八条第二款第二项规定，与当事人有夫妻、直系血亲、三代以内旁系血亲、近姻亲关系以及其他有抚养、赡养关系的亲属，可以当事人近亲属的名义作为诉讼代理人。"第 86 条规定："根据民事诉讼法第五十八条第二款第二项规定，与当事人有合法劳动人事关系的职工，可以当事人工作人员的名义作为诉讼代理人。"第 87 条规定："根据民事诉讼法第五十八条第二款第三项规定，有关社会团体推荐公民担任诉讼代理人的，应当符合下列条件：（一）社会团体属于依法登记设立或者依法免予登记设立的非营利性法人组织；（二）被代理人属于该社会团体的成员，或者当事人一方住所地位于该社会团体的活动地域；（三）代理事务属于该社会团体章程载明的业务范围；（四）被推荐的公民是该社会团体的负责人或者与该社会团体有合法劳动人事关系的工作人员。专利代理人经中华全国专利代理人协会推荐，可以在专利纠纷案件中担任诉讼代理人。"第 88 条规定："诉讼代理人除根据民事诉讼法第五十九条规定提交授权委托书外，还应当按照下列规定向人民法院提交相关材料：（一）律师应当提交律师执业证、律师事务所证明材料；（二）基层法律服务工作者应当提交法律服务工作者执业证、基层法律服务所出具的介绍信以及当事人一方位于本辖区内的证明材料；（三）当事人的近亲属应当提交身份证件和与委托人有近亲属关系的证明材料；（四）当事人的工作人员应当提交身份证件和与当事人有合法劳动人事关系的证明材料；（五）当事人所在社区、单位推荐的公民应当提交身份证件、推荐材料和当事人属于该社区、单位的证明材料；（六）有关社会团体推荐的公民应当提交身份证件和符合本解释第八十七条规定条件的证明材料。"根据上述规定，下列主体不能作为委托诉讼代理人：与当事人不存在近亲属关系的自然人；与当事人不存在合法劳动人事关系的人员；双方当事人均不在基层法律服务工作者执业的基层法律服务所所在的县级行政区划和直辖市的区（县）行政区划辖区内的法律工作者。① 如，A 县的当事人与 B 县的

① 关于法律工作者作为委托诉讼代理人代理民事案件的范围，2016 年 3 月 4 日最高人民法院"院长信箱"中《关于〈民诉法〉司法解释第 88 条第 2 款剥夺了法律工作者自由执业代理权的答复》中指出："基层法律服务机构产生于上世纪 80 年代。截至 2014 年年底，全国共有基层法律服务所 1.8 万多家，基层法律服务工作者 6.8 万多人。多年来，广大基层法律服务工作者为维护人民群众合法权益，促进经济社会发展做出了积极贡献。2012 年民事诉讼法修改了第 58 条诉讼代理的规定，把基层法律服务工作者与律师并列为诉讼代理人，并对公民代理的范围予以了严格限定，基层法律服务工作者可以用其执业身份和名义代理民事诉讼，但除法律规定的情形外，不再以公民身份代理民事诉讼。我院民诉法司法解释第 88 条目的是明确基层法律服务工作者代理民事诉讼时应当向人民法院提交的证明身份和资格的材料，并未对基层法律服务工作者的服务辖区范围作出规定。基层法律服务机构由司法部管理。根据司法部《乡镇法律服务业务工作细则》（司法部令第 19 号）和司法部 2002 年 12 月 10 日对江苏省司法厅的批复（司复〔2002〕12 号）规定，基层法律服务工作者只能代理'当事人一方位于本辖区内'的民事、经济、行政诉讼案件。据了解，民诉法司法解释实施以来，部分地方基层法律服务工作者向司法部反映，希望司法部对第 19 号令的'本辖区'具体含义作出解释，我院也积极与司法部沟通。司法部经研究于 2015 年 6 月 25 日发布了《司法部关于基层法律服务工作者诉讼代理执业区域问题的批复》（司复〔2015〕4 号），明确《乡镇法律服务业务工作细则》（司法部令第 19 号）第 24 条第（4）项'当事人一方位于本辖区内'的'本辖区'，是指基层法律服务工作者执业的基层法律服务所所在的县级行政区划和直辖市的区（县）行政区划辖区。因此，根据司法部的最新批复，人民法院在对基层法律服务工作者提交的材料进行审查时，应当审查当事人一方是否位于基层法律服务工作者执业的基层法律服务所所在的县级行政区划和直辖市的区（县）行政区划辖区内。近日，我院也转发了司法部上述批复，全国法院据此对基层法律服务工作者代理民事诉讼进行审查。"需要指出的是，该答复显然将 2015 年《民诉解释》第 88 条第 2 项误解为第 88 条第 2 款。

当事人，向 C 县某调解组织申请调解，由 C 县的某法律工作者代理一方进行调解；达成调解协议后，该法律工作者无法再代理一方向 C 法院申请司法确认。因为人民法院在对基层法律服务工作者提交的材料进行审查时，应当审查当事人一方是否位于基层法律服务工作者执业的基层法律服务所所在的县级行政区划和直辖市的区（县）行政区划辖区内。

三、申请调解协议司法确认的期限和形式

（一）申请调解协议司法确认的期限

根据 2012 年《民事诉讼法》第 194 条规定，申请司法确认案件的期限是调解协议生效之日起 30 日内。

《民事诉讼法》第 194 条规定申请司法确认 30 日的期限，来源于 2010 年《人民调解法》第 33 条第 1 款。

（二）申请司法确认调解协议的形式

依据 2015 年《民诉解释》第 355 条，当事人申请司法确认调解协议，既可以采用书面形式，也可以采用口头形式。

关于申请司法确认调解协议的形式，2009 年《诉讼与非诉讼衔接意见》第 22 条规定书面形式和口头形式均可，而 2011 年《人民调解协议司法确认解释》第 3 条要求采取书面形式，2015 年《民诉解释》第 355 条又恢复了 2009 年《诉讼与非诉讼衔接意见》的做法。

2015 年《民诉解释》第 355 条之所以这样规定，主要是考虑到有些当事人文化程度低，一律规定采用书面形式提出申请对其有难度。从便民利民的角度出发，2015 年《民诉解释》第 355 条规定当事人也可以口头形式提出确认申请。需要注意的是，2015 年《民诉解释》第 355 条并没有规定当事人只有在书写申请书确有困难的情况下，才可以口头提出申请，而是当事人可以自行选择申请形式。这样，就把确认程序的便民性与司法程序的严谨性进行了有机的结合。口头提出申请是一项灵活规定，是对书面形式的补充。2015 年《民诉解释》第 355 条规定也是为了鼓励当事人选择非诉讼的调解方式解决自身纠纷，促进多元化纠纷解决机制建设。当事人可以采取口头形式提出申请，在一定程度上方便了基层人民群众对调解协议

提出司法确认，以保护自身的权益。[①]

（三）申请司法确认调解协议的材料

2015 年《民诉解释》第 356 条规定了申请司法确认调解协议应当提交的材料。该规定是对司法确认案件质量的一个基本保证。因为司法确认程序是一种非诉性的审查程序，在突出便捷性的同时，当事人之间的对抗和辩论不足，法官对调解协议相关内容的审查更多停留在形式性审查的层面，这对司法确认案件的质量是有一定影响的。为了满足司法确认案件书面审查的基本要求，2015 年《民诉解释》第 356 条规定了当事人向人民法院提出司法确认申请时必须提交的相关材料。这些材料主要包括以下几类：一是调解协议。这是当事人需要提交的核心材料，也是人民法院进行司法审查和确认的对象。二是调解组织主持调解的证明。调解协议必须经由第三方调解组织主持达成，这是司法确认制度的基本要求。司法确认系人民法院对非诉调解组织调解工作的支持和保障，该制度是建立在对非诉调解组织的基本信任基础之上的。故当事人向人民法院申请确认调解协议时，必须提供材料证明该份协议系由调解组织主持达成的。这样规定可以防止一些当事人恶意串通，以损害第三人利益为目的，伪造虚假调解协议提交人民法院进行确认。三是与调解协议相关的财产权利证明。这样规定也是为了防止当事人通过调解协议处置第三人的财产，属于确保案件质量的条款。四是双方当事人的身份、住所、联系方式等基本信息。这是人民法院开展司法确认工作需要的基本材料，是送达相关法律文书的基本要求。审判实践中应当注意的问题是，当事人未提交上述材料的，人民法院应当要求当事人限期补交。如果当事人超过限期未补充提交相关材料的，属于申请不适格，也反映出当事人对申请司法确认的意愿不强，人民法院应当对其按撤回申请处理。[②]

值得注意的是，2015 年《民诉解释》第 356 条并未像 2009 年《诉讼与非诉讼衔接意见》第 22 条那样，要求在申请司法确认时提交双方当事人签

---

① 最高人民法院修改后民事诉讼法贯彻实施工作领导小组编著：《最高人民法院民事诉讼法司法解释理解与适用》（下），北京，人民法院出版社 2015 年版，第 930 页。

② 最高人民法院修改后民事诉讼法贯彻实施工作领导小组编著：《最高人民法院民事诉讼法司法解释理解与适用》（下），北京，人民法院出版社 2015 年版，第 931、932 页。

署的承诺书。

四、司法确认案件的管辖问题

(一) 一般调解协议司法确认案件的管辖

2012 年《民事诉讼法》第 194 条规定，申请司法确认调解协议，由调解组织所在地基层人民法院管辖。关于调解协议司法确认案件的管辖问题，"2012 年民事诉讼法修改过程中曾有两种意见。第一种意见认为司法确认案件的管辖法院应为调解组织所在地的基层人民法院。这有利于纠纷的解决，当事人选择调解组织一般是与纠纷当事人之间联系密切的组织，一般也是当事人住所地、调解协议履行地、调解协议签订地，规定由调解组织所在地的基层人民法院管辖，对申请司法确认的当事人和受理司法确认案件的法院都比较方便。第二种意见认为，以不动产为标的物的司法确认案件，由于人民调解法没有规定人民调解委员会的地域管辖范围问题，有些当事人可能会利用法律的疏漏，达到损人利己的目的。如有的当事人可能会在远离不动产所在地的地方进行调解，对房产权利问题达成协议，并就地申请司法确认。如果受理司法确认案件的法院没有全面了解案情，作出确认调解协议有效的裁定，有可能导致损害他人合法权益的后果。""2012 年《民事诉讼法》采纳了第一种意见。规定司法确认案件的管辖法院为调解组织所在地的基层人民法院，主要考虑纠纷解决的便利性、法院审查司法确认案件时，遇到问题便于向调解组织了解，也便于当事人提出申请。"[1]

2015 年《民诉解释》第 353 条参照 2011 年《人民调解协议司法确认解释》第 2 条第 1 款，基本上又重申了 2012 年《民事诉讼法》第 194 条的规定。依据 2015 年《民诉解释》第 353 条规定，申请司法确认调解协议的，申请人除了可以向调解组织所在地基层人民法院提出申请，也可以向人民法庭提出。司法解释之所以这样规定，"是因为我国基层法院下设的人民法庭处在化解矛盾的第一线，处在基层社会治理创新的最前沿。人民法庭在处理大量纠纷的同时，也可以受理当事人提出的申请调解协议司法确认案件。《最高人民法院关于进一步加强新形势下人民法庭工作的若干意见》规

---

[1]　最高人民法院修改后民事诉讼法贯彻实施工作领导小组编著：《最高人民法院民事诉讼法司法解释理解与适用》(下)，北京，人民法院出版社 2015 年版，第 923、924 页。

定，'充分发挥人民法庭在'四个治理'中的纽带作用和在多元化纠纷解决机制中的示范、保障作用，为提高乡镇、县域治理法治化水平做出积极贡献。主动加强与公安、司法、劳动争议仲裁、农村土地承包仲裁、人民调解委员会等基层国家机关、群众自治组织、行业调解组织等的沟通与协作，尊重和支持其依法调处社会矛盾纠纷，积极做好司法确认等诉讼与非诉讼矛盾纠纷解决机制的衔接工作"。"为了体现司法便民利民的原则，司法解释规定当事人申请司法确认的，也可以向人民法庭提出申请，为地处偏远的当事人就近选择调解组织所在地的人民法庭提出司法确认申请提供方便，而不必到当地的基层人民法院本部提出，从而降低当事人申请确认的成本。"① 本书认为，人民法庭属于基层人民法院的组成部分，不宜将人民法庭与基层人民法院并列起来。

（二）调解协议司法确认案件的共同管辖

2015 年《民诉解释》第 354 条规定："两个以上调解组织参与调解的，各调解组织所在地基层人民法院均有管辖权。双方当事人可以共同向其中一个调解组织所在地基层人民法院提出申请；双方当事人共同向两个以上调解组织所在地基层人民法院提出申请的，由最先立案的人民法院管辖。"此为关于调解协议司法确认案件共同管辖的规定。

"司法确认案件的共同管辖，是指依照法律规定两个或者两个以上的人民法院对同一司法确认案件都有管辖权。由于民事诉讼法仅规定调解协议司法确认案件由调解组织所在地的基层人民法院管辖，在实践中存在由几个调解组织联合调处纠纷的情况，如果这几个调解组织不在同一个基层人民法院的辖区，就会发生这种共同管辖的冲突问题。"2015 年《民诉解释》第 354 条参照民事诉讼法关于诉讼的共同管辖处理原则，对此加以规定。"在两个以上人民法院对同一司法确认案件都有管辖权的情况下，有两种处理方式：一是双方当事人可以共同向其中一个调解组织所在地基层人民法院提出申请，则由收到申请的人民法院管辖；二是双方当事人共同向两个

---

① 最高人民法院修改后民事诉讼法贯彻实施工作领导小组编著：《最高人民法院民事诉讼法司法解释理解与适用》（下），北京，人民法院出版社 2015 年版，第 924、925 页。

以上调解组织所在地基层人民法院提出申请的，由最先立案的人民法院管辖。"①

值得注意的是，无论是 2012 年《民事诉讼法》还是 2015 年《民诉解释》，均既未像 2009 年《诉讼与非诉讼衔接意见》第 21 条那样规定协议管辖，也未像 2011 年《人民调解协议司法确认解释》第 2 条第 2 款那样规定委派调解协议司法确认的管辖。

五、撤回司法确认申请

2015 年《民诉解释》第 359 条第 1 款规定："确认调解协议的裁定作出前，当事人撤回申请的，人民法院可以裁定准许。"第 2 款规定："当事人无正当理由未在限期内补充陈述、补充证明材料或者拒不接受询问的，人民法院可以按撤回申请处理。"本条是关于撤回调解协议司法确认申请的规定。本条吸纳了 2011 年《人民调解协议司法确认解释》第 5 条、第 6 条的相关内容。

向人民法院提出调解协议司法确认申请，是当事人的一项民事程序权利，当事人既可行使权利，也可放弃权利。故在人民法院受理申请、作出是否司法确认的裁定前，一方或者双方当事人撤回司法确认申请的，人民法院应当准许，并出具终结确认程序通知书。撤回确认申请的，双方当事人仍可在协议生效 30 日内向有管辖权的人民法院重新申请司法确认。

当事人无正当理由未在限期内补充陈述、补充证明材料或者拒不接受询问的，表明当事人向人民法院申请确认调解协议的意愿不强，人民法院可以按撤回申请处理。

审判实践中应当注意的问题是，在人民法院受理确认申请后、作出是否确认的裁定前，一方当事人就调解协议的履行或者调解协议的内容另行提起诉讼的，人民法院应当告知当事人可以选择确认程序或诉讼程序主张权利，但不能同时启动两种程序；如果当事人坚持起诉的，人民法院可以按撤回司法确认申请处理。《人民调解法》第 32 条和第 33 条分别赋予了调解协议当事人以救济途径，即向人民法院提起诉讼或申请确认调解协议的

①　最高人民法院修改后民事诉讼法贯彻实施工作领导小组编著：《最高人民法院民事诉讼法司法解释理解与适用》（下），北京，人民法院出版社 2015 年版，第 928、929 页。

效力。实践中存在着当事人同时选择两种程序的可能。由于这两种程序存在着重复和冲突，因而人民法院在当事人申请司法确认的同时又提出民事诉讼的，应当告知当事人不能够同时适用这两种救济方式，如果当事人坚持同时采取两种救济方式的，可以视为双方当事人并未就申请司法确认事宜达成一致意见，人民法院可以按撤回司法确认申请处理。[①]

第二节　司法确认案件的受理与审查

一、收到司法确认申请后的处理方式

人民法院收到当事人的司法确认调解协议申请后，除裁定调解协议有效外，还有三种处理方式。

一是符合受理条件的，应当受理。关于受理条件。参照 2012 年《民事诉讼法》第 119 条诉讼案件受理的相关规定，司法确认案件的受理条件包括：（1）主体方面，申请人和被申请人均应当与本案有直接利害关系，双方当事人的主体均应适格（如具有相应的民事权利能力和行为能力等）；（2）审查内容方面，申请人需有具体的申请司法确认的请求、标的（调解协议）和理由；（3）主管和管辖方面，当事人的申请应当属于人民法院受理调解协议司法确认的范围和受诉人民法院管辖。对此，需要注意的是，2015 年《民诉解释》第 356 条所列举的当事人申请时应当向人民法院提交的材料，属于法院受理申请的必要条件。[②]

二是不符合受理条件的，不予受理，作出不予受理的裁定。当前调解员的素质参差不齐，并且相当一部分调解员在调解中主要靠其威望和情理以及技巧，缺乏必要的法律知识和法律技能。而调解协议的司法确认程序与对司法确认裁定的执行程序，是严格的法律活动，要依法进行。因此，

---

① 最高人民法院修改后民事诉讼法贯彻实施工作领导小组编著：《最高人民法院民事诉讼法司法解释理解与适用》（下），北京：人民法院出版社 2015 年版，第 941、942 页。

② 最高人民法院修改后民事诉讼法贯彻实施工作领导小组编著：《最高人民法院民事诉讼法司法解释理解与适用》（下），北京：人民法院出版社 2015 年版，第 933 页。

法院对收到的当事人的调解协议司法确认申请要进行审查。经初步形式审查，发现申请不符合规定，依照 2015 年《民诉解释》第 357 条作出不予受理的裁定。可以说，2015 年《民诉解释》第 357 条规定是从消极方面规定了司法确认程序适用案件的范围。2015 年《民诉解释》第 357 条与 2011 年《人民调解协议司法确认解释》第 4 条第 2 款相比，扩大了人民法院不予受理申请调解协议司法确认案件的范围：就身份关系纠纷而言，2011 年《人民调解协议司法确认解释》仅限于确认身份关系、收养关系和婚姻关系；2015 年《民诉解释》为确认婚姻关系、亲子关系、收养关系等身份关系无效、有效或者解除。此外，2015 年《民诉解释》又增加了该条中的第 4 项和第 5 项。

三是受理后经过审查，发现申请不符合规定，依照 2012 年《民事诉讼法》第 195 条与 2015 年《民诉解释》第 360 条裁定驳回申请。

二、调解协议司法确认案件的审查方式

2015 年《民诉解释》第 358 条规定："人民法院审查相关情况时，应当通知双方当事人共同到场对案件进行核实。人民法院经审查，认为当事人的陈述或者提供的证明材料不充分、不完备或者有疑义的，可以要求当事人限期补充陈述或者补充证明材料。必要时，人民法院可以向调解组织核实有关情况。"

关于确认调解协议案件的审查方式，究竟是形式审查，还是实体审查，实践中一直存在争议，2012 年《民事诉讼法》对此也没作出具体规定。2015 年《民诉解释》第 358 条明确规定，法院对调解协议的审查采取的是形式审查和有限的实体审查相结合的方式。2015 年《民诉解释》第 358 条关于调解协议司法确认案件审查程序的规定，吸纳了 2011 年《人民调解协议司法确认解释》第 6 条的相关内容。

2015 年《民诉解释》第 358 条之所以这样规定，"主要是因为，如果仅仅对调解协议进行程序性审查，即仅审查是否超过申请期限、申请确认的事项是否属于法院的管辖范围、当事人是否具有相应行为能力等事项，不足以排除一些违法或者违背社会公序良俗的调解协议，也不利于调解工作健康发展。人民法院如果因为审查不严而确认了违法的调解协议，不仅会损害人民法院的司法权威，还会损害国家、集体或社会公共利益以及当事人、利害关系人的合法权益，同时也不利于彻底化解矛盾纠纷和维护社会和谐。当然，如果每个司法确认案件都投入大量的司法资源进行实体审查，也不利于提高司法确认案件的效率，不符合设立司法确认程序便捷高效解决纠纷的目的。因此，法院应当针对具体情况采取灵活的处理方式。对于案情相对简单的确认案件，法院可以在形式审查后直接作出裁定；对于案情复杂或者涉案标的较大的案件，应当采取实质审查方式进行审查"，可以要求当事人限期补充陈述或者补充证明材料，必要时可依职权主动向调解组织相关人员了解和核实相关情况。①

三、关于司法确认案件的审查期限

2012 年《民事诉讼法》第 180 条规定："人民法院适用特别程序审理的案件，应当在立案之日起三十日内或者公告期满后三十日内审结。有特殊情况需要延长的，由本院院长批准。但审理选民资格的案件除外。"司法确认案件属于特别程序之一种，其审查期限也为 30 日。

需要注意的是，2012 年《民事诉讼法》第 180 条关于司法确认案件的审查期限的规定不同于 2011 年《人民调解协议司法确认解释》的。2011 年《人民调解协议司法确认解释》第 5 条第 1 款规定的审查期限是 15 日，延长期限是 10 日。

第三节　对调解协议有效的处理

一、司法确认案件的法律文书的形式

关于司法确认案件的法律文书形式，在 2012 年民事诉讼法修改过程中一直争议较大。"司法实践中主要有四种不同形式：一是决定书，二是确认书，三是调解书，四是裁定书。支持调解书的意见认为，这样无须改变现

---

① 最高人民法院修改后民事诉讼法贯彻实施工作领导小组编著：《最高人民法院民事诉讼法司法解释理解与适用》（下），北京，人民法院出版社 2015 年版，第 936、937 页。

有司法统计体系，且民事调解书的效力等同于判决书具有相应法律依据，并且已为社会公众所熟知，更易被接受。但是，调解书不能反映司法确认程序的特点，也在一定程度上模糊了纠纷解决的过程。支持决定书的意见认为，决定书有着灵活的特点，既可以作出确认决定书，也可以作出不确认决定书。反对者则认为，根据民事诉讼法的规定，决定书仅仅适用于程序性事项，而司法确认中必然会对调解协议内容进行实体审查，适用决定书不合适。支持确认书的观点认为，确认书符合司法确认程序的特点，比较贴切。但是，确认书难以适用于不予确认的情况。主张采用裁定书的意见认为：第一，裁定书作为执行依据在各地法院的认同度较高，便于申请人实现实体权利；第二，在现行民事诉讼法框架下，裁定书与决定书、调解书等其他文书相比更为适宜，既体现司法确认案件的实质审查特点，也不同于法院诉讼调解后制作的调解书。最后，2012年民事诉讼法采纳了司法确认案件适用裁定书的意见。"① 不过之前的2011年《人民调解协议司法确认解释》采用的是决定书。

二、裁定调解协议有效

依据2012年《民事诉讼法》第195条，人民法院受理申请后，经审查，符合法律规定的，裁定调解协议有效，一方当事人拒绝履行或者未全部履行的，对方当事人可以向人民法院申请执行。

确认调解协议效力的裁定，自送达双方当事人后发生法律效力。如果一方当事人拒绝履行或者未全部履行的，对方当事人可以向人民法院申请强制执行。需要明确的是，此时的执行依据是法院作出的确认调解协议有效的裁定书，调解协议本身不能作为执行依据。

---

① 最高人民法院修改后民事诉讼法贯彻实施工作领导小组编著：《最高人民法院民事诉讼法司法解释理解与适用》（下），北京. 人民法院出版社2015年版，第946页。

第三章 司法确认程序与调解协议其他 法律保障机制的衔接^①

就诉讼外调解（不含仲裁调解，下同）而言，调解协议达成后若义务人自觉履行约定的义务，当然最好，这也是最理想的。但若义务人不履行义务，调解协议确定的权利得不到实现，调解将成为"空调"，为调解进行的各种努力将前功尽弃。为此，立法和司法实务中存在确保调解协议义务得到履行的各种机制，调解协议司法确认是其中之一。关于实现调解协议的法律保障机制，除了司法确认程序外，我国现行法明文规定的还有公证程序、督促程序、诉讼程序。此外，虽然没有明确的规定，但在实务中适用的实现调解协议的法律保障制度还有约定民事责任与设置担保以及仲裁程序。可见，司法确认并非实现调解协议的唯一法律保障机制。这就涉及调解协议司法确认程序与其他法律保障机制的衔接、协调问题。

第一节 司法确认与调解协议约定民事责任

一、关于调解协议约定民事责任规定

2004 年《民事调解司法解释》第 10 条第 1 款规定："人民法院对于调解协议约定一方不履行协议应当承担民事责任的，应予准许。"第 2 款规定："调解协议约定一方不履行协议，另一方可以请求人民法院对案件作出裁判

---

① 该章第一节至第五节主要内容参见王国征、刘谢慈：《调解协议司法确认与相关法律保障机制比较分析》，载《湖湘论坛》2018 年第 2 期，第 171～176 页。

的条款，人民法院不予准许。""尽管多数调解协议能够得到当事人自觉地履行，进入强制执行程序的案件较少。但一旦发生不履行调解协议或者调解书的情况，债权人则会因为在调解时作出了让步而后悔。正是这种顾虑也影响了当事人进行调解的积极性。为消除当事人这种顾虑，促进当事人达成调解协议，2004 年《民事调解司法解释》规定了调解履行的两种激励机制：一是当事人可以在调解协议中约定一方不履行调解协议时承担额外的民事责任，经人民法院确认后，在发生一方不履行调解协议时，另一方当事人可以直接申请人民法院强制执行。二是当事人可以为履行调解协议设定担保，一旦不履行调解协议的情况产生，另一方可以向人民法院申请强制执行担保人的财产或者担保物，以保证他的债权得到及时的实现。"[①]调解协议履行责任约定制度是对当事人调解反悔权的限制。[②]

2010 年《"调解优先、调判结合"意见》第 20 条规定："进一步规范调解协议督促条款、担保履行条款的适用。在调解过程中，要关注义务履行人的履行能力和履行诚意，在确保调解协议内容具体、明确并具有可执行性的同时，注重引导当事人适用《最高人民法院关于人民法院民事调解工作若干问题的规定》第十条、第十一条规定的督促条款和担保履行条款，提高调解协议的自动履行率。对原告因质疑被告履行调解协议的诚意而不愿调解的案件、争议标的额较大的案件，以及调解协议确定的履行期限较长或者分期履行的案件，可以通过适用督促条款、担保履行条款，促进调解协议的达成，促使义务履行人自动履行调解协议。要注意总结调解经验，制定规范性的表述方式，明确条款的生效条件，防止调解结案后双方当事人对协议条款内容的理解产生歧义。"

事实上，2000 年最高人民法院在广东深圳深大电话有限公司等与广东省深圳市鹏基物业发展公司等房屋买卖合同纠纷案（法公布 2002 第 24号，中华人民共和国最高人民法院民事调解书，2000 民终字第 122 号）的调解协议中就已适用了约定民事责任的做法，即"乙、丙、丁三方中任

---

① 张守增：《开创人民法院调解工作新局面——最高人民法院副院长黄松有答记者问》，载《人民法院报》2004 年 9 月 17 日。

② 韩波：《诉讼调解的实证分析与法理思辨——对最高人民法院〈关于人民法院民事调解工作若干问题的规定〉的实施调查》，载《法律适用》2007 年第 4 期，第 76 页。

何一方违反协议的约定未按期履行义务，每超期一天，违约方向甲方支付
2 万元的违约金并应继续履行本协议约定义务，如超过约定时限 30 天，
视为违约方不能履行约定义务，甲方可代为履行，违约方应向甲方支付人
民币 2 000 万元的违约金。若先期履行义务一方未按时履行义务，导致后
期履行义务的他方不能按期履行约定义务，后期履行义务的他方不承担约
责任"①。

《民法通则》（1986 年 4 月 12 日第六届全国人民代表大会第四次会议
通过，1986 年 4 月 12 日中华人民共和国主席令第三十七号公布，自 1987
年 1 月 1 日起施行；2009 年 8 月 27 日第十一届全国人民代表大会常务委
员会第十次会议通过《全国人民代表大会常务委员会关于修改部分法律的
决定》，2009 年 8 月 27 日中华人民共和国主席令第十八号公布，自公布
之日起施行）第 134 条第 1 款规定，承担民事责任的方式主要有停止侵
害、排除妨碍、返还财产、恢复原状、赔偿损失、支付违约金等。《民法
总则》（2017 年 3 月 15 日第十二届全国人民代表大会第五次会议通过，
2017 年 3 月 15 日中华人民共和国主席令第 66 号公布，自 2017 年 10 月 1
日起施行）第 179 条规定："承担民事责任的方式主要有：（一）停止侵
害；（二）排除妨碍；（三）消除危险；（四）返还财产；（五）恢复原状；
（六）修理、重作、更换；（七）继续履行；（八）赔偿损失；（九）支付违
约金；（十）消除影响、恢复名誉；（十一）赔礼道歉。法律规定惩罚性赔
偿的，依照其规定。本条规定的承担民事责任的方式，可以单独适用，也
可以合并适用。"从司法实践来看，调解协议约定的民事责任形式有：一方
未按约定支付款项，另一方有权要求对方支付一定的利息②；与约定违约

---

① 《广东深圳深大电话有限公司等与广东省深圳市鹏基物业发展公司等房屋买卖合同纠纷上
诉案》，见 http：//www.law110.com/lawcase/toplawcase/toplawcase_2008063.html，访问时间
2018-02-04。
② 如"本案中，调解书所确认的调解协议第四条规定：'如东浚公司未能按上述约定的进度向
省一建还款，省一建有权向法院申请强制执行未还的全部工程款，并有权要求东浚公司按银行逾期
还款利率向省一建支付未付款项的利息。'该约定属于双方约定的东浚公司不履行协议应当承担的
民事责任。"广东省高级人民法院（2016）粤执复 168 号执行裁定书，摘自中国裁判文书网。

金。^① 约定一方违约向对方支付一定的利息，属于违约责任中的赔偿损失（约定损失赔偿）。所谓约定损失赔偿，是指合同当事人在订立合同时，预先约定一方违约时所产生的损失赔偿额的计算方法。《民法通则》第 112 条、《民法总则》第 179 条和《合同法》（1999 年 3 月 15 日第九届全国人民代表大会第二次会议通过，1999 年 3 月 15 日中华人民共和国主席令第 15 号公布，自 1999 年 10 月 1 日起施行）第 114 条均承认约定损失赔偿。《民法通则》第 112 条第 2 款规定："当事人可以在合同中约定，一方违反合同时，向另一方支付一定数额的违约金；也可以在合同中约定对于违反合同而产生的损失赔偿额的计算方法。"《合同法》第 114 条第 1 款规定："当事人可以约定一方违约时应当根据违约情况向对方支付一定数额的违约金，也可以约定因违约产生的损失赔偿额的计算方法。"支付违约金，属于另一种违约责任。《民法通则》第 112 条、《民法总则》第 179 条和《合同法》第 114 条均规定了约定违约金。关于违约金的调整，《合同法》第 114 条第 2 款规定："约定的违约金低于造成的损失的，当事人可以请求人民法院或者仲裁机构予以增加；约定的违约金过分高于造成的损失的，当事人可以请求人民法院或者仲裁机构予以适当减少。"《最高人民法院关于适用〈中华人民共和国合同法〉若干问题的解释（二）》（法释〔2009〕5 号，2009 年 2 月 9 日最高人民法院审判委员会第 1462 次会议通过，2009 年 4 月 24 日公布，自 2009 年 5 月 13 日起施行，简称 2009 年《合同法司法解释（二）》）第 28 条规定："当事人依照合同法第一百一十四条第二款的规定，请求人民法院增加违约金的，增加后的违约金数额以不超过实际损失额为限。增加违约金以后，当事人又请求对方赔偿损失的，人民法院不予支持。"第 29 条第 1 款规定："当事人主张约定的违约金过高请求予以适当减少的，人民法院应当以实际损失为基础，兼顾合同的履行情况、当事人的过错程度以及预期利益等综合因素，根据公平原则和诚实信用原则予以衡量，并作出裁决。"

---

① 如"（2008）淮民二初字第 0412 号民事调解书确定的调解协议第二条写明：'被告吴洪寨欠原告祁广华钢材款及违约金合计 53 万元，于 2008 年 12 月 30 日前给付，如果不按时给付，承担违约金 3 万。'据此，'钢材款及违约金合计 53 万元'是该民事调解书约定的吴洪寨应当履行的义务，'违约金 3 万'是该民事调解书约定的一方不履行协议应当承担的民事责任。"江苏省高级人民法院（2014）苏执复字第 00097 号执行裁定书，摘自中国裁判文书网。

第 2 款规定："当事人约定的违约金超过造成损失的百分之三十的，一般可以认定为合同法第一百一十四条第二款规定的'过分高于造成的损失'。"需要研究的是，调解协议约定的违约金，是否适用《合同法》第 114 条第 2 款违约金调整规定？

　　需要注意的是，调解协议约定的民事责任与加倍支付迟延履行利息和迟延履行金是相互排斥的。2004 年《民事调解司法解释》第 19 条第 1 款规定："调解书确定的担保条款条件或者承担民事责任的条件成就时，当事人申请执行的，人民法院应当依法执行。"第 2 款规定："不履行调解协议的当事人按照前款规定承担了调解书确定的民事责任后，对方当事人又要求其承担民事诉讼法第二百三十二条规定的迟延履行责任的，人民法院不予支持。"2012 年《民事诉讼法》第 253 条（1991 年《民事诉讼法》第 232 条、2007 年《民事诉讼法》第 229 条）规定："被执行人未按判决、裁定和其他法律文书指定的期间履行给付金钱义务的，应当加倍支付迟延履行期间的债务利息。被执行人未按判决、裁定和其他法律文书指定的期间履行其他义务的，应当支付迟延履行金。"2015 年《民诉解释》第 506 条规定："被执行人迟延履行的，迟延履行期间的利息或者迟延履行金自判决、裁定和其他法律文书指定的履行期间届满之日起计算。"第 507 条规定："被执行人未按判决、裁定和其他法律文书指定的期间履行非金钱给付义务的，无论是否已给申请执行人造成损失，都应当支付迟延履行金。已经造成损失的，双倍补偿申请执行人已经受到的损失；没有造成损失的，迟延履行金可以由人民法院根据具体案件情况决定。"《最高人民法院关于在执行工作中如何计算迟延履行期间的债务利息等问题的批复》（法释〔2009〕6 号，2009 年 3 月 30 日最高人民法院审判委员会第 1465 次会议通过，2009 年 5 月 11 日公布，自 2009 年 5 月 18 日起施行）规定："一、人民法院根据《中华人民共和国民事诉讼法》第二百二十九条计算'迟延履行期间的债务利息'时，应当按照中国人民银行规定的同期贷款基准利率计算。二、执行款不足以偿付全部债务的，应当根据并还原则按比例清偿法律文书确定的金钱债务与迟延履行期间的债务利息，但当事人在执行和解中对清偿顺序另有约定的除外。""具体计算方法：（1）执行款＝清偿的法律文书确定的金钱债务＋清偿的迟延履行期间的债务利息。（2）清偿的迟延履行期间的债务利息＝清偿的法律文书确定的金钱债务×同期贷款基准利率×2×迟延履行期间。"

因此，调解协议约定的民事责任高于按照中国人民银行规定的同期贷款基准利率 2 倍计算，才有意义。

二、诉讼外调解协议约定民事责任的适用

尽管 2004 年《民事调解司法解释》关于调解协议约定民事责任仅限于法院调解协议，但在实践中，诉讼外调解协议也存在约定民事责任问题。

如，2014 年 11 月 8 日宋某妹等与天守公司之间的纠纷在漳平市西园镇人民调解委员会的主持下达成协议，双方签订了（2014）漳西人调书第 21 号《民间纠纷调解协议书》一份，该协议约定主要内容有，天守公司共赔偿、补偿宋某妹等人民币 829 756 元。至 2014 年 12 月 26 日止，天守公司仍然欠原告人民币 300 000 元，宋某妹等经多次催讨，天守公司借口无履行能力未付。为此，宋某妹等向法院提起诉讼，要求判令天守公司支付宋某妹等补偿款人民币 300 000 元及利息（从 2014 年 12 月 26 日起至款还清之日止按月利率 0.7％计算）。法院认为，宋某妹等与天守公司签订的《民间纠纷调解协议书》，"双方的委托代理人均在协议上签名并按指印进行确认，该协议是双方的真实意思表示，没有违反法律禁止性规定，且被告已履行了部分协议内容，该协议是合法有效的。根据《最高人民法院关于人民法院民事调解工作若干问题的规定》第十条第一款规定：'人民法院对于调解协议约定一方不履行协议应当承担民事责任的，应予准许。'故原告诉请要求被告支付赔偿款人民币 300 000 元，本院予以支持。原告要求被告支付逾期利息的诉讼请求，因双方未对逾期支付赔偿款进行约定，逾期利息的诉讼请求，理由不充分，本院不予支持。"① 在该案中，对人民调解协议，法院明确引用"《最高人民法院关于人民法院民事调解工作若干问题的规定》第十条第一款规定"，作出判决。也就是说，对人民调解协议约定赔偿责任，法院是予以承认的。

---

① 福建省漳平市人民法院（2015）漳民初字第 1163 号民事判决书，摘自中国裁判文书网。

又如，武安市伟鑫煤炭洗选有限公司（以下简称伟鑫煤炭）与交通银行股份有限公司（以下简称交通银行）签订借款合同，伟鑫煤炭向交通银行贷款1 000万元。邯郸县民健担保有限公司（以下简称民健担保）为此笔贷款提供担保，并与交通银行签订了保证合同。民健担保为了防止本公司利益受损失，要求伟鑫煤炭提供反担保，杨林等向民健担保提供反担保，并与民健担保签订了反担保合同。2016年4月28日经河北巨恒集团人民调解委员会主持调解，达成调解协议。该人民调解协议包括：伟鑫煤炭应于该协议签订之日起7日内向民健担保提供价值1 000万元的房产作为抵押财产，并办理抵押登记；伟鑫煤炭若在7日内不能提供该协议所约定的房产并办理抵押登记，由杨林等以房产向民健担保提供反担保，办理抵押权登记；借款期限届满，伟鑫煤炭如未能及时全额清偿民健担保为其所担保的贷款本金1 000万元和本次贷款利息的，伟鑫煤炭承担向民健担保支付实际未偿还的贷款本金和利息总数的日5‰违约金的违约责任；等等。[①] 在该案中，对人民调解协议中约定违约金，即"以实际未偿还的贷款本金和利息总数的日万分之五向民健担保支付违约金"，法院也予以确认。

从理论上说，既然具有民事权利义务内容的调解协议具有民事合同的性质，那么对调解协议所确认的债权债务关系同样可以约定民事责任。

三、司法确认程序与约定民事责任之比较

尽管调解协议司法确认程序与约定民事责任均属于诉讼外调解协议的保障机制，但二者存在以下不同：（1）程序设置严格程度不同。调解协议约定民事责任，属于当事人意思自治，程序相对简单；调解协议司法确认程序，属于民事诉讼程序，有较严格的程序要求。（2）法律效力不同。调解协议约定民事责任，不能直接作为执行根据；而确认调解协议效力的裁定，为执行根据之一。

但二者也存在联系，调解协议约定民事责任，既可以通过司法确认程序得到实现，如上述邯郸县民健担保有限公司与武安市伟鑫煤炭洗选有限公司等合同案；也可以通过调解协议的民事诉讼程序实现，如上述宋某妹

---

① 河北省邯郸县人民法院（2016）冀0421民特16号民事裁定书，摘自中国裁判文书网。

等与天守（福建）超纤科技股份有限公司合同纠纷案。

第二节　司法确认与调解协议担保

一、调解协议担保的规定和适用

2004 年《民事调解司法解释》第 11 条第 1 款规定："调解协议约定一方提供担保或者案外人同意为当事人提供担保的，人民法院应当准许。"第 2 款规定："案外人提供担保的，人民法院制作调解书应当列明担保人，并将调解书送交担保人。担保人不签收调解书的，不影响调解书生效。"第 3 款规定："当事人或者案外人提供的担保符合担保法规定的条件时生效。"第 19 条第 1 款规定："调解书确定的担保条款条件或者承担民事责任的条件成就时，当事人申请执行的，人民法院应当依法执行。"

如，在甲乡人民政府诉乙民间借贷纠纷中，经法院调解达成调解协议，丙作为该调解协议的担保人，法院根据该调解协议制作调解书并送达甲、乙、丙。后丙以甲为国家机关、借贷关系无效为由对该调解书申请再审，法院依据 2004 年《民事调解司法解释》第 11 条第 1 款规定驳回再审申请。[①] 又如，在冯某诉甲公司商品房买卖合同纠纷中，经法院调解达成调解协议，内容有：甲公司赔偿冯某损失 75 万元；若甲公司逾期不支付，则需由乙公司作为担保人承担到期债务。冯某、甲公司先后在调解协议上签字、按印（盖章），乙公司以担保人名义在调解协议上加盖公章。法院据此制作调解书后，向冯某、甲公司各方进行了送达，乙公司拒绝签收。后乙公司提起第三人撤销之诉，其理由有：首先，认定调解书中列明了乙公司为担保人错误，根据 2004 年《民事调解司法解释》第 11 条的规定，在调解书中列明担保人应该是在调解书主体中列明，而非在调解结果中列明；其次，调解协议书应同时具备"签字、盖章"两个条件才能生效，不能仅以盖章一个条件认定调解协议书生效，涉案调解书上仅有乙公司的公章，没有法

---

① 新疆维吾尔自治区高级人民法院伊犁哈萨克自治州分院（2016）新 40 民申 13 号民事裁定书，摘自中国裁判文书网。

定代表人签字，不应认定为有效。法院依据《民事调解司法解释》第 11 条认为，乙公司提供的担保自其在调解协议上签字盖章之日起即发生法律效力，乙公司拒绝签收调解书不影响调解书生效，据此，裁定不予受理。①

调解协议设置担保，对权利人而言，其权利就多了一份保障。担保法中的担保有债务人担保和第三人担保之分。与其相对应，调解协议担保也分为当事人（负有义务的一方）担保和案外人担保。如果义务人或案外人提供财物担保，则权利人在该财物价值范围内享有优先受偿权；如果案外人提供保证，这等于为权利人多加了一个义务人，权利受偿可能性大大增强。

不过，也有学者指出《民事调解司法解释》第 11 条的不足："在债权人的利益保障方面，担保责任难以落实到位。依据案外人担保之规定，当债权人基于对担保的信赖而签订调解协议时，如担保人不签收调解书，并不影响调解书的生效，债权人之让步即刻生效，约束债权人，但案外人提供的担保必须符合《担保法》规定的条件时方能生效，约束该担保人，产生保护债权人的效果。而 2007 年《物权法》颁布实施之后，担保生效的条件已经改变，如抵押合同为成立即生效，抵押权一般须登记后才能生效。如调解中，案外人提供的担保为房屋抵押，则债权人需在案外人进行抵押登记之后才能获得抵押权，案外人若不配合，债权人对担保的信赖即有落空的风险。"②

二、诉讼外调解协议约定担保的适用

与诉讼外调解协议约定民事责任情况类似，现行关于法院调解协议约定担保的司法解释规定也被扩大适用于诉讼外调解协议。如，在前述邯郸县民健担保有限公司与武安市伟鑫煤炭洗选有限公司等合同案中，在人民调解协议中就设置了抵押权担保，并得到法院的认可。又如，在一起民间借贷合同纠纷中，双方经司法所调解达成协议，调解协议中约定，出借人同意放弃一部分利息，借款人同意在 1 个月内归还借款本金，并由借款人的

---

① 山西省高级人民法院（2015）晋民终字第 268 号民事裁定书，摘自中国裁判文书网。
② 黄海涛：《案外人参与调解制度之完善问题研究——以〈关于人民法院民事调解工作若干问题的规定〉第 1 条为对象》，载《法律适用》2015 年第 2 期，第 87 页。

表哥作为保证人。①

既然具有民事权利义务内容的调解协议具有民事合同的性质，那么对调解协议所确认的债权债务关系同样可以设定担保。

三、司法确认程序与约定担保之比较

诉讼外调解协议约定担保，尤其是案外人提供担保，其本身就是对义务人的一种约束，可以督促义务人履行调解协议所确认的义务，否则，义务人不仅失信于权利人，也失信于案外人。

从调解协议司法确认程序与调解协议约定担保机制比较来看，二者存在以下不同：（1）牵涉主体不同。约定担保完全是当事人之间（包括调解协议当事人与案外人之间）的行为，程序相对简单；调解协议司法确认程序则属于法院主导下的民事诉讼程序，其程序相对复杂。（2）实现权利的责任财产不同。对于诉讼外调解协议约定担保而言，无论是物的担保，还是人保，增加的都是权利人权利实现的财产基础；调解协议司法确认程序是对先前调解协议内容的权威确认，并没有增加权利实现的责任财产。（3）法律效力不同。担保约定不能直接作为申请法院强制执行的依据；而确认调解协议裁定具有强制执行效力。

第三节　司法确认与赋强公证

一、公证依法赋予调解协议强制执行效力的规定

2002 年《人民调解协议司法解释》第 10 条规定："具有债权内容的调解协议，公证机关依法赋予强制执行效力的，债权人可以向被执行人住所地或者被执行人的财产所在地人民法院申请执行。"

2009 年《诉讼与非诉讼衔接意见》第 12 条规定："经行政机关、人民调解组织、商事调解组织、行业调解组织或者其他具有调解职能的组织对

---

① 陈曦：《调解协议的担保人能否被要求强制执行?》，载《福州晚报》2016 年 11 月 8 日。

民事纠纷调解后达成的具有给付内容的协议，当事人可以按照《中华人民共和国公证法》的规定申请公证机关依法赋予强制执行效力。债务人不履行或者不适当履行具有强制执行效力的公证文书的，债权人可以依法向有管辖权的人民法院申请执行。"

2010 年《"调解优先、调判结合"意见》第 29 条规定："具有债权内容的诉讼外调解协议，经公证机关依法赋予强制执行效力的，债权人可以向被执行人住所地或者被执行的财产所在地人民法院申请执行。"

2016 年 6 月《最高人民法院关于人民法院进一步深化多元化纠纷解决机制改革的意见》（法发〔2016〕14 号，简称 2016 年《多元化纠纷解决机制改革意见》）第 11 条规定："加强与公证机构的对接。支持公证机构对法律行为、事实和文书依法进行核实和证明，支持公证机构对当事人达成的债权债务合同以及具有给付内容的和解协议、调解协议办理债权文书公证，支持公证机构在送达、取证、保全、执行等环节提供公证法律服务，在家事、商事等领域开展公证活动或者调解服务。依法执行公证债权文书。"

《公证法》第 37 条规定："对经公证的以给付为内容并载明债务人愿意接受强制执行承诺的债权文书，债务人不履行或者履行不适当的，债权人可以依法向有管辖权的人民法院申请执行。前款规定的债权文书确有错误的，人民法院裁定不予执行，并将裁定书送达双方当事人和公证机构。" 2012 年《民事诉讼法》第 238 条第 1 款规定："对公证机关依法赋予强制执行效力的债权文书，一方当事人不履行的，对方当事人可以向有管辖权的人民法院申请执行，受申请的人民法院应当执行。"第 2 款规定："公证债权文书确有错误的，人民法院裁定不予执行，并将裁定书送达双方当事人和公证机关。"

"对具有给付内容的调解协议，当事人可以根据公证法的规定，向公证机关申请依法赋予其强制执行效力。经公证机关赋予强制执行效力的调解协议，当事人可以申请人民法院执行。"①

---

① 卫彦明、向国慧：《〈关于建立健全诉讼与非诉讼相衔接的矛盾纠纷解决机制的若干意见〉的理解与适用》，载《人民司法·应用》2008 年第 17 期，第 29 页。

二、公证依法赋予调解协议强制执行效力的实践

潮州市《关于建立商事纠纷诉讼调解与非诉讼调解相衔接解决机制的实施意见》第21条规定:"对于市调解中心对商事纠纷调解后达成的具有给付内容的协议,当事人可以按照《中华人民共和国公证法》的规定申请公证机关依法赋予强制执行效力。债务人不履行或者不适当履行具有强制执行效力的公证文书的,债权人可以依法向有管辖权的人民法院申请执行。"①

2010年陕西省合阳县司法局发出通知,决定对镇、村两级人民调解委员会,或司法所、法律服务所、法律援助中心、律师事务所,在办理非诉讼调解案件达成的协议中,凡涉及给付内容的债权文书,可通过公证机构赋予强制执行的效力。该通知中列举了可由公证机构赋予强制执行效力的调解协议的范围和条件。一是具有给付货币、物品、有价证券内容的调解协议;二是债权债务关系明确的调解协议;三是载明了债务人不履行义务或不完全履行义务时,债务人愿意接受依法强制执行承诺的调解协议;四是调解内容必须合法的调解协议。②

例如:岳某和许某因道路交通事故经人民调解工作室调解,于2010年1月11日签订了调解协议,调解协议中双方约定岳某向许某支付赔偿款共计人民币17 500元。岳某当场支付了5 000元给许某,剩余的12 500元赔偿款岳某希望能够分三期支付给许某。为了确保岳某能够按时并足额履行调解协议上所约定的义务,双方来到公证处申请办理具有强制执行效力的债权文书公证,公证员在了解情况、核实材料、告知权利义务、明确岳某自愿接受强制执行的意思表示之后,受理了该项公证,并于2010年2月10日出具了具有强制执行效力的债权文书公证书。双方拿到公证书的时候心里都像吃了颗定心丸。这起道路交通事故纠纷最终在人民调解和公证的共同参与下得到了圆满解决。③

---

① 《关于建立商事纠纷诉讼调解与非诉讼调解相衔接解决机制的实施意见》,见中国国际贸易促进委员会潮州市委员会、潮州国际商会网,访问时间2017-07-09。

② 《合阳公证赋予非诉调解协议强制执行效力》,见http://blog.sina.com.cn/s/blog_5040defb0100jqrw.html,访问时间2018-02-05。

③ 刘平、柯胥宁:《公证赋予人民调解协议强制执行效力问题探讨》,载《中国公证》2012年第1期,第39页。

三、司法确认程序与赋强公证机制之比较

综观诉讼外调解协议司法确认程序与公证依法赋予强制执行效力机制的各自特点，二者在以下两个方面存在差异：（1）当事人耗费成本不同。公证债权文书需要向公证机构支付一定数额的公证费用①；申请诉讼外调解协议司法确认则不需要交纳诉讼费用。由此可见，诉讼外调解协议当事人向人民法院申请司法确认，比申请公证更能节省成本。在成本驱动下，当事人一般不会选择公证程序，进而导致通过公证程序赋予诉讼外调解协议强制执行效力制度成为一种休眠制度。②（2）司法确认程序受案范围较广，从调解协议涉及的既存法律关系类型上，包括合同纠纷、侵权纠纷、相邻关系纠纷、物权请求权纠纷、遗产继承纠纷等，就这些纠纷达成的调解协议均可以申请人民法院进行司法确认。与此相对，根据 2000 年最高人民法院、司法部《关于公证机关赋予强制执行效力的债权文书执行有关问题的联合通知》，调解协议通过公证强制执行程序加以救济，在协议内容上较窄。③（3）时限要求不同。诉讼外调解协议司法确认必须自调解协议生效之日起 30 日内，向调解组织所在地基层人民法院提出；而诉讼外调解协议当事人申请公证没有时间限制。当事人在诉讼外调解协议申请司法确认期限届满后，仍可申请公证。不过，此时债务人是否会配合债权人进行公证，仍然是一个问题。

尽管存在上述差异，但二者之间仍然存在共同之处，如不管是通过法院司法确认还是通过公证机关赋予强制执行效力，诉讼外调解协议本身都必须具有明确的执行内容，且二者都要求双方当事人共同申请，两种程序均不具有对抗性。此外，无论是诉讼外调解协议司法确认裁定书，还是赋予调解协议强制执行效力的公证文书，均可作为执行依据。

---

① 《公证法》第 34 条第 1 款规定："当事人应当按照规定支付公证费。"

② 张自合：《论人民调解协议司法确认程序的完善》，载《山东警察学院学报》2013 年第 1 期，第 21 页。

③ 陈凯：《论诉调对接机制中公证强制执行制度的价值——以与"司法确认程序"进行制度比较为视角》，载《中国司法》2018 年第 6 期，第 84 页。

第四节　司法确认与调解协议适用支付令

一、诉讼外调解协议适用支付令规定

督促程序，是指债权人申请人民法院向债务人发出支付令，督促债务人给付以金钱和有价证券为内容的债务而适用的一种特殊程序。法院收到债权人的申请后5日内决定是否受理；受理后，15日内向债务人发出支付令；债务人应当自收到支付令之日起15日内清偿债务，或者向人民法院提出书面异议；债务人在收到支付令之日起15日内不提出异议又不履行支付令的，债权人可以向人民法院申请执行。债务人的书面异议必须针对债务关系本身。债务人对债权债务关系没有异议，但对清偿能力、清偿期限、清偿方式等提出不同意见的，不影响支付令的效力。关于申请支付令的费用，原来是每件交纳申请费100元；自2007年4月《诉讼费用交纳办法》施行，支付令的申请费增加了，比照财产案件受理费标准的1/3交纳。督促程序，使人民法院能够省时省力地处理债务纠纷，保护债权人的合法权益，减少当事人的讼累，维护正常的经济秩序，促进市场经济的发展。2017年《民事诉讼法》第214条规定："债权人请求债务人给付金钱、有价证券，符合下列条件的，可以向有管辖权的基层人民法院申请支付令：（一）债权人与债务人没有其他债务纠纷的；（二）支付令能够送达债务人的。申请书应当写明请求给付金钱或者有价证券的数量和所根据的事实、证据。"

可适用支付令的调解协议有两种情况：一种是普通调解协议，即对于具有合同效力和给付内容的调解协议，债权人可以根据民事诉讼法和相关司法解释的规定向有管辖权的基层人民法院申请支付令。2009年《诉讼与非诉讼衔接意见》第13条第1款规定："对于具有合同效力和给付内容的调解协议，债权人可以根据《中华人民共和国民事诉讼法》和相关司法解释的规定向有管辖权的基层人民法院申请支付令。申请书应当写明请求给付金钱或者有价证券的数量和所根据的事实、证据，并附调解协议原件。"2016年《多元化纠纷解决机制改革意见》第32条规定："加强调解与督促

程序的衔接。以金钱或者有价证券给付为内容的和解协议、调解协议，债权人依据民事诉讼法及其司法解释的规定，向有管辖权的基层人民法院申请支付令的，人民法院应当依法发出支付令。债务人未在法定期限内提出书面异议且逾期不履行支付令的，人民法院可以强制执行。"另一种是劳动争议调解协议。因支付拖欠劳动报酬、工伤医疗费、经济补偿或者赔偿金事项达成调解协议，用人单位在协议约定期限内不履行的，劳动者可以持调解协议书依法向人民法院申请支付令。诉讼外调解协议适用支付令最早见于劳动争议调解协议。2007 年《劳动争议调解仲裁法》第 16 条规定："因支付拖欠劳动报酬、工伤医疗费、经济补偿或者赔偿金事项达成调解协议，用人单位在协议约定期限内不履行的，劳动者可以持调解协议书依法向人民法院申请支付令。人民法院应当依法发出支付令。"2009 年《诉讼与非诉讼衔接意见》第 13 条第 2 款规定："因支付拖欠劳动报酬、工伤医疗费、经济补偿或者赔偿金事项达成调解协议，用人单位在协议约定期限内不履行的，劳动者可以持调解协议书依法向人民法院申请支付令。"

二、诉讼外调解协议适用支付令的实践

对诉讼外调解协议适用支付令，首次出现于 2003 年上海浦东新区。上海浦东新区潍坊街道居民陈某与谭某原系夫妻关系，婚后因感情不和于 2002 年 5 月到民政部门协议离婚，儿子随母亲陈某生活。离婚后，陈某与谭某及其母亲钱某因房屋产权（陈某及儿子、谭某、钱某四人同住）发生纠纷。2003 年 3 月，浦东新区潍坊街道调委会和泉东一居委调委会应当事人要求进行调解，经调解双方当事人达成调解协议：陈某及其儿子放弃房屋居住权并迁出户口，钱某一次性补偿人民币 13 万元。协议达成后，陈某迁出了自己和儿子的户口，但钱某却一直拖延支付补偿款。陈某多次讨要无果，后在街道调委会指导下向法院申请支付令。2003 年 9 月 9 日，法院经审查认为，申请人的申请符合《民事诉讼法》规定的条件，并依法发出了支付令，要求被申请人钱某在收到支付令之日起 15 日内向申请人陈某及其子支付协议规定的金额。①

---

① 陈道友：《上海浦东探索人民调解协议便捷执行新途径》，载《人民调解》2004 年第 5 期，第 21 页。

　　上海市高级人民法院、上海市司法局《关于进一步加强人民调解工作的会议纪要》[沪高法民一（2003）1号] 中规定："探索人民调解协议便捷执行的新途径。对单纯以金钱给付等为内容的人民调解协议的履行问题，选择浦东新区、杨浦区和奉贤区试点。如果负有给付义务的一方当事人不履行人民调解协议的，无对待给付义务的另一方当事人可以依据人民调解协议，直接向人民法院申请支付令，要求强制对方当事人履行金钱给付义务。人民法院对此类申请的审查及执行，可比照适用民事诉讼法的督促程序。"①

　　潮州市《关于建立商事纠纷诉讼调解与非诉讼调解相衔接解决机制的实施意见》第20条规定："对于具有合同效力和给付内容的调解协议，债权人可以根据《中华人民共和国民事诉讼法》和相关司法解释的规定向有管辖权的人民法院申请支付令。申请书应当写明请求内容和所根据的事实、证据，并附调解协议原件。"②

　　针对证券纠纷，有学者指出，当事人达成的调解协议主要内容是给付金钱或股票，因而符合民事诉讼法督促程序的规定。当证券纠纷一方当事人（债务人）不履行相应的给付义务时，另一方当事人可以向法院申请支付令。如果债务人接到支付令后既不提出异议也不履行给付义务，则债权人就可以向法院申请强制执行。③

　　不过，本书作者于2017年7月10日在中国裁判文书网输入关键词"《关于建立健全诉讼与非诉讼相衔接的矛盾纠纷解决机制的若干意见》第十三条"搜索，没有搜索到一个裁判文书。搜索关键词"《最高人民法院关于人民法院进一步深化多元化纠纷解决机制改革的意见》第32条"，得到同样的结果。

---

　　①　《上海市高级人民法院、上海市司法局关于进一步加强人民调解工作的会议纪要》，见 http://www.shzgh.org/renda/sfqn/sfzw/node248/node337/userobject1ai3533.html，访问时间 2018 - 02 - 05。

　　②　《关于建立商事纠纷诉讼调解与非诉讼调解相衔接解决机制的实施意见》，见中国国际贸易促进委员会潮州市委员会、潮州国际商会网，访问时间 2017 - 07 - 09。

　　③　焦凯：《证券期货纠纷中调解制度的建设研究》，载《山西法制报》2017年6月30日，第3版。

三、司法确认程序与调解协议适用支付令之比较

从诉讼外调解协议司法确认程序与支付令适用机制之异同来看，它们均为特别程序且双方对调解协议所确定的债权债务无争议。二者的不同之处在于：（1）当事人耗费成本不同。诉讼外调解协议司法确认不用缴纳任何费用；依法申请支付令的需要比照财产案件受理费标准的 1/3 交纳。（2）适用范围不同。诉讼外调解协议司法确认适用于所有具有给付内容的调解协议；适用支付令的诉讼外调解协议所确定的债务内容必须是请求债务人给付金钱或者有价证券。（3）时间限制不同。诉讼外调解协议司法确认必须自调解协议生效之日起 30 日内向人民法院提出；适用支付令程序则不受 30 日的限制，只要符合法定条件，债权人即可在一般诉讼时效期间内申请支付令。（4）当事人的合意要求不同。诉讼外调解协议司法确认需要双方当事人达成合意，共同向法院提出申请；支付令则无须双方当事人共同申请，申请人仅限于债权人。

第五节　司法确认与调解协议民事诉讼

一、有关调解协议民事诉讼的规定

就人民调解协议民事诉讼而言，2002 年《人民调解协议司法解释》第 2 条至第 9 条规定了人民调解协议民事诉讼的起诉、受理、证据、效力、诉讼时效等问题。2010 年《人民调解法》第 32 条规定："经人民调解委员会调解达成调解协议后，当事人之间就调解协议的履行或者调解协议的内容发生争议的，一方当事人可以向人民法院提起诉讼。"第 33 条第 3 款规定："人民法院依法确认调解协议无效的，当事人可以通过人民调解方式变更原调解协议或者达成新的调解协议，也可以向人民法院提起诉讼。"

就一般意义上的诉讼外调解协议（包括人民调解协议）民事诉讼而言，2012 年《民事诉讼法》之前的司法解释性质文件，即 2007 年《最高人民法院关于进一步发挥诉讼调解在构建社会主义和谐社会中积极作用的若干意

见》（法发〔2007〕9号）（简称2007年《高院关于调解意见》）第9条、2009年《诉讼与非诉讼衔接意见》第20条和第21条、2012年4月10日《最高人民法院关于扩大诉讼与非诉讼相衔接机制的矛盾纠纷解决机制改革试点总体方案》（法〔2012〕116号）第10条中均有规定。2012年《民事诉讼法》第195条规定，当事人可以就诉讼外调解协议向人民法院提起诉讼。

对于特邀调解协议，《最高人民法院关于人民法院特邀调解的规定》（法释〔2016〕14号，2016年5月23日最高人民法院审判委员会第1684次会议通过，2016年6月28公布，自2016年7月1日起施行，简称2016年《特邀调解规定》）第25条第1款规定："委派调解达成调解协议后，当事人就调解协议的履行或者调解协议的内容发生争议的，可以向人民法院提起诉讼，人民法院应当受理。一方当事人以原纠纷向人民法院起诉，对方当事人以调解协议提出抗辩的，应当提供调解协议书。"

二、调解协议民事诉讼的适用

从诉讼外调解协议司法确认程序的适用背景来看，案件数量不断上升与司法资源相对匮乏之间的冲突极大增加了法院系统民事审判工作的压力，从而催生了新的民事纠纷解决方式。目前，不同地区不同层级的法院系统都试图通过增加人员编制来解决案多人少的困境，但这显然是治标不治本的临时救急措施。实际上，综合我国民事司法实务的现实状况，当前法院"解压"的关键应着力于构建诉讼内外有机对接的矛盾纠纷解决机制，以此扭转单纯依靠法院审判工作"独木难支"的被动局面。调解协议司法确认程序应运而生。[①] 经调解组织和调解员签字盖章后，当事人皆可申请有管辖权的人民法院确认非诉调解协议效力。值得注意的是，当事人若请求履行调解协议，请求变更、撤销调解协议或者确认调解协议无效的，仍然有机会通过诉讼程序解决纠纷。

随着社会和公民的法治接受能力及心理认同度的不断提高，诉讼外调解协议司法确认制度的适用也必将越来越容易得到社会的理解和认同，对于司法确认非诉调解协议的执行力及法院为此而采取的配套强制措施，大

[①]　崔清新、周英峰：《盘点人民调解法七大亮点》，载《人民法院报》2010年8月29日，第2版。

部分情况下都能得到当事人的理解和尊重。结合当前调解协议在民事司法实践中的现实状况，对于双方经第三方调解达成的纠纷调解协议，在平等、自愿且属于真实意思表示的前提下，发生纠纷时有上述协议或约定的，司法实践中一般都会按意思自治规则进行处理。一般情况下，只要协议没有违反法律禁止性规定，且是在双方没有受到任何胁迫的平等地位下自愿签订，相关内容也未损害他人合法权益的，就一定会受法律保护。在贾某虹诉曾某违反"忠诚协议"索赔 30 万元一案中，这一处理原则得到完整体现。法院在审理时查明，贾某虹与曾某双方签订的"忠诚协议"系双方自愿达成，且没有任何无效或可撤销的事由，因此，法院最终判令违约方曾某支付贾某虹违约金 30 万元。①

当前，我国非诉调解与民事诉讼程序的结合在消解社会矛盾、维护法律秩序等方面所取得的成绩有目共睹，因而从司法改革的方向和趋势来看，激励非诉讼纠纷解决机制参与民事诉讼中的纠纷解决仍是今后改革的重点攻坚对象。但需要明确的是，纠纷通过非诉讼方式解决终究只是通过非诉法理弱化对抗性，是严格适用法律规则的一种特例，其内涵和具体适用路径可能对法律规则的严格施行存在一定影响，因此，有必要设立专门的司法机构和程序规则，对诉讼外调解协议在民事诉讼程序中的适用开展引导和监督工作。

调解与诉讼作为处理民事纠纷的两大渠道，长期以来各自为战，难以形成有效衔接，导致在民事纠纷领域，尤其是商事纠纷化解资源无法充分利用。近年来，司法机关以自身"案多人少"的问题为导向，开展了人民调解员进立案庭，与行业性专业性调解组织对接等工作，从调解工作场地、人员培训、经费以及调解工作指导等方面加大了对调解组织的支持力度。从当前工作成效来看，我国的调解已经在制度建设、体系构建和调解成效等方面取得了显著效果，尤其是在诉讼与调解对接方面，不仅最高人民法院出台了相关规定，调解组织也不断地纳入司法机关的特邀调解体系中来，并在其中发挥了重要的作用，充分展现了调解优势，在保险等个别领域明显缓解了法院"案多人少"的突出矛盾，让社会纠纷得以合理分流。

---

① 周文轩：《婚姻家庭案件的审判应审慎运用道德话语》，载《法律适用》2004 年第 2 期，第 49 页。

三、司法确认程序与调解协议民事诉讼程序之比较

诉讼外调解协议司法确认与民事诉讼的共同点是，确认调解协议的裁定与调解协议的民事诉讼判决具有同样的法律效力，都可以作为执行根据

诉讼外调解协议司法确认与民事诉讼程序二者的不同之处有：（1）程序设置不同。诉讼外调解协议司法确认程序，属于民事诉讼中的特别程序，相对而言程序设置简单，不存在二审问题，当事人也不得对裁定申请再审；而诉讼外调解协议适用民事诉讼，适用的是普通程序或者简易程序，当事人不服一审判决可以上诉，对生效判决还可以申请再审。（2）当事人意志不同。二者最大的不同在于适用司法确认程序需要调解协议双方当事人共同向人民法院提出申请；而适用民事诉讼程序本身，就说明了双方对调解协议产生了争议，或者是一方当事人不履行调解协议确定义务，另一方当事人起诉要求履行；或者一方当事人起诉要求确认调解协议无效；或者一方当事人起诉要求撤销调解协议。一方当事人的起诉，不以另一方的同意为条件。（3）诉讼费用不同。诉讼外调解协议司法确认程序无须缴纳费用；民事诉讼程序需要根据具体的案件类型和标的额缴纳诉讼费用。

第六节　司法确认与调解协议仲裁程序

一、调解协议适用仲裁程序的理论

当代仲裁程序是在民事诉讼程序和调解机制的夹缝中生存和发展起来的，它凭借自身特性逐渐形成独立的标记，近年来仲裁事业在全世界的不断发展便是这一文化标记的有力证明。但是，在民事程序机制不断变革、救济手段不断完善、法律从业人员数量和素质不断提升以及民事纠纷多样化趋势日益显现的背景下，单一的仲裁文化受到来自各方的冲击，而调解与仲裁的结合则为不同类型的纠纷解决提供了新的缓冲地带。从纠纷当事人的心理层面来看，传统的调解文化与人们对法律规则的不信任感密切相关。而从社会的实际效果来看，这种内心深处的确信是存在一定依据的，

法律规则的机械适用不可能恰如其分地处理好纷繁复杂的社会关系，人类
社会和大众生活时不时被那些称为法律规则的权威所束缚，并因此变得更
加复杂。恰当解决纠纷的程序路径必须考虑到法律规则之外的特殊情况和
民众的朴素心理认知，而通过调解程序人们往往能够达到个人和社会认可
的最佳平衡点，这是诉讼外调解程序产生、发展并与仲裁相结合的必要前
提。综合不同国家和地区的相关理论，本书认为，诉讼外调解协议与仲裁
程序在当事人救济路径上的承接具有坚实的理论基础。

从程序效益理论来看，无论是用何种方式解决争议，当事人最在意的
核心问题往往集中在纠纷解决的效率和需要花费的成本。[①] 英国大法官
Michael Kerr 谈道："多样化的纠纷解决方式比单纯的仲裁或诉讼有效率得
多，成功率也提高很多。调解成功往往对当事人来说比通过仲裁裁决所获
得的收益要大得多。调解解决争议不是简单地判断是非黑白，与诉讼不一
样，这一程序里没有明确的胜诉者或败诉者，因为没有时间去审查谁在法
律上是对的，谁在法律上是错的。用法律程序对复杂的商事争议进行全面
彻底的分析然后解决其争议，需要时间，而花费大量时间显然是不值得的，
除非存在特殊情况或紧急要素。成功的调解意味着最大程度的满足。"[②] 此
外，Mc Laren 和 Sanderson 也对此谈道："将两种纠纷解决方式通过恰当的
程序连接而产生的 ADR 妙方可以使得整个机制比单独使用其中一项技术更
有效率。"[③]

从心理认同理论来看，仲裁与调解相结合是当事人合意的结果，是他
们通过口头或书面协议所作出的自愿选择，基于对仲裁员的信任，他们愿
意将诉讼外调解协议交由仲裁员进行处理，当事人与仲裁员是一种信任和
被信任的关系，这种关系构成了纠纷解决的基础。就程序结合的目的而言，
诉讼外调解协议适用仲裁可以结合仲裁的优势和调解的长处，这符合双方
当事人的共同利益。世界上大多数仲裁规则皆认为当事人授权仲裁员"公

---

① 包括时间成本的金钱成本。

② The Rt. Hon. Sir Michael Kerr, "Reflections On 50 Years'Involvement In Dispute Resolution", 64 *Arbitration* (August 1998), p. 175.

③ Mclaren & Sanderson, *Innovative Dispute Resolution*: *The Alternative* (Scarborough, Carswell 1994), At 6 - 1.

平和善良"地裁决案件或充当"友好调停人"的指示是可以接受的；同理，当事人一致同意在仲裁程序中由仲裁员对调解协议作出裁定的意愿，没有理由不予尊重。仲裁与调解相结合的宗旨是在仲裁程序中为当事人提供一个通过第三者协助达成纠纷解决方案的新契机，并非强迫当事人接受他们心里排斥的争议解决方式。① 对此，唐厚志先生认为："仲裁和调解都是私人的事情，其基础是当事人的协议，其精髓是当事人的意思自治，由同一个人担任调解员和仲裁员的合理性问题，已经解决或者差不多解决了。不少国家的法律和规则早已规定，在纠纷当事人合意允许的情况下，同一人可以既担任调解员又担任仲裁员。仲裁和调解是一种服务事业，属于私人事件范畴。当事人选择同一个人对纠纷进行调解和仲裁的权利应当被充分尊重。"②

　　从成本收益理论来看，调解与仲裁的结合有利于减少当事人投入、避免不必要的开支并加快纠纷的解决进程。在西方辩诉制度下，当事人和律师对纠纷解决成本的极度重视，仲裁员从当事人处得到的诉讼外调解协议，可以使其用更快的时间靠近争议的核心部分，这对于促成最终的纠纷解决方案是有利的。③ 1989 年香港法律改革委员会（Law Reform Commission）在借鉴《联合国国际商事仲裁示范法》时，充分吸收了成本收益理论的核心要义，对于是否改进《香港仲裁条例》中有关调解的规定进行了细致研究和探讨。法律改革委员会特别考虑到仲裁员接受诉讼外调解协议并获悉相关案情后对裁决合理性的影响，其在官方文件中表示："我们同意，如果仲裁员和当事人未能解决重要事实的披露问题，将会影响到当事人在调解中的坦率程度。但我们认为这比强迫仲裁员直接忽视这些重要信息更加合理。我们并不认为存在其他程序操作上的困难。如果仲裁员向各方当事人

① Wang Sheng Chang, "A Comparative Survey Of The Rules Of The Arbitration Institute Of The Stockholm Chamber Of Commerce And The Arbitration Rules Of The China International Economic And Trade Arbitration Commission", *Journal of International Arbitration*, Vol. 9 No. 4 (December 1992), p. 114.

② Tang Houzhi, "Is There An Expanding Culture That Favors Combining Arbitration With Conciliation Or Other ADR Procedures?, ICCA Congress Series No. 8 International Dispute Resolution: Towards An International Arbitration Culture", *Kluwer Law International*, 1998, p. 113.

③ Hunter, David, "Conciliation, Publicity And Consolidation", (1988) 7 *The Arbitrator*, 121, pp. 123 - 124.

发送他认为关键的并且是可以披露的信息，并且在采取下一步行动前充分考虑各方当事人的意见，那么错误裁决的几率就会被限制在最低范围。"①

上述三种理论从不同角度对诉讼外调解协议与仲裁程序结合的动因、过程及结果进行了论证，并对二者的承接提供了一定的理论支持。除此之外，自然公正理论和正当程序理论也是诉讼外调解协议与仲裁程序得以完美承接的有力佐证。

自然公正理论（Natural Justice）起源于英美法系，是英美法关于程序问题的基本理论之一。自然公正理论涉及纠纷当事人的合理期待理论。根据该理论，在纠纷当事人的心理期待下，仲裁员带来一种合理的期望结果，即仲裁员"非经给予合理倾向性通知，不得偏离既定的程序"。因此，在当事人的明确指示或者当事人合理期望的既定实践路径中，产生当事人合法或合理的期望就变得理所应当。法律程序中的自然公正源于当事人合法合理的预期。② 从自然公正理论的角度看，诉讼外调解协议与仲裁的结合必须具备两个基本要求：第一，仲裁员或其他纠纷解决主体应当与案件没有利害关系，即中立性要求；第二，纠纷当事人必须被给予公平机会陈述案情和回答对方当事人提出的质疑，即权利要求。

关于第一个基本要求的满足，存在如下参照规则：第一，除非当事人对案件事实完整知悉，或者纠纷双方之间存在协议或约定同意仲裁员如此行事，否则居中裁判者不得在结果与他有利害关系的程序中充任裁判者。例如，仲裁员不得在他持有股份的一方当事人的案件中担任仲裁员。第二，仲裁员与一方当事人之间的直接或间接联系不能使人产生偏袒性怀疑。③ 这一要求需要考虑的是，在并非为争议一方当事人的普通人看来，这种联系的密切程度足以造成仲裁员的偏袒行为。例如，雇佣关系、私人情感和敌对关系等都有可能使他人产生关于偏袒的合理怀疑。同时，仲裁员与案件的联系又可以分为三类：一是与一方当事人的联系；二是与争议标的物的

---

① Kaplan, Spruce & Cheng, *Hong Kong Arbitration Cases And Materials*, Butterworths, 1991, p. 226.

② Ronald Bemstein & Derek Wood, *Handbook of Arbitration Practice*, *Sweet & Maxwell In Conjunction With The Chartered Institute of Arbitrators*, Second Edition, 1993, p. 86.

③ Metropolitan Properties v. Lannon [1968] 3All E. R. 304; Simmons v. Secretary of State For The Environment [1985] *J. P. L.* 253.

联系；三是与争议性质的直接联系。仲裁员与争议性质的联系是自然公正理论中的关键问题。例如，仲裁员在早先仲裁中已经处理过争议的事实和法律问题，或者争议的相关问题与仲裁员要裁决的问题联系密切，以至于仲裁员不可能在后来的仲裁程序中推翻先前作出的决定等。这些关系的存在都有可能使人对纠纷解决的公正性产生合理怀疑。此外，若同一个人在两个"平行争议案件"中被指定为仲裁员，并需要就同一个或者具有密切关联的问题作出判断，那么除非各方当事人同意，否则该仲裁员不能在两个平行案件中担任仲裁员。

关于第二个基本要求的满足，有以下两条可供参考的规则：第一，当事人需要被赋予回应对方质疑的机会。作为辩诉制度的一项重要内容，各方当事人不仅应被给予自述案件事实的机会，而且应被给予机会回应不利于其主张的质疑。这一原则不仅适用于对方当事人，也适用于仲裁庭的提问阶段，这些问题或许属于事实问题，又或许关乎法律，也可能只是专家提出的关联疑问。第二，经验和知识的披露。当事人之所以选择仲裁，其目的无外乎是希望通过仲裁员的专业技能和公正程序解决纠纷，但在英国自然公正理论的严格要求下，仲裁员采用经验、专业知识来裁断案件，必须遵守一定范围内的信息披露规则，也就是说，仲裁员需要将自己准备运用的方法和参考的过往经验告知双方当事人，并听取其意见，否则仲裁员的行为就可能不符合自然公正理论的内在要求。仲裁员的技能和方法应当视同他自己提交的"证据"，也同样要接受证据规则的制约。在著名的 Zermalt V. Nu-Life Upholster[1] 案件中，仲裁员需要就"商店租金"进行裁判。在案件处理过程中，仲裁员首先召集双方当事人出席会议，并在会议中申明了所要解决的问题。但后来仲裁员私下就相关案情开展实地考察并在最后出具的裁决书中提出了以前从未向任何一方当事人提出过的两个新问题，继而据此作出裁判。该仲裁员因此被罢免，相应裁决也被撤销。Bingham 大法官在判词中是这样阐述原因和法理精神的：

　　　　作为仲裁员的专家不可避免地会倾向于依赖自己的专长并在一般性事项上运用自己的技能，这是具有专长的人士被选定为仲裁员的一

---

[1]　(1985) 275 E. G. 1134.

个主要原因。但是，根据自然公正理论，即便由专家担任仲裁员，有些事项如有可能成为裁决主题，那么就这些特定事项而言，他必须披露给当事人进行评论、提出意见。如果一名仲裁员受到那些"从未向任何一方当事人提起过"的观点的影响，那么他有必要将该观点主动提出，以使当事人有机会对此进行交流。如果他感到某种更恰当的方法在当事人提交的证据和材料中从未提出过，那么他也有义务提出来使当事人享有回应的机会。如果他在事实或法律认定方面以某种特别的方式倚仗自己的个人经验，那么这种经验必须是他向当事人提及过，并且赋予当事人质疑机会的。如果一项裁判是基于当事人从来没有机会处理过的特别事项，那么它极有可能是错误的；如果一方当事人在不利于他的裁判中首次得知相反的观点，那么它同样是不正确的。这不仅不符合自然公正理论的内在要求，也明显违反了公正行为的外在表现形式。①

正当程序（Due Process）理论是大陆法系和英美法系的通用概念，它是各国对纠纷解决程序公正性的普遍要求。世界上不同地区的法律和国际条约均有类似规定：如果仲裁员在仲裁程序中未依照正当程序开展工作，那么仲裁裁决可以被撤销或者拒绝执行。《纽约公约》第5条第1款（b）项规定：若被申请执行人没有被给予指定仲裁员的机会，或没有被通知仲裁程序的流程，或因其他原因未能充分陈述观点的，仲裁裁决可以被拒绝承认和执行。这一规定明显是对仲裁程序正当性所提出的要求。正当程序问题与国际公共政策问题密不可分，从某种意义上说，程序性的公共政策概念本就内含着正当程序要求，例如，巴黎上诉法院在1987年的一项判决中指出："国际公共政策与正当程序的基本理念相一致，后者往往蕴含在前者的具体表现形式和内在精神之中。"有鉴于此，法国若干仲裁法律均认为，没有必要单独将违反公共政策作为撤销或者拒绝执行仲裁裁决的理由。在将正当程序理论适用于仲裁程序的司法实践中，法国的司法实践可谓是大陆法系的经典代表。法国仲裁专家Emmanuel Gaillard认为，正当程序理论涉及纠纷解决主体对当事人的平等对待，它意味着各方当事人应当享有平

---

① （1985）275 E. G. 1138.

等而充分的机会来陈述案情、表达意见。但是有的国家的仲裁法则认为，违反当事人平等待遇原则和违反当事人在辩诉程序中的听审权应当被区别看待。平等对待原则内含着当事人听审权，但又仅限于此，甚至囊括在仲裁庭的组成过程中。总之，当事人的平等待遇原则在法国法中被普遍视为国际公共政策的一项重要内容。①

正当程序理论在某些方面也适用于仲裁庭的组成。如果一名仲裁员同时为两个仲裁庭的成员，而这两个仲裁庭在平行的程序中已经就相关联的争议进行聆讯，则有可能不符合正当程序理论的要求。之所以这样规定，是因为仲裁员可能将在第一个仲裁案件中获得的信息用于第二个仲裁案件的裁断，实际上却未在第二个仲裁案件中交付当事人发表意见。在处理该类申诉的过程中，巴黎上诉法院认为，仲裁员在两个平行的仲裁程序中担任仲裁员职务虽然不会当然违背正当程序的要求，但是，如果在一个案件中所作的决定确实导致该仲裁员在另外一个案件中形成先入为主的判断，则必然违反正当程序理论。② 根据正当程序理论的要求，在贯彻正当程序原则的过程中，有以下几个方面需要重点考虑：（1）若各方当事人被赋予陈述事实的机会，那么即便另一方当事人选择不陈述，程序整体仍然符合正当程序要求；（2）如果一方当事人被给予一个合理的期限去陈述事实，提交证据，回应对方质疑，那么就足以认定该当事人被给予了合理陈述机会；（3）只有在当事人得知仲裁员违反正当程序后及时提出抗辩，当事人才能以不符合正当程序为由，申请法院撤销或拒绝执行仲裁裁决。例如，瑞士联邦法庭认为，一方当事人如果没有申请延期就对对方当事人提出的新材料进行回应，则不能在随后的执行程序中据此抗辩，即声称该方当事人没有被给予机会就新材料和新证据进行回应。③

有学者提出，仲裁与调解相结合会导致"职能的混淆"。作为两种完全不同的程序，其具体运行方式差异明显，而调解员的职能和仲裁员的职能

① Fouchard Gaillard Goldman，"On International Commercial Arbitration"，*Kluwer Law International* 1999，pp. 947 - 950.

② CA Paris，1993. 10. 14，Ben Nasser v. BNP，1994 REV ARB. 380.

③ J. Cooley，"Arbitration Vs. Mediation-Explaining The Difference"，69 *Judicature* 263，264，1986.

有本质的不同。① 调解员的职能是帮助他人作出和解决定，而仲裁员的职能是由第三人独立作出有约束力的决定。这两种职能的不同将很有可能在程序结合适用的过程中导致混淆，而"职能的混淆"将损害调解的效力和仲裁决定的独立性。② 而实际上，这样的论断并不符合当前我国诉讼外调解协议适用仲裁程序的内在逻辑。

首先，仲裁与调解相结合是符合自然公正理论的内在要求的。自然公正理论的两个基本要求，在仲裁与调解的结合中并未受到侵害。自然公正的第一个基本要求是要求居中裁判者不得在与他有利害关系的程序中担任裁判者，也不得与当事人之间有直接或间接的联系，但自然公正原则的这条要求有着例外的规定，即当事人各方同意的，不视为对自然公正原则的违反。如前所述，仲裁与调解相结合是在各方当事人完全自愿的基础上进行的，是在各方都同意的条件下才由仲裁员对诉讼外调解协议进行仲裁的，当事人的同意是仲裁与调解相结合的必备条件和前提。由于存在当事人的合意，仲裁员的身份和当事人一方有直接或间接的单独接触，是当事人合意的合理扩展和必要的具体实践路径。仲裁员所必备的独立性和公正性并未受到影响。调解过程中，当事人共同的意思表示在程序选择中处于主导地位，当事人甚至享有更加充足的空间来核查调解员是否表现出和做到了独立公正，对于表现出不独立、不公正的调解员，任何一方都可以表达自己对该调解员的不信任，要求该调解员不参加调解或者由当事人单方行使终止调解权。有经验的仲裁员甚至可以在调解过程中更加注重自己的中立地位，因为这是纠纷解决成败与否的重要因素。

其次，仲裁与调解相结合不会损害各方当事人陈述事实和回应对方当事人质疑的权利。仲裁员在处理涉及诉讼外调解协议相关案件时，会格外注重给予双方陈述意见和宣泄情绪的机会，仔细听取当事人的意见。调解的主要目的是促进当事人互谅互让、友好合作，在于促使当事人注重解决争议的实际效果，而不对事实问题和法律问题作过多的陈述和辩论，因此当事人的陈述权和辩论权主要并非体现在调解过程中，而是体现在仲裁过

---

①　Christian Buehring-Uhle,"Co-Med-Arb Technique Holds Promise Best Of Both Worlds, From Bna", *World Arbitration And Mediation Reports*, Vol. 2, No. 1, January 1992, p. 22.

②　Goldberg, *Green and Sander*, *Dispute Resolution*, pp. 246 - 267.

程中。大多数仲裁员在实务中总结出的经验表明，调解是在当事人已有机会陈述"自己认为的事实"和回应对方质疑之后才开始的，当事人在仲裁程序中处理调解协议前已经被给予适当的机会提交文件、交换证据、陈述和辩论。仲裁中的调解只不过是当事人额外的陈述和解决问题的机会而已，并没有影响当事人的权利边界。若仲裁员没能成功调解，常规的仲裁程序仍然可以照常进行，当事人仍有权就自己的观点作进一步陈述，并有权针对对方观点展开进一步的评论，当事人的陈述权并不会因为调解不成而受到影响。

　　最后，仲裁与调解相结合的适当操作符合正当程序理论的要求。正当程序原则的核心是给予当事人平等的听审权和陈述权，包括当事人在抗辩程序中各自陈述意见和举证的权利应当得到仲裁庭的维护和尊重，仲裁庭从其他来源获得的事实和法律信息应当让当事人知悉，并赋予其评论机会。而仲裁与调解相结合之所以符合正当程序理论的要求，主要归结于以下几点：第一，当事人的权利在仲裁开始前已经有机会得到行使，并且在仲裁中的调解结束后仍然有机会就他们认为需要陈述的任何问题作出进一步的阐述，也有权要求按照案情的发展举行开庭。这表明，仲裁中的调解并没有影响常规仲裁程序，也未对当事人权利造成影响。第二，仲裁员在调解中获得的信息并不全面，仲裁员以调解员的身份听取当事人的陈述，意在于促进双方谅解和让步，而不在于交由仲裁员作出决定。所以，有的仲裁员认为，仲裁员对诉讼外调解协议的处理是在双方都得到充分信息的前提下争取纠纷的彻底解决。第三，仲裁员通过调解协议知晓到的某些信息可能有助于调解，但无助于仲裁。因为仲裁员如果调解不成制作裁决书，其裁决必须依据双方均了解的材料而作。如果仲裁员依据另一方当事人并不知悉的材料和证据作出裁决，仲裁员的行为属于程序违规，其裁决可被撤销和不予执行。由于程序违规而造成仲裁裁决被撤销和拒绝执行的情形，同样会出现在常规仲裁程序中。仲裁员的专业水平和职业道德是避免这类失误的关键因素。第四，仲裁员的判断能力。实际上，大部分经验丰富的仲裁员在开始分析调解协议的事实和法律要素之前，已经对纠纷的是非曲直有了初步判断，他们不会盲目开展工作。当事人在调解过程中所作的额外陈述可能会加强或削弱仲裁员的预先判断，但这都是在合理范围内的变动；如果仲裁员发现自己在调解过程中所获得的信息与自己的事先判断出现明显差异，仲裁员会提醒纠纷当事人特别注意到这些新的变化，从而给予当事人回应新情况的机会，这也符合正当程序理论的要求。

仲裁员对纠纷进行调解以及调解无法达成时恢复仲裁的做法是与自然公正理论的内在要求相一致的。仲裁员对每一起案件都应中立地作出具有针对性的分析，一旦其为了促成纠纷解决方案而采取了适当的后备措施，自然公正理论的基本要求就得到满足。换言之，仲裁与调解的结合本身就具有充足的合理性与合法性，而相关的程序适用逻辑就体现在诸如"当事人有权选择或不选择调解"，"当事人有权要求仲裁员将调解过程中从一方当事人处单方面获得的信息转达给自己"等内容上。从自身的固有缺陷来看，诉讼外调解协议本身并无法天然获得最终解决纠纷的直接法律效力，而仲裁与调解协议的衔接可以在一定程度上确保当事人通过有效的程序机制来最终达成纠纷解决方案。① 仲裁程序进程有时难以快速推进，这主要源于其灵活性的缺乏，而与调解程序相比，其需要付出的成本也相对高昂。而仲裁与调解相结合可以节省当事人的时间和费用，赋予纠纷解决主体更多的选择权和灵活变动可能。英美国家的纠纷解决方式时常显露出这样的缺点，即难以确定当事人的实际需要和实质争点，出于对自然公正理论的顾忌，仲裁员有时显得过于谨慎和保守，这使得纠纷争点的核心内容变得模糊，而诉讼外调解协议与仲裁程序的对接则可很好地避免这一心理和形式上的阻碍。在某些依靠私下会面继而从双方当事人立场提出建议的调解程序中，处于不同位置的当事人很容易对程序的"自然公正性"产生质疑。因此，当前的发展趋势偏向程序的公开化，即减少单方的私下会面，转而更多地依靠将当事人请到公开场合进行协商的技巧，探寻不同的纠纷解决可能，寻求争点的彻底消亡。从当事人对自然公正质疑的源点来看，只要调解员或仲裁员在披露全部情况的前提下将核心问题交由当事人全面讨论和慎重考虑，都有助于在程序衔接进程中得到最符合双方利益的解决方案。

除了"职能混淆"上的质疑外，还有学者基于二者不同的程序定位提

---

① David c. Elliott, "Med/Arb: Fraught With Danger Or Ripe With Opportunity?", 62 *Arbitration* (August 1996), p. 177.

出交叉运行可能存在的"纠纷解决主体的混同"①。实际上，这种看法显然是片面的。尽管仲裁员的职能是根据其通过不同程序阶段所获悉的资料以中立第三方的角色来对纠纷作出决定，而调解员的职能是促进双方和解而并非决定争议事项，但仲裁与调解的结合要求仲裁员意识到不同程序对当事人的整体影响及其自身角色属性的重要性，并且在程序衔接中将二者的不同职能清晰划分开来。对处于争议旋涡的各方当事人来说，在达成合意的过程中，其从仲裁员处得到的信息也应当包括"调解员和仲裁员的不同角色定位"。这些必要的基础信息既是调解开始的前提，也是公正解决纠纷的必然要求。② 实际上，在程序推进过程中，仲裁员并不总是被要求就争议事项的是非曲直作出终局性决定。仲裁员的说服劝解工作也只是表达其对争议有关事项的理解和建议，最终决定权仍然掌握在双方当事人的手中。若调解协议无法达成，仲裁员会继续进行常规仲裁程序，仲裁员要行使的是决定权而非单纯建议权。从这里可以得出，仲裁和调解的程序定位是可以清晰界定的，在依法衔接的前提下并不会被轻易混淆。

除了上述理由之外，反对者对"程序混淆"产生疑虑的另一个原因，是担心仲裁员调解不成，可能会不自觉地采用先前从一方当事人处获取的信息，作出对另一方不利的裁决。③ 而事实并非如此绝对，如前所述，裁决的司法监督机制促使仲裁员在作出仲裁裁决时所依据的事实和理由必须来源于双方当事人有机会展开回应的真实材料和庭审记录，仲裁员守则和仲裁规则的要求也会为消除调解不成对后续仲裁的不良影响提供保障。例如，中国国际经济贸易仲裁委员会《仲裁规则》第 50 条规定："如果调解不成功，任何一方当事人均不得在其后的仲裁程序、司法程序和其他任何程序中援引对方当事人或仲裁庭在调解过程中发表过的、提出过的、建议过的、

---

① Michael c. Pryles, Australia National Report on International Commercial Arbitration, Speech Delivered At The Symposiun of International Commercial Arbitration on Asia-Oceania Region: Prospects And Comparison Held on 22 - 23 February 2000 In Nagoya, p. 54 of *The Consolidated Reports Bundle*.

② Roger Potchforth, "National Report-New Zealand, Speech Delivered At The Nagoya Symposium", *Ibid*, p. 411 And 432.

③ Russel Thirgood, "a Critique of Foreign Arbitration In China", *Journal of International Arbitration*, Vol. 17 No. 3 (June 2000), p. 96.

承认过的以及愿意接受过的或否定过的任何陈述、意见、观点或建议作为其请求、答辩及反请求的依据"。仲裁员在调解过程中知悉一方当事人出价的底线后有可能会形成先入为主的意见并带有感性偏袒，这一情况是否发生完全取决于仲裁员的自身素质和道德水平，而与调解程序和调解协议的存在无关。在仲裁员给予双方当事人充分的阐述机会以及依法裁判的前提下，仲裁员的裁决即使和当事人在调解中的出价接近，也应该是在法律所允许的范畴之内进行裁量所达成的结果，而这正是对当事人正当权益的适当保护。

二、调解协议适用仲裁程序的实践

当前我国正处于社会高速转型期和战略机遇期，民事领域尤其是商事贸易领域矛盾突发，建立健全诉讼外调解协议与仲裁程序的衔接机制对于商事纠纷的妥善处理具有重要的现实意义。健全的纠纷解决机制的核心要义在于使各种纠纷解决方式相互促进、协调发展，共同促进社会的稳定与和谐。从实务运行现状来看，我国民事纠纷解决机制主要由诉讼、仲裁、调解等方式构成，而诉讼和仲裁是纠纷解决的主要渠道。随着法院"案多人少"的矛盾日益加剧，仲裁潜力不断被挖掘，通过诉讼外调解协议及与其他纠纷解决路径的结合，合理化解矛盾冲突，这不仅是我国民事程序改革的必经之路，更是化解社会戾气的有力举措。从纠纷解决机制的总体发展历程来看，诉讼外调解协议与仲裁的衔接经历了"仲裁与调解分别运行"、"仲裁程序中引入调解机制"以及"调解协议直接适用仲裁程序"这三个阶段，每一阶段的程序特性都被打上浓重的时代烙印，并为纠纷解决机制的不断成熟奠定基础。

从世界范围来看，无论是普通法系还是大陆法系，仲裁和调解日益成为一种偏向服务性的纠纷解决方式，其终极目的应该是为从事商业交易等民事行为的当事人服务。现实情况表明，越来越多的商业交易当事人对诉讼产生消极心理并转而寻求其他替代性纠纷解决方式。除了以中国国际经济贸易仲裁委员会为代表的中国仲裁机构在其仲裁规则中普遍地规定有关调解的条款之外，世界范围内也有其他一些仲裁机构在其仲裁规则中直接或间接地规定了调解，为仲裁和调解的结合提供了可能性。

中国香港特别行政区法律改革委员会通过的关于采用《联合国国际商事仲裁示范法》的报告中也说明，调解是仲裁程序中一个有效和有用的部分，如果当事人愿意采纳，就没有理由将它限制在现有法律的框架之内而不让其发挥作用。[①] 澳大利亚新南威尔士州 1983 年通过的法律规定，仲裁员有义务在仲裁争议前尝试帮助当事人达成各方当事人都能接受的友好和解协议。瑞士《日内瓦工商会仲裁规则》（1992 年 1 月 1 日起施行）明确规定仲裁员可以充任调解员。该规则规定：仲裁庭可以在任何时候寻求对当事人争议的调解。任何和解协议在当事人同意的情况下均可以包含在裁决书之中，即仲裁庭可以根据和解协议的内容作出仲裁裁决书结案（规则第 21 条）。美国仲裁协会[②]《商事仲裁规则》（1996 年 7 月 1 日起施行）也规定了仲裁过程中调解的可能性，主要包括：（1）当事人在订立合同时或发生争议后，可以与美国仲裁协会进行商谈，美国仲裁协会愿意在世界任何地方安排调解[③]，即美国仲裁协会虽为仲裁机构，但也提供调解服务；（2）根据美国仲裁协会仲裁规则，开始仲裁程序后，在仲裁程序的初始阶段仲裁庭组成之前，美国仲裁协会通常召集当事人展开行政管理性的电话会议，在该会议上，美国仲裁协会的仲裁程序管理人员和当事人及其代理人通常讨论调解的可能性[④]，而这种调解往往能够达致 $10\% \sim 15\%$ 的成功率；如果当事人不同意调解或通过美国仲裁协会的调解不能达成和解协议，则美国仲裁协会迅速推进下一步的仲裁程序，组成仲裁庭审理案件；（3）在仲裁程序进行过程中，美国仲裁协会可以根据当事人的意愿进行平行的调解程序，调解由该案仲裁员之外的中立第三者进行。这种仲裁过程中的调解，属于广义的仲裁与调解相结合的范畴。如果当事人达成和解协

---

① Law Reform Commission of Hong Kong, "Report on the Adoption of the UNCITRAL Model Law of Arbitration", *Topic* 17, 1987, Para. 4. 35.

② 美国仲裁协会成立于 1926 年，由美国仲裁社、仲裁基金会和仲裁大会合并而成，是以司法外的替代手段（包括仲裁和调解）解决商事争议的重要机构。美国仲裁协会 2000 年受理了 18 万件国内仲裁案件，509 件国际仲裁案件，53 件国际调解案件，受理案件数量之庞大在世界仲裁机构中名列前茅。

③ 美国仲裁协会《国际仲裁规则》（1997 年 4 月 1 日起实行）前言部分。

④ 《商事仲裁规则》第 10 条规定："经各方当事人同意，美国仲裁协会可在程序的任何阶段依商事调解规则安排调解会议，以促进和解。调解员不应当是仲裁案件的仲裁员。如果当事人同意就现存的案件依美国仲裁协会的规则进行调解，启动调解程序无需支付额外的管理费用。"

议，根据美国仲裁协会《商事仲裁规则》第 29 条的规定①，仲裁员可以终止仲裁或者以裁决的形式记录约定的和解条件。《伦敦国际仲裁院仲裁规则》（1998 年 1 月 1 日起施行）第 14 条第 1 款规定，当事人可以就仲裁程序的进行方式达成协议，仲裁庭也有义务在任何时候考虑采用适合于仲裁案件情况的程序，避免不必要的拖延和费用，以便为当事人争议的解决提供公平而有效的方式。该规则在仲裁员的诸项权力中明确列举仲裁员的调解权，但当事人有特别书面协议的，仲裁员可以按照公允善良、友好调停或诚实信用的原则来判断案件的是非曲直。瑞典《斯德哥尔摩商会仲裁院仲裁规则》（1999 年 4 月 1 日起施行）第 1 条规定，仲裁院可以根据仲裁院采用的其他规则协助当事人解决争议。规则第 20 条要求仲裁庭应公正而快捷地处理案件，仲裁程序进行的方式可由仲裁庭根据仲裁协议、仲裁规则并充分考虑当事人意愿而定。规则还规定，如果当事人已达成和解，仲裁庭可以应当事人请求以裁决的形式予以确认。《日本国际商事仲裁协会仲裁规则》虽没有明确指引，但也没有明确禁止仲裁员在仲裁过程中对案件进行调解。该仲裁规则第 49 条第 2 款规定："如果仲裁庭认为适当，可以根据在仲裁程序进行过程中达成和解协议的当事人的请求，在仲裁裁决书中规定该和解协议的内容。"从该条规定的措词来看，该和解协议既有可能是当事人直接协商达成的和解，或当事人通过其他调解员调解达成的和解，也有可能是仲裁员进行调解而由当事人达成的和解。除了上述国家和地区性法律规定外，国际商会仲裁院分别制订了《仲裁规则》（自 1998 年 1 月 1 日起施行）和《调解规则》（自 1998 年 1 月 1 日起施行），仲裁员和调解员的职能通过规则予以划分，原则上仲裁员不担任案件的调解员。但是，仲裁员可以根据当事人达成的和解协议的内容作出和解裁决书。②尽管如此，《仲裁规则》规定的当事人约定的事项仲裁庭应予遵守的原则仍然为当事人协议由仲裁员进行调解提供了可能性。

---

① 美国仲裁协会《国际仲裁规则》（1997 年 4 月 1 日起实行）第 29 条第（1）款规定："如果各方当事人在作出裁决之前和解解决争议，仲裁庭应终止仲裁；如果各方当事人提出请求，仲裁庭可以裁决的形式记录该约定的和解条件。仲裁庭无需对此类裁决说明理由。"

② 国际商会仲裁院《仲裁规则》第 26 条规定："若当事人在案卷按第 13 条规定移交仲裁庭之后达成和解，经当事人要求并经仲裁庭同意，应将其和解内容以和解裁决的形式录入裁决书。"

　　总的来说，世界范围内不同仲裁机构对仲裁与调解相结合的态度可谓千姿百态却又殊途同归。有的仲裁规则规定，仲裁员可以用最经济的办法来解决争议，但所有的仲裁规则都允许仲裁员以裁决的形式记录和解协议的内容；有的明确规定仲裁员有权对同一争议进行调解；有的仲裁规则只是一般性地将调解作为解决争议的一种可能方式，但并没有规定具体的调解方法。但需要明确的是，如果仲裁案件的当事人能够就调解与仲裁程序的衔接达成协议，根据各仲裁机构的仲裁规则，当事人的协议都应当得到仲裁员的遵守。换言之，当事人的合意是诉讼外调解协议与仲裁程序有机结合的前提要件。

　　调解与仲裁程序的结合在我国有着深厚的历史渊源。1994年《仲裁法》首次以基本法律的形式规定了"仲裁与调解相结合"的纠纷解决制度。《仲裁法》对仲裁与调解相结合的规定具有里程碑式的意义。第一，《仲裁法》作出的"调解书与裁决书具有同等法律效力"的规定，为调解与仲裁的衔接打下了坚实基础。第二，《仲裁法》规定的自愿调解原则，有利于将仲裁与调解相结合导入正确的方向。第三，《仲裁法》是以法律的形式对中国仲裁机构首创的仲裁与调解相结合实践做法的确认，使得这一做法不再处于法律的真空，从而确定了它的法律权威。《仲裁法》的出台确认了仲裁与调解相结合的合理性，也使中国在这一领域的立法基本上走在世界前列。

　　目前，诉讼外调解协议通过仲裁程序得到保障可见于某些特殊的行业规定，比如深圳证券期货业纠纷调解中心①的相关规定，其发布的《调解规则》第17条规定，当事人达成调解协议的，为了使调解协议内容具有强制执行效力，任何一方当事人都可依据调解协议中的仲裁条款，申请深圳国际仲裁院按照调解协议的内容依法作出仲裁裁决。当事人之间不能达成调解协议的，任何一方当事人均有权依据仲裁协议将争议提交深圳国际仲裁院仲裁。② 深圳证券期货业纠纷调解中心创建了"专业调解＋商事仲裁＋行业自律＋行政监管""四位一体"的资本市场纠纷解决机制，使证券调解中心与专业仲裁机构、证券监管机构及行业自律组织等互相协作，形成合力。总的来说，这种"四位一体"的纠纷解决机制主要有以下几个方面的独创优势：第一，独立和公正原则。证券调解中心作为独立设立的事业单位，理事会、秘书处依证券调解中心章程独立运作。作为独立的第三方机构，更易获得当事人特别是投资者信赖。第二，专业性和行业惯例。证券调解中心调解员全部为来自资本市场的专业人士。他们不仅具备良好的公信力、调解能力和职业操守，而且熟悉行业规则和运作模式，能够针对行业特点和专业问题开展纠纷调处和矛盾化解。第三，偏重对中小投资者的权益保护。证券调解中心受理中小投资者调解申请，不收取调解费用。第四，调解结果的强制执行性。通过证券调解中心调解和深圳国际仲裁院仲裁的对接机制，当事人经调解达成调解协议的，可申请深圳国际仲裁院进行仲裁，按照调解协议内容依法快速作出仲裁裁决，使调解协议内容具有可强制执行的法律效力，仲裁裁决可以在全国以及《纽约公约》缔约国得到承认和强制执行。第五，行业监管和行业自律。如一方当事人不履行调解协议或仲裁裁决书，另一方当事人或证券调解中心可将相关情况告知行业自律组织或监管部门，列入诚信档案。对拒不履行或不积极履行调解协议的会员，行业自律组织可根据行业自律规范进行惩戒。

在"四位一体"机制作用下，证券调解中心正式受理的咨询和调解案件大部分得到妥善解决。2017 年，一起涉及至少 10 省份的 380 余名投资者、争议金额达数亿元的某证券公司代销金融产品违约纠纷事件，在证券调解中心努力下，达成较为圆满的结果。300 多名投资者最终签署了调解协议，调解金额合计达人民币数亿元。该系列案是继 2014 年上市公司海联讯（300277）虚假陈述系列案、2016 年 9 月某期货公司资管合同系列纠纷后，证券调解中心受理的、在未进入指定调解员程序即由秘书处工作人员直接参与协调成功的第三宗涉中小投资者的系列群体性案件。而在上海证券交易所上市公司长园集团股份有限公司（简称"长园集团"）与其股东深圳证券交易所上市公司深圳市沃尔核材股份有限公司（简称"沃尔核材"）的纠纷中，双方因控制权之争纠缠多年，对抗激烈。2017 年年底，在深圳证监局的引导下，双方同意将争议提交证券调解中心调解。通过为期约半个月的调解工作，双方于 2018 年年初签署了关于妥善化解控制权之争的《和解协议》，基本结束了双方的控制权争夺。这是 27 年来 A 股市场上首例经调解化解的上市公司控制权争夺纠纷，这一案例为境内外其他控制权争夺案例探索了新的纠纷解决模式。[①]

深圳证券期货业纠纷调解中心将调解协议转化为仲裁裁决的做法，实际上效仿了香港国际仲裁中心（HKIAC）调解规则。根据香港国际仲裁中心调解规则中的"拟议调解条款"的规定，"凡因本合同产生或与本合同有关的任何争议或歧见，均应先行提交香港国际仲裁中心，并按其当时所奉行的调解规则调解。如调解员放弃调解或调解后有关争议或歧见仍未解决时，则应将该争议或歧见提交香港国际仲裁中心，并按其本地仲裁规则通过仲裁解决"[②]。由此可见，深圳证券期货业纠纷调解中心与香港国际仲裁中心制定的调解规则的程序模型基本一致，两者都试图通过仲裁程序赋予诉讼外调解协议强制执行效力，这对我国其他地区诉讼外调解程序与仲裁程序的衔接具有一定的借鉴意义。

香港长期以来沿用中国传统的调解方式，直至 1985 年开始引入国际惯用的调解制度，才展开对争议解决方式的改革，这其中蕴含了心理学、行为学、法律原则，以及其他分析、沟通技巧，从某种程度上可以算是一种综合科学。从 1999 年开始，香港调解机制从专业服务、培训及评审制度和国际推广三方面入手，进入高速发展阶段。在培训及评审制度方面，香港的调解专业机构优化了美国、英国、澳洲的制度，并融会香港国际都会的特色、商业、文化和习惯等发展成高质素的培训及评审制度。特别行政长官在 2007 至 2008 年的《施政报告》中，特别强调要善用调解服务以缓和矛盾、促进和谐，并责成由律政司司长领导的跨部门工作小组，制订计划以更广泛和有效地运用调解处理较高端的本地纠纷。同时，民事司法制度改革于 2009 年起实施，形成香港社会重视调解的气氛。在此阶段，香港律师会和香港大律师公会两个法律机构也开始积极参与发展调解。一如其他地

[①] 深圳国际仲裁院《证券调解中心召开理事会第八次会议》，见 http：//www.sccietac.org/web/news/detail/1669.html，访问时间：2018-10-12。

[②] 香港国际仲裁中心《调解规则》，见 http：//www.hkiac.org/zh-hans/mediation/rules/hkiac-mediation-rules，访问时间：2017-12-12。

区的调解发展，早期香港从事调解工作的调解员认可，主要都是通过由香港国际仲裁中心及香港和解中心这两个本地的调解资格评审或一些海外的机构取得认可。①

目前，香港已是国际调解和仲裁衔接最专业、最先进的地区之一。首先，香港已建立了一个创新的跨地域、跨专业国际争议解决系统。这个系统透过与多个地域的法律、仲裁和调解专业的共同合作平台，妥善解决国际商业争议，亦协助多个地域发展专业机制，培训专业争议解决人才，更为推动香港、中国以至国际更紧密经贸关系发展发挥重要的作用。其次，香港和解中心是香港唯一参与联合国贸易法委员会会议的国际专业调解机构，而联合国贸易法委员会更在五十周年大会中特别指出，香港的调解专业经验及水平是亚洲地区仅有的，目前并没有其他可替代的机构。再次，香港特区政府亦非常注重国际法律和争议解决服务的推广。作为亚太区域争议解决中心，香港在超过四十个地区培育更多的国际争议解决专家、商业谈判专家和风险管理专家——目前已与三十多家国际争议解决机构、法律机构、大学、商会签订合作协议，并准备扩大全球的覆盖，与更多机构展开合作。可以肯定的是，香港已有很大优势，为一带一路、大湾区、东盟国家等提供优质和高级的国际争议解决服务以应付日益增加的需求。最后，世界各地的专业争议解决机构，纷纷邀请香港的业界推荐专家加入当地的国际专业调解员名册。这是国际专业争议解决界难得的一种尊崇和信赖，更反映出香港的国际调解的专业水平深受世界争议解决界的推崇。②

2018 年 1 月 7 日，深圳前海"一带一路"国际商事诉调对接中心正式成立，它是深圳前海合作区人民法院专门负责国际商事纠纷多元化解决相关工作的机构。通过加强与跨境商事调解仲裁的对接，发挥域外特邀调解员作用，完善涉外纠纷中立评估机制，拓展信息化涉外纠纷解决方式，为域内外商事主体提供便捷高效权威的纠纷化解服务。该中心具有以下特点：第一，鲜明国际化，中心不仅具有国际化的平台和规则，更具有国际化的

---

① 新浪司法：《香港调解的发展阶段及发展成就》，见 http：//news. sina. com. cn/sf/news/fzrd/2018 - 06 - 27/doc-ihencxtv0030915. shtml，访问时间：2018 - 10 - 12。

② 中国法院网《香港调解制度的新发展》，见 https：//www. chinacourt. org/article/detail/2014/02/id/1221097. shtml，访问时间：2018 - 10 - 12。

调解队伍；第二，明确法制化，中心将法制概念贯穿调解过程，让调解更加规范；第三，高度专业化，中心吸纳了各行各业的专家、学者能够为当事人提供更加专业的法律服务和调解服务；第四，普遍社会化，随着此机构的建立和制度的不断完善，中心也为社会组织参与调解提供了平台；第五，调解的高度信息化，启动"一带一路"法律公共服务平台，极大地方便当事人进行调解。外地当事人可通过线上资料传输进行调解。对于中心成立的意义，最高人民法院蒋惠岭认为："要坚持开放包容的理念，推动纠纷解决的法治化、市场化和国际化。树立开放包容的纠纷解决理念。不论当事人来自哪个国家或地区，都应该一视同仁、平等对待。同时，要建立纠纷调解的市场化支持机制。要进一步加强与其他国家和地区司法机构、仲裁机构、调解组织的交流与合作；依法聘请外籍及港澳台籍调解员参与纠纷调解；充分尊重国际公约、市场规则、交易习惯在纠纷解决中的积极作用。"①

当前世界各国关于调解及和解协议的执行主要包括以下三种类型：一是作为合同执行。如果将调解协议视为合同，则其效力如同普通的合同协议类文件，此时调解协议对当事人的强制力明显低于法院判决和仲裁裁决。二是经过一定程序手段转化为法院判决。根据《欧盟调解指令》的规定，若当事人自愿达成合意，则调解协议具有可执行性，可通过法院确认的方式实现。美国《科罗拉多争议解决法》也有类似规定："若当事人在达成的书面和解协议上签字确认，则任何一方或其代理人均可向法院申请，将该协议作为法院的命令从而具备可执行性。"三是将调解协议视为仲裁裁决或经过一定程序转化为仲裁裁决。例如，美国加利福尼亚州《民事诉讼法》规定，若当事人自愿达成书面和解协议，且该协议经过调解员的签字确认，则该协议可以被视为合法组成的仲裁庭作出的仲裁裁决，与仲裁裁决具有同等效力。从调解协议的不同执行方式来看，对于大部分国际商事争议而言，若将调解协议转化为法院判决，除非国家间有承认和执行法院判决的双边或多边条约，否则较难得到执行。若转化为仲裁裁决，虽然可以通过《纽约公约》执行，但当事人间需要具备有效的仲裁协议，且仍需要承担仲裁的费用，调解的高效低成本优势并不能得以充分体现。此外，仲裁中调

---

① 闻长智：《建立国际商事争端解决平台为"一带一路"建设提供司法服务和保障》，载《人民法院报》2011年9月19日，第5版。

解的适用范围也存在时间上的限定条件。

例如，北京市高级人民法院在《北京京德苑房地产开发有限公司与太原戴德勒企业管理咨询有限公司不予执行仲裁裁决执行复议裁定书》中认为，《仲裁法》允许提起仲裁后调解，而济南仲裁委作出的仲裁调解书依据的"调解协议"是双方在申请仲裁之前签订的，仲裁过程中没有调解过程，该仲裁调解书没有法律依据，不予执行。① 此外，英国等国有判例也表明类似的态度，如果提起仲裁前已达成和解，说明"争议"并不存在，仲裁的基础也不存在。

为了最大程度地协调并统一各国实践和执行标准，提高调解和解协议的可执行性，联合国国际贸易法委员会（United Nations Commission on International Trade Law，UNCITRAL）于 2014 年就着手开展公约的研究和起草工作。2018 年 2 月，UNCITRAL 争议解决工作组会议一致通过了联合国《关于调解所产生的国际和解协议公约》草案（又称《新加坡调解公约》）（以下简称"草案"）。2018 年 6 月，UNCITRAL 第五十一届大会对该草案进行审议并表决通过。② 2018 年 9 月 17 日至 18 日，在中国仲裁高峰论坛期间，联合国贸法会秘书长 Anna JOUBIN-BRET 专门介绍了草案，强调了调解在争议解决中的重要作用，并希望其成为国际调解领域的奠基石，达到和《纽约公约》一样的高度。③ 2018 年 12 月 20 日，《新加坡调解公约》在第 73 届联合国大会上正式通过。在通过公约的决议中，联合国大会表示，调解在友好解决国际商事争议上具有独特价值，公约将补充现行国际调解法律框架，有利于发展和谐稳定的国际经济关系。2019 年 8 月 7 日，《新加坡调解公约》在新加坡开放签署，67 个国家和地区的代表团参加了签署仪式，包括中国、美国、韩国、印度、新加坡、哈萨克斯坦、伊朗、马来西亚、以色列等在内的 46 个国家和地区签署了公约。④ 作为公约的积极推动者，我国业界及仲裁、调解、律师等行业对此表达了高度关注和积极评价。

---

① 北京市高级人民法院（2013）高执复字第 104 号执行裁定书，摘自中国裁判文书网。

② 唐琼琼：《〈新加坡调解公约〉背景下我国商事调解制度的完善》，载《上海大学学报（社会科学版）》，2019 年第 4 期，第 117 页。

③ 张维：《〈纽约公约〉推动中国仲裁法治建设进程》，载《法制日报》2018 年 9 月 22 日，第 4 版。

④ 王丽丽：《中国签署〈新加坡调解公约〉》，见 http：//www.xinhuanet.com/2019－08/07/c_1124849699.htm.，访问时间：2019－08－27。

至此，关于援用国际和解协议的权利以及执行和解协议的统一法律框架正式确立。作为一项具有约束力的国际文书，《新加坡调解公约》极大便利了国际贸易的开展，并为促进调解作为一种解决贸易争端的有效替代方法铺平了道路，旨在解决国际商事调解达成的和解协议的跨境执行问题。受《新加坡调解公约》约束的签署国必须执行在有关框架下达成的调解协议，连同《纽约公约》和《海牙选择法院协议公约》在内，三项公约共同构成了完整的国际争议解决执行框架。《新加坡调解公约》在诉讼、仲裁之外，进一步健全了国际商事争议解决的调解制度，充分展示了国际社会对多边主义重要作用的共识，极大强化了商事争议解决方面的国际法治规则，凸显了多边主义价值。从整体内容上看，《新加坡调解公约》有如下几点值得重点关注：第一，作为判决或仲裁裁决执行的调解协议不在公约适用范围内。这就意味着公约将在目前的调解协议司法确认和仲裁调解书之外，创设一种全新的制度；第二，当事人无须存在事先的书面调解条款或调解协议，这一点不同于仲裁程序的要求；第三，申请执行和解协议，需要证明该和解协议产生于调解；公约不完全列举了证明调解过程的几种形式，如调解员签字、调解机构证明等；第四，调解和解协议作出后，可直接在其他公约成员国申请执行，无须协议作出国的审核。[①]从《新加坡调解公约》开放签署的背景来看，其具有一定的历史必然性。仲裁之所以能成为广受青睐的国际商事争议解决途径，历经 60 年风雨变迁的《纽约公约》可谓居功至伟。然而，由于有关调解协议的可执行性问题尚未有统一的国际规则，国际商事调解的发展长期以来都受到一定程度的制约。而《新加坡调解公约》可谓切中要害，直面这一症结的突破。

从当前民事纠纷解决机制的发展趋势来看，调解在未来极有可能成为化解矛盾的关键渠道。需要注意的是，对于处于发展初期的商事调解来说，国际环境的多变和经济发展的不确定性都给我国商事调解的发展带来了诸多挑战，随着"一带一路"倡议的不断推进，国际贸易往来日益频繁、交易架构日益复杂、商事争议也越发复杂，这些都给商事调解提出了新的难

[①]　中国国际贸易促进委员会：《简析〈联合国关于调解所产生的国际和解协议公约〉草案》，见 http://www.ccpit.org/Contents/Channel_3387/2018/0717/1034422/content_1034422.htm，访问时间：2018-10-12。

题。相信在多方合力的基础上，在经济发展新常态的大背景下，我国的调解机制能够得到长足发展，诉讼外调解协议与仲裁程序的对接将更加顺畅，我国的纠纷解决体系也会越来越完善。

三、司法确认程序与调解协议仲裁程序之比较

从诉讼外调解协议司法确认程序与仲裁程序之间的比较来看，二者在许多方面存在共性：（1）诉讼外调解协议司法确认和仲裁程序都充分尊重当事人意志，换言之，当事人意思自治原则是仲裁和司法确认的共同基础。就调解协议司法确认而言，当事人的意思始终处于绝对的支配地位。对调解协议仲裁来说，没有当事人之间的书面仲裁协议，仲裁机构和仲裁员不能也无权对当事人强行进行管辖。（2）诉讼外调解协议司法确认程序和仲裁都必须遵循一定的程序规范，这是保障当事人程序利益和实体利益的必要条件。（3）诉讼外调解协议司法确认裁定与仲裁裁决一样具有强制执行的法律效力。

同时，二者在以下几个方面存在不同：（1）程序启动方式不同。诉讼外调解协议司法确认程序启动需要双方当事人达成合意并共同向人民法院提出申请；而调解协议仲裁程序的启动只需一方当事人提出申请即可。（2）当事人耗费成本不同。调解协议司法确认程序不收取诉讼费用；而当事人申请仲裁需要交纳一定的费用。（3）受案范围不同。作为一种兼具民间性和司法性的特殊救济途径，仲裁程序可以适用于合同纠纷和其他财产权益纠纷，但却不能处理婚姻、收养等涉及人身关系的案件①，调解协议仲裁案件的范围受此限制；而依据 2015 年《民诉解释》第 357 条，调解协议司法确认程序适用的案件范围另有不同。（4）当事人选择权不同。仲裁程序中，当事人可以根据具体情况和自身要求选定仲裁机构、仲裁员；而诉讼外调解协议司法确认案件只能由特定的法院受理，当事人无权选择审判机构和法官。

---

① 《仲裁法》第 2 条规定："平等主体的公民、法人和其他组织之间发生的合同纠纷和其他财产权益纠纷，可以仲裁。"第 3 条规定："下列纠纷不能仲裁：（一）婚姻、收养、监护、扶养、继承纠纷；（二）依法应当由行政机关处理的行政争议。"

第四章　调解协议司法确认制度运行现状分析

《人民调解法》生效后，调解作为解决当事人纠纷的一种非诉纠纷解决方式在经历"沉寂"到"复苏"后，再次迎来了上升期。然而，作为赋予调解协议强制执行力的司法确认制度，虽然立足于民间纠纷彻底解决却在实践中"遇冷"。通过对该制度运行情况的数据统计与分析，本书发现，调解协议司法确认制度在司法实践中的运行效果不容乐观，诸多问题尚未解决。基于此，本章欲通过对 2011 年至 2018 年 7 年间调解协议司法确认制度总体运行状况以及 2015 年《民诉解释》第 357 条、第 360 条的适用情况进行统计与分析，以期发现当前调解协议司法确认程序的实践困境并提出相应解决路径。

为更加直观与准确地了解调解协议司法确认运行状况，本章采用实证研究方法，所选数据来源于"中国裁判文书网"，从数据可信度看，"中国裁判文书网"是根据 2013 年 7 月《最高人民法院裁判文书上网公布暂行办法》而设立、由最高人民法院管理、全球最大的裁判文书网，具有较强公信力。[①] 从数据权威性看，"中国裁判文书网"在数据的可靠性、真实性、完整性上都较其他企业运营的案例检索网站有明显优势。

第一节　调解协议司法确认程序总体运行现状

一、调解协议司法确认程序运行总体情况描述

本节以"民事案件""全文检索：申请司法确认调解协议""文书类型：

---

① 《最高法：中国已建立全球最大裁判文书网》，见人民网—法治频道，http://legal. peo-ple. com. cn/n/2015/1013/c42510 - 27692740. html，访问时间：2018 - 04 - 15。

裁定书""审判程序、其他""法院层级：基层人民法院"为检索关键词进行检索，检索时间为 2018 年 10 月 1 日，共检索到裁判文书 2 995 份（时间跨度为 2011 年—2018 年）。随机抽样作为一种"等概率"样本选择方法，是统计学中一种科学样本选择方法，在样本数量较大的情况下通过抽样分析方法依然可以得到合理的统计结果。据此，本节从 2 995 个样本中随机抽取出 250 个样本以供研究。① 本节将围绕整体样本及 250 个随机样本进行分析，通过图表的形式直观展现各项数据所占比重及变化趋势，以便对调解协议司法确认程序运行状况有更具象的介绍。

（一）文书数量情况描述

从立法时间段来看，2011 年生效的《人民调解法》与 2013 年生效的《民事诉讼法》都对申请司法确认调解协议有所规定，但样本显示此时间段内裁判数量较少；2015 年《民诉解释》生效，《民诉解释》同样也对申请司法确认调解协议有所规定，2013 年至 2015 年时间段内样本数量为 47 份；2016 年《特邀调解规定》生效，从《民诉解释》生效到《特邀调解规定》生效时间间隔来看，虽然较之前两个时间段的时间间隔要短，但是案件数量却比前两个时间段要多，样本数量为 81 份；自 2016 年《特邀调解规定》生效至今，案件总体数量较之前有所增加，样本数量达到 121 份（见图 1）。

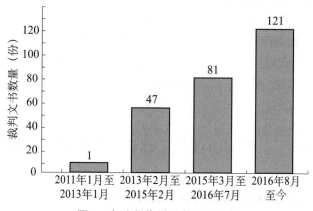

图 1　各阶段裁判文书数量分布

---

① 抽样方法为：（1）将从"中国裁判文书网"获取的 2 995 个有效数据随机地录入 Excel 表格中，并进行编码；（2）选中数据编码，选择"工具"—"数据分析"—"抽样"—"随机"，样本数设定为 250。通过对大样本进行该类抽样，理论上获得的结果基本符合整体情况。

图 1 所示说明，在近几年司法实践中，申请调解协议司法确认程序作为赋予调解协议强制执行力的特别程序，逐渐为司法实践所接纳，公众对司法确认制度的认识和接受度也在逐渐增加。

（二）文书作出地域描述

从裁判文书地域分布来看（为更好地探究各省案件的分布情况，便于更好深挖背后信息，本部分对全部 2 995 个样本进行分析），安徽省文书数量为 1 420 份，湖北省文书数量为 275 份，湖南省文书数量为 206 份，四川省文书数量为 175 份，浙江省文书数量为 109 份，其余各省不足百份（见图2）。从图 2 中可以看出，在已有 29 个省份的样本中，各项统计数据相差均比较悬殊。此外，从图表数据中还可以进一步发现各地区案件数量不均衡，主要体现为两个方面：一是最大值与最小值差距较大，案件数量最多的安徽省裁判数量超过案件数量较少的新疆地区裁判数量 1 419 份；二是大部分

案件数量分布

	省份数		平均值	中位数	标准 偏差	最小值	极大值
有效	缺失						
29	0		103.24	30.00	262.091	1	1 420

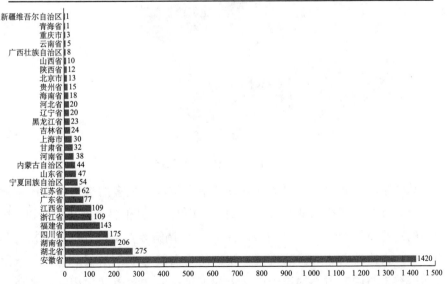

图 2　各省案件数量分布情况统计

省份裁判数量较少，仅有个别省份数量较多。从数据标准差来看，各省数据与均值的数据偏离程度较大，各省案件数量离散程度较高。

（三）调解组织参与情况描述

从随机抽样的 250 个样本统计所显示的调解组织参与情况看，涉及人民调解委员会作出调解协议的裁判文书 191 份，占总数比 76.4%；涉及工商所、司法所、维稳办、交警大队等行政机关作出调解协议的裁判文书 19 份，占总数比 7.6%；涉及律师事务所调解协议的裁判文书 8 份，占总数比 3.2%；涉及诉前调解工作站、调解中心等机构组织调解协议的裁判文书 12 件，占总数比 4.8%；涉及法院专职调解员调解协议的裁判文书 4 份，占总数比 1.6%。其他情形裁判文书 16 份，占总数比 6.4%（见图 3）。

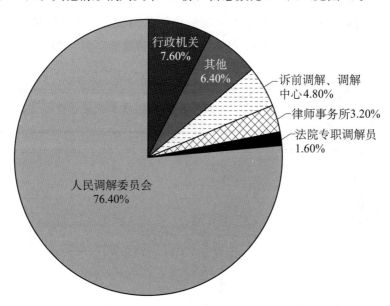

图 3　调解组织参与情况统计

总体来看，调解协议司法确认案件中参与调解最多的机构为人民调解委员会，其参与调解总量占到了总数的 3/4 以上，其他各类调解机构和组织参与的不足总量的 1/4。具体看来，在除人民调解委员会以外的调解机构和组织中，占比较大的为行政机关，较少的为法院专职调解员。但是，法院专职调解员与调解中心均属于广义上的人民法院调解范畴之内，二者所占比例达到 7%，仅次于行政机关调解。故而，当前我国申请司法确认案件中所涉及的调解主体主要有三类：一是设立历史较为悠久，相关程序法律规定较为明确的人民调解委员会；二是自纠纷发生之时即介入案件并拥有定责权力的行政机关；三是申请调解协议司法确认程序较为便捷的人民法院内设机构和内部人员。其他调解机构和组织在调解协议司法确认案件中的存在感并不高，这其中既有当事人和调解主体的原因，同样也有制度设计的因由。

为探究 2016 年《特邀调解规定》对调解协议司法确认案件中调解机构参与程度的影响，本书对其生效后的相关样本进行了统计。从统计情况看，2016 年《特邀调解规定》生效后裁判文书共有 120 份，其中人民调解委员会参与调解的裁判文书 93 份，占比 77.50%；工商所、司法所、维稳办、交警大队等行政机关参与调解的裁判文书 6 份，占比 5.00%；律师事务所参与调解的裁判文书 0 份，占比 0%；诉前调解工作站、调解中心等机构参与调解的裁判文书 11 份，占比 9.17%；法院专职调解员参与调解的裁判文书 4 份，占比 3.33%；其他的情形裁判文书 6 份，占比 5.00%。为了更直观地考察 2016 年《特邀调解规定》对于申请调解协议司法确认案件中调解组织参与度的影响，本书对两组数据进行了对比（见图 4）。

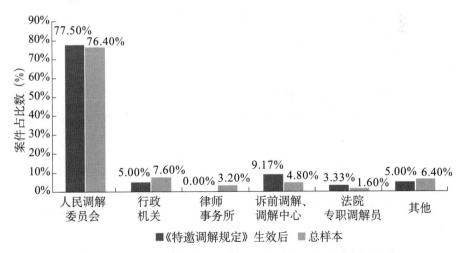

图 4　《特邀调解规定》生效后各调解组织参与情况统计

图 4 表明：（1）2016 年《特邀调解规定》生效后人民调解委员会进行调解后申请调解协议司法确认的案件仍然占主导；（2）其他调解机构调解后

申请司法确认的案件依然较少，且占比变化不大；（3）在人民调解委员会以外的调解组织中，除了法院内设调解机构和法院专职调解员调解比例有所上升外，其他各调解组织参与程度均有所下降。

二、调解协议司法确认程序运行总体情况分析

随着多元化纠纷解决机制的不断完善和发展，当事人对调解协议的司法确认需求大幅增加。[①] 但从上文分析来看，当前调解协议司法确认程序在实践中的运行状况却问题频发。虽然理论界均承认调解协议司法确认程序取得了较大成绩，公众认可度和裁判水平不断提高，但是从数据显示来看并不尽然。实际情况是调解协议司法确认案件数量与调解数量差距较大、各地调解协议司法确认程序运行情况良莠不齐。法院主导的特邀调解也未能充分调动社会力量参与调解协议司法确认程序的积极性。为了进一步分析调解协议司法确认实践中所存在的诸多问题，本书根据上述数据统计分析如下。

（一）适用司法确认的调解协议的范围被不适当扩大

从样本数据所反映的情况来看，可以进入司法确认程序中的调解协议被不适当地进行了扩大。在部分样本中，由法院调解对接中心以及法院专职调解员调解所达成的调解协议被法院受理并进入调解协议司法确认程序中。[②]

（2017）皖0322民特46号民事裁定书：本院于2017年6月23日立案受理申请人胡某江与孙某海关于司法确认调解协议的申请并进行了审查。现已审查终结。

申请人因民间借贷纠纷，于2017年6月23日经五河县人民法院诉调对接中心主持调解，达成调解协议如下……

（2016）鲁0783民特122号民事裁定书：上述申请人于2016年12

---

① 最高人民法院编写组编：《公正司法的理论与实践探索》，北京，人民法院出版社2015年版，第369页。

② 如安徽省五河县人民法院（2017）皖0322民特46号民事裁定书，调解主体为法院诉调对接中心；山东省寿光市人民法院（2016）鲁0783民特122号民事裁定书，调解主体为法院专职调解员。

月 28 日经寿光市人民法院专职调解员王某华调解，达成如下协议……

经审查，本院认为，上述协议系双方当事人自愿达成，内容合法，依照《中华人民共和国民事诉讼法》第一百九十四条、第一百九十五条之规定，裁定如下……

在部分样本中，由当事人自行和解且未经过调解所达成的协议也被纳入调解协议司法确认的范畴中。[1]

（2014）鄂蔡甸民调确字第 00264 号：申请人因交通事故纠纷，双方于 2018 年 2 月 5 日自行达成调解协议，协议约定如下……本协议自双方签字之日起即生效。

本院经审查认为，申请人达成的调解协议，符合司法确认调解协议的法定条件。依据《中华人民共和国民事诉讼法》第一百九十五条规定，裁定如下：申请人尚某文与刘某强于 2018 年 2 月 5 日自愿达成的调解协议有效。

2012 年《民事诉讼法》第 94 条规定："人民法院进行调解，可以由审判员一人主持，也可以由合议庭主持，并尽可能就地进行。"第 97 条规定："调解达成协议，人民法院应当制作调解书。"第 194 条规定："申请司法确认调解协议，由双方当事人依照人民调解法等法律，自调解协议生效之日起三十日内，共同向调解组织所在地基层人民法院提出。"第 236 条第 2 款规定："调解书和其他应当由人民法院执行的法律文书，当事人必须履行。一方拒绝履行的，对方当事人可以向人民法院申请执行。"2015 年《民诉解释》第 353 条规定："申请司法确认调解协议的，双方当事人应当本人或者由符合民事诉讼法第五十八条规定的代理人向调解组织所在地基层人民法院或者人民法庭提出申请。"因此，从相关规定来看，可以进入司法确认程序的调解协议被不适当地进行了扩大：（1）法院内设机构和法院专职调解员调解所达成的调解协议不能司法确认。首先，法院内设机构和法院专职调解员调解属于法院调解，必须由审判员或合议庭进行，其他内设

———————————

[1] 如湖北省武汉市蔡甸区人民法院（2014）鄂蔡甸民调确字第 00264 号人民调解协议司法确认裁定书，双方当事人未经过调解机构调解而自行达成协议，法院却对其依照人民调解协议进行了司法确认。

机构和人员没有调解权。其次，经法院调解结案的，法院应当制作调解书而非调解协议，调解书本身具有强制执行力因而无须再进行司法确认程序。(2) 法院专职调解员调解达成和当事人自行达成的调解协议无法申请司法确认。根据 2012 年《民事诉讼法》第 194 条和 2015 年《民诉解释》第 353 条规定，调解协议司法确认案件的管辖权归属调解组织所在地的基层人民法院。法院专职调解员调解和当事人自行达成的调解协议并没有调解组织，因而也不存在调解组织所在地。因此，从管辖权角度来看，该类调解协议在申请司法确认时因无法确定管辖法院而不能被进行司法确认。

(二) 调解协议司法确认案件申请数量较少

根据本书统计来看，现有调解协议司法确认案件裁判文书共计 2 995 份，2013 年之后，各年份案件数均在百份以上；2016 年之后，案件数量维持在 600～700 份之间；2018 年案件数量有回落趋势。根据国家统计局对民间纠纷调解数量统计，近年来我国民间纠纷调解数量大多在 900 万件以上。[①] 虽然从上文数据分析来看，调解协议司法确认案件数自该制度确立后不断提高，但是增长速度却较为缓慢，并且从我国民间调解数量的总量来看，司法确认案件数量在总调解数中所占比例非常小，平均每 3 000 件调解案件中不足 1 件申请了调解协议司法确认。因此，从实践看来，当前我国调解协议司法确认制度在司法实践中的认识度和接纳程度还较小。这其中既有调解组织的原因，也有当事人的原因。

从调解组织角度来看，大部分调解机构将其工作内容限制为协助当事人在互信、互谅的基础上达成纠纷解决的意思一致。但是对于达成协议后如何去履行调解协议所确定的义务，调解组织的参与程度较小，并且由于调解组织自身对于该制度的认识度和接纳程度不够，导致当事人双方达成调解协议后，调解组织往往不会向其说明司法确认程序可以使其调解协议具有强制执行力。此外，相关制度将调解协议申请司法确认的主动权赋予当事人，并未对调解组织在协助当事人申请调解协议司法确认方面予以义

---

① 《国家数据》，见中国国家统计局，http://data.stats.gov.cn/search.htm? s=调解，访问时间：2018 - 10 - 17。

务负担，导致调解组织将调解协议司法确认的申请单纯地理解为当事人处分权的范畴。

从当事人角度来看，其将案件申请调解组织调解或者调解组织主动介入纠纷进行调解后，当事人主要是在调解组织的引导下对双方所存在的纠纷进行解决，其在主观上认为调解组织进行调解应当包含了对纠纷的最终解决，因此，对于是否申请调解协议司法确认，当事人也将其认为应由调解组织引导其完成。另外，调解案件的范围主要为婚姻家庭纠纷、邻里纠纷、损害赔偿纠纷等民间纠纷，此类调解案件的当事人往往在法律知识上有所欠缺，其并不具有熟知法律知识的能力，在这样的背景下，如果调解组织在调解协议司法确认申请上采取过分消极中立态度，当事人往往会因为不熟知相关程序规定而错过调解协议申请司法确认的时间要求。

综上所述，调解协议申请司法确认案件数量较之于调解数量较少的原因主要在于调解组织未能在申请司法确认程序中充分发挥其解决纠纷的积极性，过分将其作为当事人自主选择行使与否的权利。

（三）各地对待调解协议司法确认案件态度不一

从上文图2中中值与均值之间的差距、方差数值以及各省条形图反映情况来看，调解协议司法确认案件数较多的省份在文书数量上远多于案件数较少的省份，各省在调解协议司法确认案件上产生了"贫富差距大"的现象，即个别省份出现大量案件，而大量省份案件数量不多且较为平均。这其中较为异常的数据为安徽省的，从案件分布来看，安徽省所作出裁判文书数量已接近总量的一半，结合其他省份案件数量较为平均的情况，如此巨大的裁判数量引人深思。而新疆、青海等省份自《人民调解法》生效后仅有1份裁判文书，如此萧疏的案件数量同样较为异常。

本书对安徽省数据进行进一步分析后发现，安徽省所作裁判文书并非在时间和空间上均体现出案件数量多的情况而是恰恰相反。2015年安徽省合肥市庐阳区人民法院集中裁判288份，2016年该法院裁判文书为267份。2014年全年裁判量10份，2017年之后未有涉及调解协议司法确认案件裁判。具体看来，多数案件集中分布在一个月的相同时间进行了审理，文书格式以及文书内提及的内容也大致相同。为了验证这一现象是否只是偶然现象，本书又对案件数量排名第2的湖北省进行了统计，同样发现类似情况。这说明在目前的司法实践当中，相同时间、相同文书格式、相同法院的集中式、批量式审查并非是个别现象。这不由地让人产生部分法院为了结案率或者为了提高绩效等原因而"突击"审案的猜测。

为探究新疆地区调解协议司法确认案件萧疏原因，本书对新疆地区调解案件进行了统计。从检索来看，2015 年全疆各级人民调解组织共调解各类矛盾纠纷 218 098 件，调解成功 216 384 件。[①] 而较之于年均调解案件 50 万件的安徽省[②]，新疆调解数量约占到安徽调解数量一半左右，但从申请司法确认案件的数量上却不能得到同样的结论，相反，新疆地区的调解协议司法确认案件数量与其调解案件基数差距较大。

综上所述，各省对于调解协议司法确认案件的接受度相差较大，部分省份虽对调解协议司法确认程序拥有较高的重视程度，但是这种重视并非一种良性态度，尤其是集中立案、批量审结的行为，在片面地追求案件数量的过程中，实际上不利于真正发挥调解协议司法确认程序应有的程序保障意义。而部分省份过于消极的态度同样不利于调解协议司法确认程序真正解决纠纷。考虑到调解协议司法确认程序不收费以及除时间成本外并不会额外增加当事人其他成本等优势，理性对待该制度理应是对法院、调解机构和当事人的共同要求。

（四）2016 年《特邀调解规定》出台对各调解组织影响不一

我国目前的调解主要有人民调解、行政调解、司法调解、社会调解等。从主体来看，人民调解委员会在我国从事调解的历史最悠久，并且有专门的《人民调解法》进行规范，因此，由其所主持达成的调解协议更容易进入司法确认程序，其数据占比最大；工商所、交警大队等行政部门进行调解往往是在纠纷产生第一时间介入案件并进行责任认定，并且其参与调解的案件主要为涉及给付行为侵权类纠纷，因此其所占比例次之；法院作为

---

① 从 2015 年全疆各类矛盾纠纷案件调解主体来看，村居、乡镇调委会仍是调解的主力军。其中，村居调委会调处了 131 023 件纠纷，乡镇街道调委会调处了 58 500 件。与此同时，2015 年各类矛盾纠纷案件数量呈下降趋势，比上年减少 1 795 件，减幅 0.82%。参见《2015 年全疆各级人民调解组织调解各类矛盾纠纷成功率达 99.21%》，见人民网—新疆频道，http：//xj.people.com.cn/n2/2016/0202/c188514 - 27676616.html，访问时间：2018 - 10 - 15。

② 《安徽人民调解员总数超 10 万人　四年半调解近 200 万起》，见安徽网，http：//www.ahwang.cn/anhui/20171203/1709975.shtml，访问时间：2018 - 10 - 15。

司法确认案件的主体，其内设部门或内部人员在组织调解后，调解协议进入司法确认程序从路径上来说具有便捷性，因此其所占比例又次之；但是对于律所等其他社会机构而言，其并非第一时间介入案件，而其在职责权能上又与人民法院关联度不大，因此，从数据显示来看，此类调解机构组织达成的调解协议进入司法确认程序的数量较少。

2016 年 7 月 1 日《特邀调解规定》生效，从其出台背景和宗旨来看，该司法解释在于尽可能激发司法、行政、社会各主体参与调解并促成矛盾真正化解的目的导向。根据该司法解释，特邀调解协议中的委派调解协议才存在司法确认问题；委派调解协议司法确认上下游程序均有法院介入。从实践可以看出，由法院内设或者与法院联系密切的调解组织或机构在该司法解释出台后，申请调解协议司法确认案件数量占比均有提升。其他机构虽然也被《特邀调解规定》纳入组织调解主体中，但是由于种种原因，其所主导的案件申请司法确认的数量不断走低。法院实际在调解过程乃至申请司法确认中既当"运动员"（法院委派特邀调解）又当"裁判员"（裁判调解协议司法确认案件），使得与法院关系较为疏远的调解机构在组织当事人达成调解协议后申请司法确认程序路径淤滞，限制了其他组织参与调解并通过辅助当事人申请司法确认调解协议以达到彻底解决纠纷的参与度与积极性。

第二节　2015 年《民诉解释》第 357 条运行现状分析

2015 年《民诉解释》第 357 条规定："当事人申请司法确认调解协议，有下列情形之一的，人民法院裁定不予受理：（一）不属于人民法院受理范围的；（二）不属于收到申请的人民法院管辖的；（三）申请确认婚姻关系、亲子关系、收养关系等身份关系无效、有效或者解除的；（四）涉及适用其他特别程序、公示催告程序、破产程序审理的；（五）调解协议内容涉及物权、知识产权确权的。人民法院受理申请后，发现有上述不予受理情形的，应当裁定驳回当事人的申请。"

一、调解协议司法确认案件受理申请的情况描述

本节以"案件类型：民事案件""文书类型：裁定书""全文检索：最高人民法院关于适用《中华人民共和国民事诉讼法》的解释第三百五十七条"为检索式进行检索，检索时间为 2018 年 10 月 1 日，检索到案例共计 82 个，删去重复案例与无关案例，最终获取样本案例 75 个。由于检索式本身检索获取的案例数量较少，本节最终以该 75 个案例作为数据样本库。

（一）文书数量情况描述

从 2015 年《民诉解释》该条文实施后的文书数量来看，2015 年裁判文书 19 份，2016 年裁判文书 28 份，2017 年裁判文书 26 份，2018 年裁判文书 2 份（见图 5）。可以看到，从 2015 年到 2017 年，文书数量有一定程度的上升，而后逐渐持平，而 2018 年案件数量较少。由此不难发现，调解协议司法确认案件的数量在 2015 年至 2016 年出现上升趋势，但这种趋势变化并不明显，从理论上讲，一项制度的变更在实践中往往有一段时间的接受期，而接受期与适用率成反比则反映出该条文的操作性较强。从 2016 年到 2018 年数据来看，该条文适用数量不断减少，这其中既有 2015 年开始实施的"立案登记制"的影响，也反映出该条文在适用中逐渐回归理性，不再一味地将案件阻挡在法院之外。

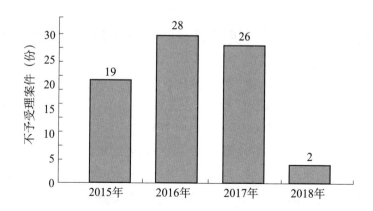

图 5　调解协议司法确认案件裁定不予受理情况统计

(二) 文书作出地域描述

从样本的地域分布来看,绝大多数呈现出较为平均的水平,仅有湖北省地区案件数量较多 (见图6)。

案件数量分布

省份数		平均值	中位数	标准 偏差	最小值	极大值
有效	缺失					
17	0	4.41	2	4.20	1	15

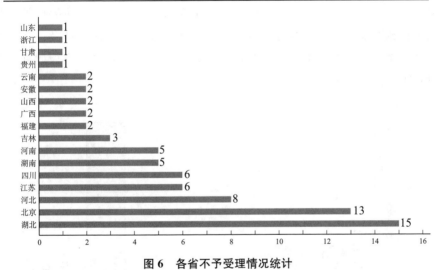

图6　各省不予受理情况统计

为了探究湖北省作出大量此类裁判文书的原因,本节对湖北省作出的裁判文书进行了进一步分析。在此过程中发现,湖北省案件数量众多的原因在于其于同一时间结点内作出批量裁判。如湖北省某建筑工程有限公司的同类确认调解协议案件 (14份) 以及湖北省某县集中处理涉及财产分割、离婚协议确认案件 (10份),占到了湖北省全省案件的绝大多数。从上述结果来看,这种现象并非只是个别现象,尤其以湖北省某县集中处理涉及财产分割、离婚协议确认案件的现象最为突出,其中当事人信息简略、案号连续、文书内容简洁甚至案件审理的时间全部集中于几天之内。调解协议司法确认作为调解协议的最后一步也是整个协议获得可强制执行力的重要环节,法院应当重点对调解协议进行认真细致的审查,但是大量连号案件以及其固定的格式、简略的内容不由让人猜测部分法院对于调解协议司法确认案件的受理申请是否真正做到认真严肃司法。① 大量的案件被集中裁判，并且大部分被裁定为不予受理或受理后驳回申请，使得大量的调解协议司法确认案件走到最后一步却得不到执行力的保障。这显然是对当事人所付成本的不尊重，也不利于当事人对调解活动的认可，更不利于调解协议司法确认工作的良性发展。

（三）法条规定情形分布情况描述

根据 2015 年《民诉解释》第 357 条规定，调解协议司法确认案件不予受理的情形被限制为五种，从样本反映的情况可以发现，其主要以涉及物权确权和不属于法院受案范围为主，不属于法院管辖次之，涉及适用其他特别程序、公示催告程序、破产程序审理的情况没有数据，且彼此之间数量差距较大（见图 7）。

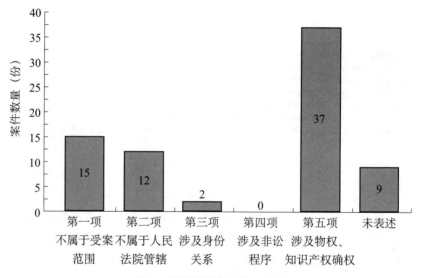

图 7　不予受理事由情况统计

主要原因在于：（1）由于我国民间历来对于遗产继承、财产分割等情况较为重视，出现较多涉及物权确权类案件的情况并非异常；（2）不属于

---

① 　如湖北省谷城县人民法院（2018）鄂 0625 民特 231 号、（2017）鄂 0625 民特 234 号、（2018）鄂 0625 民特 235 号、（2016）鄂 0625 民特 236 号、鄂 0625 民特 237 号、（2016）鄂 0625 民特 239 号、（2017）鄂 0625 民特 241 号、（2016）鄂 0625 民特 244 号案件等。

法院受理和不属于收案法院管辖的案件总量相对较多，主要因为对于这两项的适用条件复杂且特殊情况较多，当事人对该制度认知不清，在部分案件中出现向无管辖权法院提交申请的情况以及在为数不多的类案件中出现了双方没有协议或者说没有经过调解而直接申请确认的情况；（3）样本中婚姻家庭纠纷的案件虽然较多，但申请调解协议司法确认的案件目的主要在于财产分配的执行，这类纠纷较为清晰明确，一般容易得到法院认可，因此不予受理情况较少；（4）逾期申请被列入不予受理情形。虽然从程序法律理论上来看，逾期申请会丧失得到法院支持的权利，但是法条并未明确逾期申请究竟属于不予受理还是应当驳回，因此实践中出现概括适用《民诉解释》第 357 条第 1 款的现象。

（四）法院裁定结果情况描述

从法院最终裁定结果来看，司法实务中最终裁定的结果类型多样，甚至出现一些其他非司法确认程序的裁判方式。申请司法确认程序的实际操作与法律规定不一致（见图 8）。2015 年《民诉解释》第 357 条规定了在申请确认调解协议效力程序中不予受理的五种情况，这属于特别程序，就应当按照特别程序的规定来进行处理与分类。但在实践中，经常出现程序交叉适用、程序性质不明等情况，具体包括如下。

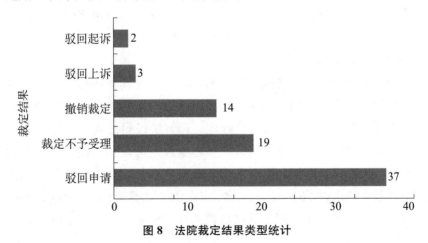

图 8　法院裁定结果类型统计

（1）案件抬头与文号混乱，性质不明。

案件文书抬头与文号编号是法院用以分类归档的重要识别标志。但是在实际案例文书当中，部分调解协议司法确认案件中却经常出现"诉""起诉""原告被告"等字样。①

（2）程序性质不明，交叉适用。

如图 8 所示，样本中出现了驳回起诉、驳回上诉等字样的文书。在个案中，当事人起诉到法院请求为确权之诉时，法院在组成合议庭进行完证据交换、举证质证、法庭辩论等环节之后，适用了 2015 年《民诉解释》第357 条的内容，予以驳回，但是最终文书的性质是裁定书，而法院书写的结论是驳回起诉。除此之外，还出现了确认调解协议之前，法院收取了诉讼费用的情况。②

（3）法院审理案件前的审查不到位。对不予司法确认调解协议的案件，法院大多是在受理案件后才发现了不能予以司法确认的情况，不仅浪费了当事人的时间和成本，同时也造成了司法资源的浪费。从数据统计中不难发现，当前法院在受理当事人司法确认协议申请之前，对于何种情况可以进行确认以及案件究竟属于何种性质等情况存在认识不清的现象，造成案件进入审理阶段后又无法得到司法确认。此外，该情况同样可以适用于调解机构，调解机构作为全程参与当事人之间磋商调解的机构或组织，是调解活动的居中调解者，但其对法律规定的调解协议内容何者可以通过司法确认程序获得执行力不甚明了，致使未能及时尽到告知义务。此种弊病不仅会在个案中使调解协议得不到确认与执行，长远来看也将使得调解人员以及调解活动的社会评价被降低，当事人对整个调解活动的信任大打折扣。

（五）救济途径情况描述

以裁判文书列明的救济途径为要素，本书发现其救济途径主要有四种类型（见图 9）。除了正常的变更协议或起诉之外，样本中出现了诸如提起上诉等途径。根据《民事诉讼法》规定，调解协议司法确认程序属于特别程序，而特别程序实行一审终审，如果不服裁定可以依照民事诉讼法的规定变更协议或者提起诉讼。但是法院于文书末尾处提醒的救济途径为提出上诉，甚至真的出现了对司法确认案件进行再审的情况③，严重地违背了民事诉讼法关于特别程序的规定。这也说明在司法实践中，对于调解协议司

---

① 如广东省化州市人民法院（2015）茂化法同民初字第 88 号民事裁定书等。
② 如河南省郑州市管城回族区人民法院（2015）管民二初字第 1856 号民事裁定书。
③ 如山东省济宁市任城区人民法院（2015）任民再字第 1 号再审民事裁定书。

法确认程序的性质认识、法院工作人员对于法条的适用与理解、对于文书的形式等情况都存在或大或小的认识不清问题。

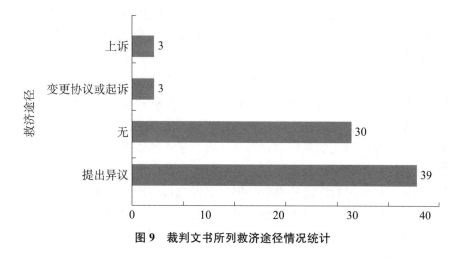

图 9　裁判文书所列救济途径情况统计

二、调解协议司法确认受理申请的应然与实然

从上文法院对调解协议司法确认案件不予受理情况的具体分析中可以看出，当前司法实践依旧面临诸多问题，这其中既包括法官裁判的问题，也包括调解人员调解行为中存在的问题。从法官裁判角度来看，其包括了批量处理调解协议司法确认情况，随意裁判、裁判混乱情况，法官对于司法确认程序性质认识错误、文书适用错误、文书案号混乱、混淆司法确认程序与其他程序的关系、司法确认文书中救济途径表达错误等情况。这一系列现象的出现表明，调解协议司法确认程序在司法实践操作当中或多或少地出现了"诉讼化""被漠视化"的情况。从调解人员角度来看，其未具备相应的法律知识，对于何种纠纷在调解后可以进行司法确认认识模糊，造成一些调解协议在申请司法确认时，被法院裁定不予受理或驳回申请。调解人员基于一般法律和社会道德来进行的"无差别"的调解可能确实会促进当事人纠纷的短暂解决，但却也是造成调解协议得不到司法确认的一个重要原因，甚至于一些调解人员为了权衡和缓解当事人之间的利益矛盾，对于一些法律禁止性事项进行调解的情况也有所发生。具体看来，问题主要体现在以下方面。

（一）调解协议司法确认案件程序适用混乱

从案件案号的情况来看，案件案号格式不一，适用"民一字""民二字""民再字""民特""民调确"等案号的案件数量不在少数。案件文号混乱的现象，一方面说明法院内部文书格式不一①；另一方面说明法院法官对于调解协议司法确认程序的文书性质存在认识偏差，甚至于对调解协议司法确认程序本身存在认识偏差。从样本反映的情况来看，乱用、错用案号情况突出。本书认为：其一，案件案号本身就是案件性质或者适用程序性质的一个标志，对于案件文书案号的认识不清本身也说明其对程序性质认识模糊。其二，在个别案件当中，法官在审理案件时使用"诉讼""诉""原告""被告"等字眼，审结时更是裁定按照标的收取诉讼费用。这说明，在目前司法实践当中，部分法官对于调解协议司法确认程序的性质存在一定认识错误，且并非只是个别情况。从样本反映的情况并结合法院文书末尾提供的救济途径来看，提起上诉等救济途径明显与该程序的特别程序属性规定不符。以上现象也说明目前部分法院实际上是将诉讼中的一些内容规定、运行模式适用到了调解协议司法确认程序之中。

（二）法院审查随意、消极

从文书作出地域来看，突出问题在于湖北省个别基层法院依据 2015 年《民诉解释》第 357 条所作裁定数量畸高，并且存在集中时间、批量裁判现象，对于调解协议司法确认程序呈现出来的是一种"随意性""漠视化"的态度，且这些案件或是信息简略且单一，不予受理理由阐述简单、概括，令当事人迷惑；或是案号相连，文书出具时间集中。

> （2017）鄂 0625 民特 234 号民事裁定书：本院于 2017 年 4 月 18 日受理了申请人胡甲、方某因申请确认人民调解协议效力纠纷一案，申请人胡甲、方某要求确认 2017 年 2 月 13 日经谷城县民政局达成的调解协议有效。本院依法指定审判员余启斌审查此案，现已审查完毕。申请人胡甲与方某因离婚纠纷一案，于 2017 年 2 月 13 日经谷城县民政局主持调解，达成了如下调解协议：1. 财产分割：无；2. 子女抚养：婚生子胡某乙，现年 4 岁，婚生子由男方监护、抚养及教育，婚生子的一切费用由男方一人承担，女方可以随时探望婚生子，婚生子 18 周岁以

---

① 关于这一点，本书认为，2016 年最高人民法院出台的《人民法院民事裁判文书制作规定》可以佐证这一点。2016 年以前，法院对于裁判文书的制作是存在一定问题的，因此需要专门的《人民法院民事裁判文书制作规定》来予以指导。

后随父随母由他自己选择；3. 债权债务处理：婚姻存续期间无债权债务；4. 离婚后男女双方不得干涉对方的婚姻自由。本院认为，申请人的申请没有财产分割，不属于本院处理范围。依照《中华人民共和国民事诉讼法》第一百五十四条第一款第一项、《最高人民法院关于适用〈中华人民共和国民事诉讼法〉的解释》第三百五十七条第一款之规定，裁定如下：对胡甲、方某的申请，本院不予受理。申请人不服本裁定，应当在收到本裁定书之日起十五日内，向本院提出异议。①

（2017）鄂 0625 民特 235 号民事裁定书：本院于 2017 年 4 月 18 日受理了申请人邓甲、方某因申请确认人民调解协议效力纠纷一案，申请人邓甲、方某要求确认 2017 年 2 月 13 日经谷城县民政局达成的调解协议有效。本院依法指定审判员余启斌审查此案，现已审查完毕。申请人邓甲与方某因离婚纠纷一案，于 2017 年 2 月 13 日经谷城县民政局主持调解，达成了如下调解协议：1. 财产分割：无；2. 子女抚养：婚生子邓某乙，现年 3 岁，婚生子由男方监护、抚养及教育，婚生子的一切费用由男方一人承担，女方可以随时探望婚生子，婚生子 18 周岁以后随父随母由他自己选择；3. 债权债务处理：婚姻存续期间无债权债务；4. 离婚后男女双方不得干涉对方的婚姻自由。本院认为，申请人的申请没有财产分割，不属于本院处理范围。依照《中华人民共和国民事诉讼法》第一百五十四条第一款第一项、《最高人民法院关于适用〈中华人民共和国民事诉讼法〉的解释》第三百五十七条第一款之规定，裁定如下：对邓甲、方某的申请，本院不予受理。申请人不服本裁定，应当在收到本裁定书之日起十五日内，向本院提出异议。②

通过对比可以发现，两份相连案号文书的内容、字数也大致相同，除了个别信息有不同之外，其他部分别无二致。不同当事人、不同调解组织调解的案件、不同时间发生的案件会被集中审查，大致存在三种可能：一是当事人相互约定于某一个时间点共同向法院进行申请；二是各调解组织调解完毕后对所有调解协议案件进行了统一告知并进行了确认调解协议效

---

① 湖北省谷城县人民法院（2017）鄂 0625 民特 234 号民事裁定书。
② 湖北省谷城县人民法院（2017）鄂 0625 民特 235 号民事裁定书。

力的统一申请；三是法院对申请确认调解协议效力案件进行收集之后，进行集中审查。众所周知，案件的发生并不存在固定的规律，每个案件的产生由其自身规律性和特殊性所决定。因此，从上述三种可能性来看，前两种可能性从发生概率、经济成本等角度来看明显不符合一般生活逻辑，可予以排除。第三种可能性即法院对众多申请确认调解协议案件进行集中受理、批量化裁决的可能性最大。该情况不仅忽视了当事人的利益需求和当事人迫切希望解决纠纷的心理，造成了当事人成本的浪费，也阻碍了纠纷的迅速解决，违背了调解活动解决纠纷的初衷。

（三）法院受理审查工作缺失

由上文图 8 所统计数据可知，数量较多的案件被依据 2015 年《民诉解释》第 357 条第 2 款裁定驳回申请，即对于不适用司法确认的案件，法院未能在案件受理前尽到尽职审查工作。从 2015 年《民诉解释》第 357 条规定来看，条文核心在于尽可能避免不适用司法确认程序的案件进入法院。因此，本条第 1 款规定了不予受理的具体情形，并且只有在受理时确实未能发现不适用司法确认程序的案件方能适用第 2 款规定在受理后驳回申请。由此看来，对 2015 年《民诉解释》第 357 条的适用，收案前的审查是第一位的，而受理案件后进行司法确认时的审查是第二位的。而从样本反映的情况来看，案件受理后审查不符合受理情况而驳回申请的案件数量却占大多数。这说明法院在接到当事人调解协议司法确认申请之后，存在审查工作缺失的情况，从而造成大量不符合受理条件的申请进入了司法确认程序，浪费了司法资源。

（四）"无差别"调解下的调而不解

调解作为纠纷解决方式，对纠纷的解决起到了不可磨灭的作用，尤其是调解人员，基于自身经验和努力，在平衡双方利益、促进纠纷解决等方面起到了重要的作用。但是从以上样本来看，诉讼外调解中调解人员对于事实层面上双方当事人利益平衡和纠纷解决起到了良好的促进作用，但是其制作的部分调解协议违背了司法确认程序的规定，从而导致了一些案件调解后可能无法得到司法确认的情况发生。这样的调解协议不仅无法获得法院执行力的保障，而且可能会使纠纷回到重新订立调解协议或者提起诉讼程序的原点。正如样本中所涉的较多物权确权类案件，由于物权确权的标的往往涉及房屋等不动产，标的额大，关涉当事人的重大经济利益，适用司法确认程序处置显得过于轻率，同时物权确权问题涉及较为复杂的法律关系和较多的证据材料，双方当事人的争议也可能比较多，适用诉讼程序审理才能承载人民法院对事实审查的需要。[①] 但在一些遗产继承、房屋确权等常见的民间纠纷当中，调解人员却对此缺乏认识，参照一般法律规定和社会道德参与调解之后，制作的调解协议却无法获得法院确认。

值得注意的是关于知识产权确权的调解协议，也不属于司法确认程序的适用范围。知识产权确权问题比较复杂，人民法院一般应适用普通程序对其进行审查，有的还要采取证据保全等诉讼措施，适用司法确认程序达不到法院审查这类问题的基本要求。因此，当调解协议涉及知识产权确权的，人民法院不得以司法确认案件予以受理。[②] 随着我国对知识产权的重视以及人们对自身知识产权权利保护意识的提升，知识产权类纠纷逐渐增加，知识产权纠纷调解员、知识产权纠纷人民调解委员会也纷纷出现。对于知识产权确权案件，调解人员在调解开始时或调解协议制作时很难将其剔除，或者认为若将其剔除无异于将整体问题进行分割解决，从而进行调解达成了调解协议。当事人就该调解协议申请司法确认，未得到法院支持，这既增加了案件解决难度也不符合效率原则。

综上来看，调解组织或调解人员对当事人的纠纷进行调解时，并没有对调解涉及的内容有一个明确的界定，凡涉及纠纷寻求调解组织调解的，对所有类型的纠纷均进行调解。正是因为这种"无差别"的调解，导致了部分调解协议无法获得法院执行力的保障。

第三节　2015 年《民诉解释》第 360 条运行现状分析

2015 年《民诉解释》第 360 条规定："经审查，调解协议有下列情形之

---

① 最高人民法院修改后民事诉讼贯彻实施工作领导小组编著：《最高人民法院民事诉讼司法解释理解与适用》（下），北京，人民法院出版社 2015 年版，第 934 页。

② 最高人民法院修改后民事诉讼贯彻实施工作领导小组编著：《最高人民法院民事诉讼司法解释理解与适用》（下），北京，人民法院出版社 2015 年版，第 935 页。

一的，人民法院应当裁定驳回申请：　（一）违反法律强制性规定的；（二）损害国家利益、社会公共利益、他人合法权益的；（三）违背公序良俗的；（四）违反自愿原则的；（五）内容不明确的；（六）其他不能进行司法确认的情形。"该条文在司法实践中适用虽已逾三年，但从司法实践裁判效果来看，依然不尽如人意。该规定存在模糊性，加之法院内部管理制度不完善等因素，从而导致司法实践中法官对于驳回申请尺度的把握各不相同，造成了该法条适用的混乱现象。

一、调解协议司法确认案件驳回申请情况描述

本节以"案件类型：民事案件""文书类型：裁定书""全文检索：确认、调解协议、三百六十"为检索式进行检索，检索时间为 2018 年 10 月 14 日，共检索到案例共计 733 个（案件跨度为 2015—2018 年），排除样本中内容残缺不全、重复、无效的裁定书后，共获得有效样本 725 个。所得样本中关键词排名前五位分别为：民间借贷、管辖、债权人、合同约定、担保。本节从 725 个样本中随机抽样出 100 个样本，并围绕这 100 个样本进行整体分析与个案分析。

（一）文书数量情况描述

从抽样结果来看，2015 年样本文书 3 份，2016 年样本文书 47 份，2017 年样本文书 43 份，2018 年样本文书 7 份（见图 10）。

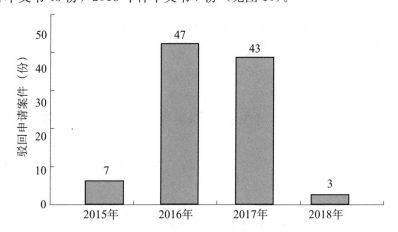

图 10　调解协议司法确认案件驳回情况统计

从图中可以看到，从 2015 年到 2017 年，裁判文书呈急速上升后逐渐回归平稳趋势，从截止到 2018 年 10 月份的数据来看，案件数量开始回落。由此我们不难发现，调解协议司法确认案件在 2016 年和 2017 年出现了激增局面。一项制度的变更在实践中往往有一段时间的接收期，2015 年案件数量较少，恰恰在于该条文出台时间并不长，在司法实践中的运用率并不高，条文运用依然处在尝试期阶段。而 2016 年出现的案件大幅激增的情况表明，司法实践中开始广泛适用该条文，并随之出现了大量被驳回案件。2017 年驳回案件数量有所下降才真能反映出该条文的适用逐渐回归理性，对于该条文的把握也渐趋合理。但从 2018 年的数据来看，却未能维持在平稳阶段，不仅较之于 2016 年与 2017 年而言案件数量有了大幅回落，而且跌落后的数据甚至低于规定刚出台的 2015 年。这说明，司法机关适用该条文经历了由初步认知到广泛认可再到理性回归后，又出现了新的司法困境，而这种司法困境也直接导致了条文适用率的大幅下落。

（二）文书作出地域描述

从样本的地域分布来看，绝大多数地区的案件数量呈现较为平均的水平，但是只有湖北省对于调解协议司法确认申请作出的驳回文书数量异军突起，达到 56 份之多，占到了整个样本数量的一半以上（见图 11）。

案件数量分布

省份数		平均值	中位数	标准 偏差	最小值	极大值
有效	缺失					
13	0	7.69	4.00	14.71	1	56

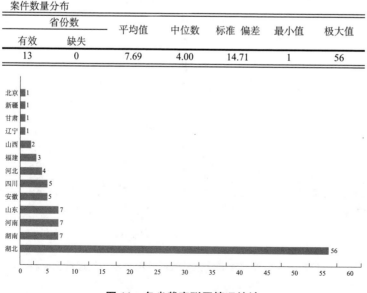

图 11　各省裁定驳回情况统计

　　为了探究湖北省作出大量裁判文书的原因，本节对湖北省作出的裁判文书进行了进一步分析。在此过程中发现，湖北省案件数量众多的原因在于同一时间结点内作出了大量的批量裁判。从数据看，仅湖北省 B 县法院和 G 县法院作出的裁判就达到 28 份和 26 份，占到了湖北省全省驳回申请案件数量的大部分。从文书作出的时间分布上来看，B 县和 G 县的裁判文书作出时间并非平均分布在各月，而是集中在 8 月份和 11 月份；从纵向上来看，这种集中某一时间段，对大量相似问题进行集中裁判的情况并非只发生在某一年，现有数据统计上反映出来的情况是，2016 年和 2017 年均出现了大量批量式裁定书，这种固定时间、集中裁判、批量处理司法确认案件的行为似乎已成为该法院的"不成文传统"。调解协议司法确认作为调解协议获得可强制执行力的重要环节，在这两个法院中并未起到保驾护航的作用。大量的案件通过"突袭"式的裁判被驳回申请，使得大量的调解协议得不到强制执行力保障。

　　为了进一步对各省司法机关所作驳回裁判和不予受理裁判的数量进行比较，本节对两类裁判进行了集群条形图比较（见图 12）。

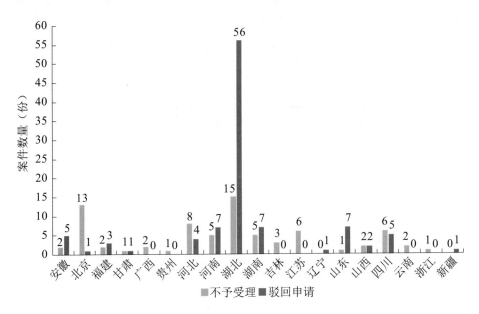

图 12　调解协议司法确认案件驳回情况与不予受理情况比较

从图中可以看出，大量省份驳回裁判和不予受理裁判的数量差距较大，部分省份只有不予受理裁判文书没有驳回裁判文书。除去案件数量异常的河北省，从图中可以得出结论，调解协议一旦通过了不予受理申请的审查，其获得司法确认的概率则会增大。

（三）逾期申请情况描述

从申请逾期情况来看，在整个样本中，逾期申请案件为 51 份，未逾期申请案件为 45 份，未标明是否逾期文书有 4 份，整个样本逾期率为 51%（见图 13）。

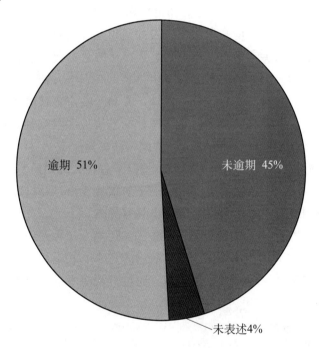

图 13　调解协议申请逾期情况统计

仅从样本反映出的数据来看，逾期申请率过高是当前调解协议司法确认申请被驳回的重要原因。但是，通过分析文书内容来看，结果却不尽然。本节通过对同一案件的调解时间与立案时间进行纵向比较以及通过对不同案件立案时间进行横向比较发现，逾期案件的调解时间与立案时间往往时间差距较大（3 个月以上），并且这类案件主要为民政机关参与调解的婚姻案件。① 离婚案件调解协议双方当事人相互了解，很难出现因一方难以找到而不能共同提起申请的情况。本节通过比较该类案件不同案件之间的立案时间发现，该类案件的立案时间相对集中，往往出现同一法院一天之内受理大量同一类型的调解协议司法确认申请的现象，并在同一时间又对该类案件作出结果类似的批量裁判。② 从这个角度分析，案件积压，但又在特定时间节点进行立案登记情况较为突出。

（四）案由分布情况描述

《最高人民法院关于印发修改后的〈民事案件案由规定〉的通知》（法〔2011〕41 号）（2011 年 2 月 18 日印发）规定："民事案件案由是民事案件名称的重要组成部分，反映案件所涉及的民事法律关系的性质，是将诉讼争议所包含的法律关系进行的概括，是人民法院进行民事案件管理的重要手段。建立科学、完善的民事案件案由体系，有利于方便当事人进行民事诉讼，有利于对受理案件进行分类管理，有利于确定各民事审判业务庭的管辖分工，有利于提高民事案件司法统计的准确性和科学性，从而更好地为创新和加强民事审判管理、为人民法院司法决策服务。"从本节所抽取的100 份样本文书所涉及的二级案由分布情况来看，合同纠纷有 25 份，婚姻家庭纠纷有 35 份，继承纠纷有 6 份，劳动争议有 1 份，侵权责任纠纷有 19份，人格权纠纷有 4 份，物权纠纷有 10 份（见图 14）。

从图中可以看出，占比较大的为婚姻家庭纠纷和合同纠纷，分别占比35％和 25％，二者占比达到整个样本数量的 60％。由此可以看出，普通民事合同纠纷和家事纠纷所占比例较高，通过对裁决书的阅读发现，标的额

---

① 如湖北省谷城县人民法院（2017）鄂 0625 民特 1839 号、（2017）鄂 0625 民特 1992 号、（2017）鄂 0625 民特 1851 号、（2017）鄂 0625 民特 1852 号、（2017）鄂 0625 民特 48 号、（2017）鄂 0625 民特 2000 号、（2017）鄂 0625 民特 1843 号、（2017）鄂 0625 民特 1850 号、（2017）鄂 0625 民特 1993 号、（2017）鄂 0625 民特 1994 号、（2017）鄂 0625 民特 1996 号、（2017）鄂 0625 民特 51号、（2016）鄂 0626 民特 490 号、（2017）鄂 0625 民特 122 号、（2017）鄂 0625 民特 1826 号、（2017）鄂 0625 民特 1815 号、（2017）鄂 0625 民特 1957 号等案件。

② 如湖北省谷城县人民法院（2017）鄂 0625 民特 1992 号、（2017）鄂 0625 民特 1851 号、（2017）鄂 0625 民特 1852 号、（2017）鄂 0625 民特 48 号、（2017）鄂 0625 民特 2000 号、（2017）鄂 0625 民特 1843 号、（2017）鄂 0625 民特 1850 号、（2017）鄂 0625 民特 1993 号、（2017）鄂 0625 民特 1994 号、（2017）鄂 0625 民特 1996 号、（2017）鄂 0625 民特 51 号、（2017）鄂 0625 民特 1826号、（2017）鄂 0625 民特 1815 号、（2017）鄂 0625 民特 1957 号、（2017）鄂 0625 民特 77 号等案件在 2017 年 2 月 10 日被批量受理，在 2017 年 2 月 17 日被批量作出驳回裁决。

较小、双方争议不大的民事纠纷在调解协议司法确认程序中所占的比例较大。

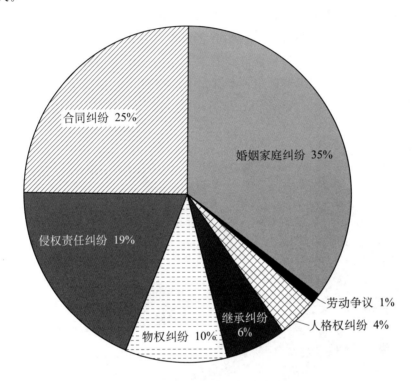

图 14　驳回案件案由分布情况

（五）驳回事由分布情况描述

根据 2015 年《民诉解释》第 360 条规定，驳回调解协议司法确认申请的情形有六种，样本反映情况为：违反法律强制性规定有 7 份，损害他人合法权益有 3 份，违背公序良俗有 0 份，违反自愿原则有 5 份，内容不明确有 21 份，其他不能进行司法确认的情形有 64 份（见图 15）。

从案件分布比例来看，占比最多的为该条第 6 项"其他不能进行司法确认的情形"。2015 年《民诉解释》第 360 条第 6 项原意是考虑到实际情况的复杂性，随着社会的发展、科技的进步和各种新型社会关系的不断涌现而规定的一项兜底条款。这项兜底条款为了对将来发生的可能的新情况有所应对，为法官留下一定的自由裁量权。① 但是，一方面，该项规定在允许法官拥有较多自由裁量权的同时，又欠缺相应的限制，致使该条文在司法实践中成为法院归类的大箩筐，凡是不愿确认的情况都往里面装。这导致的后果就是，在一些明显有法律或司法解释指引的案件中，法官依然任意适用兜底条款，不做深入分析就以"其他"原因驳回申请。另一方面，法官在为了规避风险而裁定驳回申请却又没有更好理由的情况下，往往会选择用"其他"原因驳回，这样其既可以省时省力，又可以规避责任。

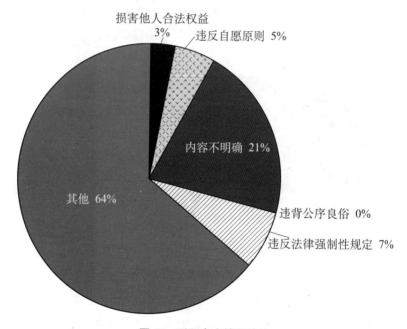

图 15　驳回事由情况统计

除"其他不能进行司法确认的情形"占驳回事由比例较高外，另一占比例较高的事由是"内容不明确"。从条文设立目的来看，申请调解协议司法确认的一个重要目的就是使已达成的协议获得司法强制执行力。从相关裁定书的表达方式上来看，调解协议被驳回，往往是因为对某种事项的表述不清楚、内容不明确，无法进行司法确认。但从本节抽选的样本表述来

---

① 最高人民法院修改后民事诉讼贯彻实施工作领导小组编著：《最高人民法院民事诉讼司法解释理解与适用》（下），北京，人民法院出版社 2015 年版，第 944、945 页。

看，因"内容不明确"而被驳回的调解协议中往往都有明确的意思表示，其出现的问题在于社会调解组织或者其他调解组织在调解书文字表述的把关上并未起到尽职义务，或者调解协议表达未采用法言法语，最终使调解协议出现口语化、模糊化等表达的情况。

二、调解协议司法确认驳回申请的实践困境

从上文对调解协议司法确认申请被驳回情况的分析中可以看出，司法实践中存在法官批量处理调解协议司法确认申请的现象。在这类案件的处理过程中，存在法官裁判随意、裁判混乱的情况，甚至出现了裁判日期明显错误①、同一案件出现两份案号不同但内容相同的裁决书②、立案时间早于调解时间③、调解协议生效当天即向法院申请调解协议司法确认却以案件超越申请期限为由裁定驳回④等种种令人啼笑皆非的情况。这些现象的发生，也呈现出调解协议司法确认程序在部分地区被"边缘化""漠视化"的趋势。此外，在部分案件的审查过程中，法院要求当事人提供详细的证据证明调解协议达成的内容是合理的、调解协议所达成的事项必须要权利义务对等、要有基础关系等。这样的审查方式，实际上是将诉讼运行模式完全搬到了调解协议司法确认程序中来。在特别程序中，调解协议司法确认程序具有特殊性，其对于当事人双方所达成的协议内容的容忍度是较高的。但是，从样本中所反映出来的情况来看，法院在审查调解协议过程中表现出了审查标准过高、过严，甚至呈现出司法确认程序"诉讼化"的趋势。这两种不合理的趋势，具体表现为以下方面。

---

① 如湖北省保康县人民法院（2016）鄂0626民特33号民事裁定书中裁判日期为2016年2月30日。

② 如湖北省谷城县人民法院（2017）鄂0625民特1993号民事裁定书与湖北省谷城县人民法院（2017）鄂0625民特1994号民事裁定书内容完全一样。

③ 如安徽省霍邱县人民法院（2016）皖1522民特37号案件，立案时间为2016年11月11日，调解时间为2016年11月17日。虽然根据《特邀调解》规定，法院可以在立案后委托调解，但是从裁判文书表述来看，其并未涉及委派行为，也并非由法院审查并制作调解书结案，因此该案为普通调解案件，不涉及特邀调解，调解时间晚于立案时间存在明显程序瑕疵。

④ 如湖北省保康县人民法院（2016）鄂0626民特33号案件，在调解当天即申请调解协议司法确认被以"申请逾期"为由裁定驳回。

（一）批量式裁决导致裁判质量不高

就本节所抽取的 100 份文书样本而言，从文书作出地域来看，一个突出的问题就是湖北省两个基层法院依据 2015 年《民诉解释》第 360 条所作出的驳回裁定数量畸高，且时间集中、批量裁判的现象比较严重。法院处理程序草率，导致问题频发。因逾期申请而被驳回的司法确认案件虽占全部样本的 50% 以上，但通过对个案进行核对之后发现，逾期申请未必就一定是当事人双方之间存在过错或者调解机构未尽到告知义务的责任，相反，很多情况是由于法官原因而造成案件逾期申请。虽然各个裁定书在内容和形式上是合法、合规的，但只要仔细比较各个驳回调解协议司法确认申请裁定书，尤其是将调解时间、立案时间、作出裁定时间进行比较之后，就会发现这样一个问题：同一调解机构作出的不同时间段的调解协议，尤其是行政调解和社会调解，往往会在几个月之后被集中立案。这其中存在三种可能性：一是调解机构故意不告知当事人司法确认，直到调解协议生效两三个月后才告知。从调解人员的职业道德角度分析，这种可能性十分微小。二是当事人同一时间集中申请调解协议司法确认。因为各个调解协议作出的时间是不同的，依照常理而言，其申请司法确认的时间也应该是无序的，而不会在同一天突然有大量不同时间作出的调解协议被提出确认申请。因此，从当事人角度来讲，集中立案的产生概率也是很小的，将其放到两年这样长的时间来说，这种可能性近乎为零。三是人民法院在一段时间内对调解协议消极受理，而又在某一时间集中受理。与上述两种可能性比较而言，第三种可能性存在概率最大。

此外，在样本案件中，裁定错误的情形可谓千奇百怪，如将裁定书的作出日期写成了"2016 年 2 月 30 日"这样的不存在日期。依照正常的逻辑，裁判文书所载日期应当是该文书作出的日期，这样的日期一般是不会出错的。但是当一份裁判文书所载日期不是该裁判文书作出当时的时间，就极有可能出现问题。如在同一时间段内，要对数量较多案件进行批量裁判，并且这些案件裁判文书本应是早就需要作出的，或者尚未作出需要提前书写好的，其在进行裁判文书日期落款的时候就可能出错。这种情况下，往往会为了计算时间间隔而忽略落款时间的正确性。此外，在司法实践中，还出现了同一案件却出现了多个案号的情况。从样本文书来看，这种情况的出现可能是因应对法院内部管理考核机制。从一般的常识出发，如果一个案件出现多个案号的话，在裁判文书的送达上就会出现问题。同一案件出现两个案号，两份完全一样的裁判文书出现了两个案号，在送达裁判文书时，就会出现当事人收到两份裁决书的情况，在这种情况下，当事人一定会向人民法院法院提出异议，人民法院也一定会及时修正。但是从本节统计的数据来看，这些裁判文书的作出时间已经间隔近两年的情况下，依然未发现这些问题，并且这些文书依然放在"中国裁判文书网"上。可见这一问题在出现之后，迄今为止，本级法院包括上级法院依然没有发现。

上述问题的出现，并非简单的书写错误。从常理出发，一份案件从作出裁决到裁判文书上网需要经过若干环节的审核，已上网的裁判文书的出错率应当来说是比较低的。但是，事实却是相反，从统计的数据来看，在2017年2月和4月均出现了若干错误甚至荒谬的裁判文书。从错误裁判文书作出的时间来看，出现错误的裁判文书往往是同一天作出的或者在较短时间间隔期内作出的。较长间隔时间内偶然出现一份单纯的形式错误裁判文书，可以认为是一种正常情况。但是在一定期限内批量裁判、出现批量错误，就不能排除法院消极裁判、任意裁判的可能性。

（二）调解协议司法确认案件适用诉讼程序案由普遍存在

从样本数据所反映的情况来看，调解协议司法确认案件案由适用较为混乱，有的样本适用2011年《民事案件案由规定》中的二级案由，有的则适用四级案由。本节对二级案由适用情况进行统计后发现，样本涉及的民事二级案由主要有：合同纠纷、婚姻家庭纠纷、继承纠纷、劳动争议、侵权责任纠纷、人格权纠纷、物权纠纷。最高人民法院出台《民事案件案由规定》，目的在于规范法院对案件的管理活动，除第十部分所规定的特殊程序外，其他案由主要适用于法院诉讼活动。将诉讼程序的案由适用于调解协议司法确认案件中的行为，实际上是一种将司法确认案件纳入诉讼案件中进行管理的做法。调解协议司法确认案件适用诉讼程序案由，在文字表述上很容易使人将非诉程序所应适用的案由与诉讼程序所应适用的案由相混淆。同时，这种混淆也使得调解协议司法确认这一非诉活动呈现出"诉讼化"倾向，不利于法院准确定位司法确认案件的性质。

（三）驳回具体事由认定存在偏差

1. 对于"违反法律强制性规定"条文的误解

调解以化解纠纷为目的，对民事调解协议设置过多的范围限制，反而不利于激发民间自发解决纠纷的热情与动力。从样本表现出来的违反法律强制性规定来看，主要问题体现在以下几个方面。

（1）根据 2015 年《民诉解释》第 358 规定，人民法院认为当事人所作的陈述或者所提供的证明材料不充分的，可以要求当事人提供证据证明。司法实践中存在的问题则是，对于没有提交证据的情形，有的法院将其认定为违反法律强制性规定。[①]

（2017）鲁 0683 民特 31 号民事裁定书：本院经审查认为，申请人于 2017 年 1 月 9 日达成的调解协议，未提交王某庆与刘某彦签订的大棚租赁合同，以及承租人刘某彦将涉案大棚转租给官某年是否征得原出租人王某庆的同意等相关证据，不符合法律规定。

（2）根据《最高人民法院关于审理民间借贷案件适用法律若干问题的规定》（法释〔2015〕18 号）（2015 年 6 月 23 日最高人民法院审判委员会第 1655 次会议通过，2015 年 8 月 6 日公布，自 2015 年 9 月 1 日起施行，简称 2015 年《民间借贷司法解释》）第 26 条规定："借贷双方约定的利率未超过年利率 24%，出借人请求借款人按照约定的利率支付利息的，人民法院应予支持。借贷双方约定的利率超过年利率 36%，超过部分的利息约定无效。借款人请求出借人返还已支付的超过年利率 36%部分的利息的，人民法院应予支持。"而在司法实践中，对于民间借贷纠纷，年利率约定超过 24%，均被认定为违反了法律的强制性规定。[②] 根据 2015 年《民间借贷司法解释》第 26 条规定，"对于年利率 24%～36%之间的民间借贷利息应认定为自然之债，具体处理方案是：24%～36%之间的债权并无请求力，但约定也并非无效，但当债权人请求给付时，债务人得拒绝给付，债权人并不得通过诉讼强制债务人履行而已。假如债务人任意给付，且债权人受领时，法院亦不得认定为不当得利""对于年利率 24%～36%之间约定的利息当事人

① 如山东省莱州市人民法院（2017）鲁 0683 民特 31 号民事裁定书。
② 如湖北省襄阳高新技术产业开发区人民法院（2016）鄂 0691 民特 17 号裁定书。

自愿履行完毕的，法院不予干预，体现了司法保护利率设置缓冲空间的良好用意，给未来利率市场化以后，调整民间借贷资本市场的利率水平预留了一定空间。民间借贷主体基于意思自治可以在此缓冲区内约定相对较高的年利率水平，体现了市场在配置资源中起决定性作用的改革要求。"① 可见，2015 年《民间借贷司法解释》第 26 条关于民间借贷利率 24％的规定，并非强制性规定；且 2015 年《民间借贷司法解释》也并非 2015 年《民诉解释》第 360 条第 1 项中的"法律"。

（2016）鄂 0691 民特 17 号民事裁定书：本院经审查认为，申请人项某伟于 2014 年 11 月 21 日、2015 年 5 月 20 日分别向丁某红借款 8 万元、1.7 万元，借款本金共计 9.7 万元，期间项某伟并未还款，二申请人于 2016 年 7 月 27 日达成的调解协议约定下欠借款本金为 12 万元及以 12 万元为本金计算后续利息共 39 000 元（每月 3 000 元，共 13 个月），下欠本金、利息数额的约定明显超出了法定标准，约定的还款计息方式亦不符合法律规定。

（3）根据 2012 年《民事诉讼法》第 194 条规定，调解协议申请确认的时间应当为调解协议生效起 30 日内。从该条文的语义上理解，调解协议在 30 日之后提起调解协议司法确认的，属于违反程序性事项规定。司法实践中有的法院将未在 30 日内提出司法确认申请的调解协议认定为违反法律强制性规定。② 而 2015 年《民诉解释》第 360 条第 1 项中的"违反法律强制性规定"是针对调解协议本身而言的。

（2018）鄂 1126 民特 1 号民事裁定书：申请人于 2017 年 11 月 16 日达成的调解协议，已经超过了向人民法院申请司法确认调解协议的期限，不符合法律规定。

依照《中华人民共和国民事诉讼法》第一百九十四条、第一百九十五条、《最高人民法院关于适用〈中华人民共和国民事诉讼法〉的解释》第三百六十条第一项规定，裁定如下……

---

① 最高人民法院民事审判第一庭编著：《最高人民法院民间借贷司法解释理解与适用》，北京，人民法院出版社 2015 年版，第 469～471 页。

② 如湖北省蕲春县人民法院（2018）鄂 1126 民特 1 号裁定书。

(4) 对于部分违反强制性规定，却仍有部分合法有效的情况统一认定为无效。《合同法》第 214 条规定："租赁期限不得超过二十年。超过二十年的，超过部分无效。租赁期间届满，当事人可以续订租赁合同，但约定的租赁期限自续订之日起不得超过二十年。"在司法实践中，当事人有意思表示一致的约定，但租赁合同超越 20 年，被认定为违反了法律强制性规定。[①]

(2016) 鲁 0683 民特 421 号民事裁定书：本院经审查认为，申请人于 2016 年 8 月 5 日达成的调解协议，约定的租赁期限已超过二十年……不符合法律规定。

2. 对于"内容不明确"条文的误解

调解协议协议司法确认的目的之一就是使调解协议获得强制执行的效力。[②] 调解协议能够被赋予强制执行力的前提就是执行的内容是具体的、可操作的，如果双方当事人在调解协议中设置的给付事项不明确或操作难度较大，调解协议司法确认的意义将荡然无存。[③] 就此，司法实践中存在的问题如下。

(1) 给付内容不止要求是"明确的"还要求给付内容是"精确的"[④]。

(2016) 鄂 9005 民特 793 号民事裁定书：申请人夏某皓与申请人付某梅机动车交通事故责任纠纷一案，于 2016 年 2 月 18 日经潜江市公安局交通警察支队主持调解，达成了如下协议：

夏某皓承担双方取车费，一次性付清；

此事故一次性协商调处完毕，双方今后不得再为此事故赔偿事宜

---

① 如山东省莱州市人民法院 (2016) 鲁 0683 民特 421 号裁定书。

② 最高人民法院修改后民事诉讼贯彻实施工作领导小组编著：《最高人民法院民事诉讼司法解释理解与适用》(下)，北京，人民法院出版社 2015 年版，第 944 页。

③ 有学者对有瑕疵调解协议进行了研究，认为有瑕疵调解协议是指在程序或实体上有缺点，包括该回避的没有回避、调解员未签名、少列或错列当事人、代理手续不全、无权处分、履行期限不明等。实践中的调解协议瑕疵情形有：条文表述不规范、条款内容不明确、主体不适格、程序不严格、代理权不明等。参见廖永安等：《民事诉讼制度专题实证研究》，北京，中国人民大学出版社 2016 年版，第 323 - 326 页。

④ 如湖北省潜江市人民法院 (2016) 鄂 9005 民特 793 号民事裁定书、安徽省霍邱县人民法院 (2016) 皖 1522 民特 37 号民事裁定书、湖北省襄阳高新技术产业开发区人民法院 (2016) 鄂 0691 民特 26 号民事裁定书。

发生纠纷，双方签字生效执行。

经审查，依照《中华人民共和国民事诉讼法》第一百九十四条、第一百九十五条、《最高人民法院关于适用〈中华人民共和国民事诉讼法〉的解释》第三百六十条第一款第（五）项的规定，裁定如下：

驳回申请人夏某皓与申请人付某梅提出的申请。

（2016）皖 1522 民特 37 号民事裁定书：申请人因土地纠纷，于 2016 年 11 月 17 日经霍邱县孟集镇人民调解委员会主持调解，达成调解协议如下：

1. 后圩村村民给付新庄组村民各种经济补偿费用 10 000 元整；

2. 从协议签订后，新庄村民组不再设置各种障碍，影响后圩村民组用水通畅，并保证渠埂宽度总宽不低于 1 米；

3. 协议签订后，双方不得再有任何纠纷，否则承担相关法律责任。

本院经审查认为，申请人于 2016 年 11 月 17 日达成的调解协议，因协议第一条中各种经济补偿不具体明确，协议第二条中约定不再设置各种障碍，具体内容亦不明确……故该协议不符合法律规定。

（2016）鄂 0691 民特 26 号民事裁定书：申请人杨某与王某、旺前实业集团有限公司因借款合同纠纷，于 2016 年 8 月 23 日经襄阳高新技术产业开发区民商事纠纷诉前人民调解委员会主持调解，达成调解协议如下：

王某、旺某实业集团有限公司承诺在 2016 年 12 月 31 日前偿还所借杨某人民币 20 万元整，借款利息按双方所签合同据实计算。

本院经审查认为，申请人于 2016 年 8 月 23 日达成的调解协议，对于借款利息仅约定"按双方所签合同据实结算"，对利息计算的起止时间、逾期利息如何结算等内容约定不明确，故申请人要求司法确认调解协议的申请，不符合法律规定。

众所周知，当前各类调解组织的调解人员法律素养正在不断提高，但仍不能达到法官的水准。在这种前提下，要求当事人和调解人员出具完全由法言法语表达的调解协议具有一定的困难性。调解协议司法确认的过程实际上也是法院通过司法手段解决纠纷的过程，调解协议之所以需进行司法确认也是为了纠纷能够更好、更快、更明确地解决。司法确认程序作为纠纷彻底解决过程中的重要一环，对于仅因为调解协议内容表述不明确而意思明确的情况，法院不应轻易作出驳回裁定。在不给予当事人再次表达机会的情况下就直接驳回其申请，这既剥夺了当事人自我阐述的权利，也违背了调解协议高效、便捷处理纠纷的目的，同时还会造成逼迫当事人通过诉讼途径解决纠纷状况的出现，加重司法负担。

（2）给付时间不止要求是"明确的"还要求是"精确的"①。在部分样本中，当事人将给付时间设置为区间模式，即在某一截止日前完成给付行为。这实际上符合《合同法》第 61 条、第 62 条之规定。但从样本来看，存在部分法院将区间式给付期限认定为"内容不明确"的情况。

　　　（2015）娄星调确字第 9 号民事裁定书：申请人康某玉、于某锋因民间借贷纠纷，于 2015 年 7 月 31 日经娄底市娄星区联合人民调解委员会驻区法院人民调解室主持调解，达成了（2015）娄联民调字第 46 号调解协议，调解协议内容如下：
　　　一、五年以内（自 2015 年 7 月 31 日始计算期限）还清本金；
　　　二、约定月利息 1 分，每半年结算并支付一次；
　　　三、若五年之内每月还清本金，于某锋自愿将位于娄星区××华庭×室住房产权证过户给康某玉；
　　　四、以上调解协议双方一起向娄星区人民法院申请司法确认。
　　　本院认为，申请人康某玉、于某锋之间达成的调解协议第一项约定五年以内还清本金，其内容不明确。据此，依照《最高人民法院关于适用〈中华人民共和国民事诉讼法〉的解释》第三百六十条第五项之规定，裁定如下……

（3）当事人对给付内容的基础关系必须予以证明。② 根据司法解释等相关规定，对于调解协议的审查应以"形式审查为主、实质审查为辅"，但实践中审查标准却转化为了标准过高、过严的实质性审查。虽然该标准的出发点是为了维护当事人的合法权益和避免错误确认调解协议，但过高、过

---

① 如湖南省娄底市娄星区人民法院（2015）娄星调确字第 9 号民事裁定书。
② 如北京市丰台区人民法院（2015）丰民调确字第 20196 号民事裁定书。

严的审查标准也使得调解协议的审查显现出明显的"诉讼化"倾向。

（2015）丰民调确字第 20196 号民事裁定书：经审查，本院认为，上述协议内容虽是申请人东方华辰公司、中视联公司的共同意思表示，申请人认可借款本金 4 253 761.81 元系双方结算的工程款转化而来，但并未提供充分证据证明双方当事人之间的债务来源，故申请人的申请不符合司法确认的条件。

2015 年《民诉解释》第 356 条规定：当事人应当向法院提交与调解协议相关的财产权利证明等材料。第 358 条规定：人民法院认为提交材料不完备、不充分或者有疑义的可以要求当事人限期补充陈述和补充证明材料。根据这两个条文的表述，本书认为，人民法院对于调解协议的审查应当从以下几个方面考虑：首先，调解协议不能违反申请期限、管辖等程序性事项；其次，调解协议不能损害国家、社会合法权益，当事人双方作出的调解协议内容必须是在自身处分权的范围之内；再次，调解协议应当不违背公序良俗，在社会容忍范围内。如果法院对每个案件都按照诉讼的模式投入大量的精力重走两造对抗的路途，既不利于节约司法资源，也违背了司法确认程序便捷、高效解决纠纷的目的。[①] 因此，在司法审查中，过分要求当事人提供证据证明基础关系存在、证明双方作出的约定公平公正、权利义务关系对等，实际上违背了"调解是双方妥协的结果"的本质。

（4）因法律关系复杂而被要求通过诉讼途径解决。[②] 调解程序不同于普通诉讼程序，对于案件案情既不要求完全查明事实真相，也不要求十分清晰地探究出当事人之间的权利义务关系。在调解活动中，当事人对其所享有的权利较之于诉讼程序享有更加自主的处分权，也即只要双方当事人在互利互让的基础上能够达成纠纷解决的协议，并且该协议也不违反相关规定，就应当认定纠纷已经得到了解决。但从样本分析来看，实践中存在法院以案情复杂、调解程序不能查明案情为由裁定驳回的情况。

（2016）皖 0103 民特 505 号民事裁定书：申请人翟某与宗某因民间

[①] 最高人民法院修改后民事诉讼贯彻实施工作领导小组编著：《最高人民法院民事诉讼司法解释理解与适用》（下），北京，人民法院出版社 2015 年版，第 936 条。

[②] 如安徽省合肥市庐阳区人民法院（2016）皖 0103 民特 505 号民事裁定书。

借贷纠纷,于 2016 年 10 月 10 日经安徽省商会调解中心主持调解,达成如下调解协议:

一、申请人宗某承认欠申请人翟某借款本息合计 60 万元;二、申请人宗某保证于 2016 年 12 月 30 日前还款 40 万元,于 2017 年 6 月 30 日前还款 10 万元,于 2017 年 2 月 30 日前还清剩余 10 万元。翟某同意宗某按上述方案分期偿付借款,并自愿放弃利息。

本院经审查认为,申请人于 2016 年 10 月 10 日达成的调解协议,不能反映双方真实的债务情况,因申请人自认约定利息为 3 分,且系分多次借款、还款,宜通过诉讼查明实际出借本金数额,利息是否超出法律规定、已偿付本息等事实,故本案适用司法确认程序,不符合法律规定。

(5) 概括适用"内容不明确"条款。部分样本中,法院仅概括认定调解协议"内容不明确",当事人和调解人员对于被驳回申请的调解协议究竟何处内容不明确无法知晓。[1] 法院对调解协议概括认定"内容不明确"将会带来两方面的弊端:首先,由于本次调解协议被以"内容不明确"驳回,但当事人并不知晓"内容不明确"的具体原因,这导致在后续救济途径中当事人又将陷入无所适从的境地,不利于纠纷的彻底解决;其次,作为调解协议制作者的调解人员,法院概括认定"内容不明确",也不利于其对现有调解经验进行完善,难以避免后续案件依然出现此种问题而被驳回,加重了调解组织和人员处理民间纠纷的难度。

(2015) 仓调确字第 8 号民事裁定书:本院于 2015 年 4 月 15 日受理了申请人周某雄、张某群、吴某巍请求确认人民调解协议效力的申请。本院依法指定审判人员审查此案,现已审查完毕。

经审查,申请人周某雄、张某群、吴某巍于 2015 年 4 月 13 日关于民间借贷纠纷的调解协议,因内容不明确,无法确认,不符合人民法院确认调解协议的条件。依照最高人民法院《关于适用〈中华人民共

---

① 如福建省福州市仓山区人民法院 (2015) 仓调确字第 8 号民事裁定书、河南省通许县人民法院 (2017) 豫 0222 民特字 298 号民事裁定书、河南省通许县人民法院 (2017) 豫 0222 民特字 314 号民事裁定书。

和国民事诉讼法〉的解释》第三百六十条的规定，裁定如下：

(2017) 豫 0222 民特字 298 号民事裁定书：申请人因土地纠纷，于 2017 年 11 月 2 日经通许县大岗李乡社会法庭主持调解，达成调解协议如下：

经做工作、定点、串边，确定了双方两个村的边界，并埋下水泥柱作为标记。

本院经审查认为，申请人于 2017 年 11 月 2 日达成的调解协议，内容不明确，不符合法律规定。

(2017) 豫 0222 民特字 314 号民事裁定书：申请人因土地纠纷，于 2017 年 2 月 16 日经通许县邸阁乡社会法庭主持调解，达成调解协议如下：

一、张某忠有 0.8 亩责任田一块（位于赫庄村，东邻张某利责任田，西邻本村二组机动地，南邻杜某顺责任田，北邻生产路），张某忠同意将该责任田流动给张某生，自本协议签订之日起（2017 年 2 月 16 日），该责任田承包经营权归张某生所有，土地确权变更手续过程中张某忠必须配合。

二、本协议签订之日起（2017 年 2 月 16 日），张某生不得以任何理由阻挠被申请人建设房屋。

三、本协议签订之日起（2017 年 2 月 16 日），张某生不得再因上述土地和建房事项上访或聚众闹事。

四、本协议签订之日起（2017 年 2 月 16 日），张某忠不得再因上述土地和建房事项上访或聚众闹事。

五、本协议，自签订之日（2017 年 2 月 16 日）起生效。

本院经审查认为，申请人于 2017 年 2 月 16 日达成的调解协议，内容不明确，不符合法律规定。

(6) 征收补偿案件中由于调解协议未列补偿主体而被法院认定为义务人不明确，无法履行。[①] 在土地征收补偿案件中，征收机关在发布征收公告

[①]　如河北省宣化县人民法院（2016）冀 0721 民特 1 号民事裁定书。

后会对相关征收土地补偿费用进行统计与核实。从样本所涉案件来看，此类调解针对征收补偿但调解的内容主要为征收补偿款的分配问题。在这类调解中，由于只涉及补偿款如何分配并不涉及征收补偿范围和内容，征收部门与案件并无关系，因而其也不会参与到案件调解中。虽然征收补偿款尚未发放，但是当事人对于征收补偿款数额的预期是明确的，在这样的情况下，以没有义务主体为由驳回申请，显然侵犯了当事人的合法权益。

（2016）冀 0721 民特 1 号民事裁定书：经审查，申请人白某甲、白某乙、张某、白某丙、白某丁于 2015 年 12 月 29 日经宣化县贾家营镇人民调解委员会调解达成了关于白某富名下承包土地征用补偿款子女如何分配的调解协议。该调解协议写明"白某丁、白某丙、白某甲各分得 4 万元，其余部分由张某和白某乙平分各分得 284 960 元"。本院认为，因确认调解协议的目的在于使调解协议获得现实的强制执行力，强制执行的前提是执行的内容明确具体，如果内容不明确导致无法执行，则失去确认调解协议的实质意义。而本案申请人各方达成的调解协议内容只有权利方没有履行义务方，故该调解协议属于《最高人民法院关于适用〈中华人民共和国民事诉讼法〉若干问题的解释》第三百六十条第一款第（五）项规定的内容不明确情形，不符合人民法院确认调解协议的条件。

（7）法院以"调解协议属或然性为由"认定为内容不明确。[①]调解的目的在于让双方当事人在相互谅解的基础上使纠纷得到解决。因此，只要双方当事人对解决内容享有处分权，并不违反相关规定，法院应当允许此类纠纷一次性彻底解决。在双方当事人都认可的且具有处分权的事项范围内，也应当鼓励当事人通过达成调解协议的方式将纠纷一次性彻底解决。

（2018）晋 0882 民特 1 号民事裁定书：申请人因校园暴力纠纷，于 2017 年 12 月 12 日经河津市清涧街道办事处调解委员会主持调解，达成调解协议如下：

乙方（河津市第三中学）承担甲方前期治疗费用、交通费用、陪

---

① 如山西省河津市人民法院（2018）晋 0882 民特 1 号民事裁定书。

护费用等共计捌万玖仟元整，对甲方（侯某凯）前期治疗费用予以补偿。协议生效一年内支付清。

乙方一次性支付甲方后期治疗费、精神损失费、陪侍费、营养费、交通费、误工费等法律规定的相关费用共计壹拾伍万元整，作为甲方后期所有费用予以补偿。一次性了解此事，协议生效半年内支付清。

本协议双方均应自觉遵守履行，任何一方不得反悔。且本协议第一条、第二条约定履行完毕后，甲方不得以任何理由再向乙方主张权利。否则应承担违约责任，违约金标准为乙方已支付的全部费用。

本院经审查认为，人民调解协议一经人民法院确认，就具有当事人向人民法院申请执行的效力，所以调解协议的内容应当明确具体，权利义务应该固化。而本案调解协议属或然性条款，故不符合法律规定。

3. 对于"其他不能进行司法确认的情形"的误解

该规定应当是法院在面临新的纠纷情况和类型出现时而被赋予的一项自由裁量权，而非为了裁判简便。在司法实践中，对该规定的误解主要体现如下。

（1）对于申请期限超过规定的情形，法院直接适用"其他不能进行司法确认的情形"而裁定驳回调解协议。①

（2016）鄂 0626 民特 45 号民事裁定书：本院经审查认为，申请人于 2016 年 2 月 24 日达成的调解协议，超过申请司法确认的期限，不符合法律规定。

依照《中华人民共和国民事诉讼法》第一百九十四条、《最高人民法院关于适用〈中华人民共和国民事诉讼法〉的解释》第三百六十条第（六）项规定，裁定如下：

驳回刘某均与方某会司法确认调解协议的申请。

从 2015 年《民诉解释》第 360 条的条文表述逻辑来看，存在违反法律强制性规定等 6 项情形的，应当驳回调解协议司法确认申请，但是这并不意

①　如湖北省保康县人民法院（2016）鄂 0626 民特 45 号民事裁定书。

味着人民法院裁定驳回调解协议司法确认申请的一定要适用 2015 年《民诉解释》第 360 条，对于认为超过申请期限应当适用第 360 条予以驳回实际上犯了一个逻辑错误。部分法院错误地认为，裁定驳回申请事由与 2015 年《民诉解释》第 360 条之间是一一对应的关系，只要裁定驳回调解协议司法确认申请，就一定要适用 2015 年《民诉解释》第 360 条。

（2）部分法院将调解协议内容所涉标的额超过本级法院受案标的额范围认定为"其他不能进行司法确认的情形"而予以驳回。①

（2016）冀 0104 民特 3 号民事裁定书：根据级别管辖，我院管辖的一审民商事案件的诉讼标的额应在 3 000 万元以下，该案件的标的额超过了此范围，故对申请人胡某与申请人邢台依林山庄食品有限公司向本院提出的确认调解协议效力的申请应予驳回。

根据 2012 年《民事诉讼法》第 194 条规定，司法确认案件的管辖法院为基层人民法院，而各级人民法院受案标的额的限制依据为 2015 年 4 月 30 日《最高人民法院关于调整高级人民法院和中级人民法院管辖第一审民商事案件标准的通知》（法发〔2015〕7 号）。法发〔2015〕7 号为司法解释性质文件，其效力低于《民事诉讼法》。法院应当按照《民事诉讼法》的要求受理调解协议司法确认申请，而不应以案件标的额超越本级法院管辖范围而予以驳回。

（3）在部分侵权类案件中，当事人近亲属代为调解并与侵权人达成调解协议的，人民法院将主体不适格认定为"其他不能进行司法确认的情形"而予以驳回。②

（2016）皖 0403 民特 154 号民事裁定书：本院经审查认为，申请人于 2016 年 9 月 26 日达成调解协议，冯某丝的请求司法确认的主体不适合，交通事故当事人是杨某和邹某社，并非冯某丝。

依照《中华人民共和国民事诉讼法》第一百五十四条第一款第一项、《最高人民法院关于适用〈中华人民共和国民事诉讼法〉的解释》第三百六十条第六款规定，裁定如下：

---

① 如河北省石家庄市桥西区人民法院（2016）冀 0104 民特 3 号民事裁定书。
② 如安徽省淮南市田家庵区人民法院（2016）皖 0403 民特 154 号民事裁定书。

驳回冯某丝与邹某社司法确认调解协议的申请。

调解协议司法确认的目的在于使纠纷得到高效、便捷处理。在部分侵权案件中，由于被侵权人遭受到侵权人严重人身伤害，被侵权人或者意识清醒但是体力难以支撑进行调解行为，或者意识不清醒无法进行调解行为。在这样的情况下，出具相关委托文书的几率与参与调解行为的几率是一致的。如果在这种情况下，法院一味地要求一方当事人出具委托书或者要求当事人证明被侵权人已为无民事行为能力人或限制民事行为能力人属于过分苛责。一方面，当事人受到侵害，体力或者意识难以支持其进行调解的现状只是暂时的，随着诊疗过程的进行，当事人的体力和意识在恢复过程中，在这样的情况下，当事人近亲属无法向法院申请确认无民事行为能力人，同时这种申请也是没有必要的；另一方面，当事人在身体被严重侵害的情况下，对于医疗诊断等相关费用的负担是沉重的，这个时候急需通过调解的形式尽快解决纠纷，以获得损害赔偿。在这种情况下，如何协调各方利益，并在不违反相关规定的前提下尽可能地使纠纷尽快得到解决，使当事人合法权益得到充分保障，法律并未给出指引，法官在法条适用上也过于"呆板"。

（4）部分离婚纠纷案件，在经过民政部门等机关进行调解达成调解协议之后，向人民法院申请调解协议司法确认，被法院以该纠纷经过行政调解且已经处理为由驳回申请。①

（2017）鄂 0625 民特 204 号民事裁定书：申请人圣某某、沈某因离婚纠纷一案，于 2017 年 2 月 6 日经谷城县民政局主持调解，达成了如下调解协议：1. 财产分割：无。2. 子女抚养：婚生子圣某阳，现年 8 岁，婚生子由男方监护、抚养及教育，婚生子的一切费用由男方一人承担，女方可以随时探望婚生子女，婚生子 18 周岁以后随父随母由其自己选择。3. 债权债务处理：婚姻存续期间无债权债务。4. 离婚后男女双方不得干涉对方的婚姻自由。

本院认为，申请人的申请已进行过处理。

---

① 如湖北省谷城县人民法院（2017）鄂 0625 民特 204 号民事裁定书。

行政调解作为社会纠纷调解中的重要一环，在处理民事纠纷、促使纠纷双方达成调解协议的过程中发挥了重要作用，但这并不意味着行政调解的效力有高于人民调解委员会和社会调解机构调解的效力。在经行政机关调解而达成调解协议的情况下，双方当事人所达成的调解协议，其在效力上仍然是民事合同，并未达到调解协议司法确认的最终效果。只有经过司法确认程序的调解协议才能最终获得强制执行力。因此，以经过行政调解为由就认定为已经处理并裁定驳回调解协议司法确认申请的做法实际上是对 2015 年《民诉解释》第 360 条中"其他不能进行司法确认的情形"的误解。

（5）在调解书有瑕疵的情况下，如人民调解协议未经调解机构签章即送交人民法院申请调解协议司法确认，被认定为"其他不能进行司法确认的情形"而驳回申请。①

> （2017）晋 0931 民特 1 号民事裁定书：本院经审查认为，申请人于2017 年 5 月 31 日达成的调解协议，没有加盖人民调解委员会印章，不符合《中华人民共和国人民调解法》第二十九条第二款的规定。依照《中华人民共和国民事诉讼法》第一百九十五条、《最高人民法院关于适用〈中华人民共和国民事诉讼法〉的解释》第三百六十条第六项的规定，裁定如下：
>
> 驳回王某学、王某儿司法确认调解协议的申请。

《人民调解法》第 29 条第 2 款规定："调解协议书自各方当事人签名、盖章或者按指印，人民调解员签名并加盖人民调解委员会印章之日起生效。调解协议书由当事人各执一份，人民调解委员会留存一份。"第 30 规定："口头调解协议自各方当事人达成协议之日起生效。"从这两个条文的表述可以看出，人民调解协议书的生效要件必须是人民调解员签名并加盖人民调解委员会印章，只有在口头调解时，才只需要当事人达成意思表示一致。在该案中，直接适用"其他不能进行司法确认的情形"予以驳回是对司法解释的错误适用。

《人民调解法》作为法律，根据其规定，若双方达成协议为协议书形

---

① 如山西省保德县人民法院（2017）晋 0931 民特 1 号民事裁定书。

式，却没有人民调解员和调解机构的签章，该份具有合同性质的调解协议书应当是不生效的。在这种情况下，虽然法院对调解协议司法确认申请予以驳回的结果是正确的，但是其所引用的相关司法条文却是错误的，驳回依据应为2015年《民诉解释》第360条第1项"违反法律强制性规定"。

（6）在多个当事人对多个事项达成综合性的调解协议中，法院直接以主体不明、基础关系不属于同一而予以驳回。①

（2018）湘0702民特23号民事裁定书：本院经审查认为，申请人达成的调解协议中，陈某与欧阳某德分别与常德市湘拓实业有限公司签订借款协议，分别借款给常德市湘拓实业有限公司，并非共同的权利义务主体，在同一案中作为共同的诉讼当事人，不符合法律规定。

考虑到调解协议司法确认程序的目的为高效、便捷地处理纠纷，减轻司法裁判的负担，多个当事人对多个纠纷事项达成综合性调解协议，其实际上有助于纠纷的解决。某一个纠纷，在最理想情况下只有两方当事人，但是在一些借贷合同中，可能会出现贷款人一方为了某一特定的目的，向多方借款人借款的可能性。在诉讼一元化纠纷解决视角下，各个借款人与贷款人之间都会形成一个民间借贷合同，根据合同相对性原则，每个纠纷都要单独处理，这既人为地加剧了纠纷解决的复杂性，也使纠纷的处理显得冗杂。

第四节　调解协议司法确认程序困境产生原因分析

一、对司法确认程序性质认知不清引发程序适用混乱

从调解协议司法确认案件裁判文书统计来看，目前我国调解协议司法确认制度存在着适用程序混乱的情形。具体表现为：对案件究竟适用何种程序不明、确认程序与非确认程序混合适用等情况。

从法官角度来看，造成调解协议司法确认程序性质混乱的原因在于法

---

① 如湖南省常德市武陵区人民法院（2018）湘0702民特23号民事裁定书。

官在裁决案件过程中对调解协议司法确认程序与其他程序混杂适用。如法官在裁决案件时，既收取案件受理费，又依照 2015 年《民诉解释》第 357 条规定驳回调解协议司法确认申请，同时又适用普通诉讼文书格式。①

（2015）管民二初字第 1856 号民事裁定书：本院认为，经审查，原告申请确认的郑州市管城回族区十八里河镇人民调解委员会于 2013 年 4 月 27 日作出的"调解协议书"中载明："卢某香，李某自愿放弃管集建（宅）字第 9303794 号土地使用权及地面附属物的所有权。管集建（宅）字第 9303794 号土地使用权及地面附属物的所有权由李某杰使用及所有。该宅基地在城中村改造中所享有的一切权利均由李某杰享有"。依据《最高人民法院关于适用〈中华人民共和国民事诉讼法〉的解释》第三百五十七条之规定：当事人申请司法确认调解协议，人民法院受理申请后，发现调解协议内容涉及物权确权的，应当裁定驳回当事人的申请。因本案原告申请确认的调解协议内容涉及物权确权，故应驳回原告的申请。依照《最高人民法院关于适用〈中华人民共和国民事诉讼法〉的解释》第三百五十七条第一款第（五）项及相关法律之规定，裁定如下：

驳回原告李某杰的申请。

案件受理费 100 元，退还原告李某杰。

如不服本裁定，可在裁定书送达之日起十日内，向本院递交上诉状，并按对方当事人的人数提出副本，上诉于河南省郑州市中级人民法院。

由此可见，部分法官对司法确认程序的性质认知不清，从而对案件性质和适用程序有着严重的认识偏差，导致案件的最终裁定结果成了一个"四不像"。同时由于当前非诉案件总量较诉讼案件总量要少，尤其是像申请确认调解协议这样的案件数量更少。法官缺乏办案经验和认识，套用了诉讼案件程序和法律用语，如上述样本中的"原告""上诉"等，是造成非诉案件套用诉讼程序现象的原因之一。但是无论原因为何，不能否认的是，法官自身素养问题造成调解协议司法确认案件中出现了特别程序与普通诉

---

① 如河南省郑州市管城回族区人民法院（2015）管民二初字第 1856 号民事裁定书。

讼程序适用上的混乱、法律用语以及文书案号表述上混同的情况。

二、内外部多重压力致使法院消极办案

从文书作出地域分析，部分省份法院对该类案件的处理呈现一种集中受理、集中审查、集中裁定的司法现象，该现象不仅体现在案件的不予受理方面，也体现在驳回申请方面，将此类行为称为"消极化办案"毫不过分。究其原因，主要有审判压力和考核机制双重影响、司法确认案件不收费、法院为规避责任而审慎裁判三方面原因。

(一) 审判压力和考核机制双重影响导致法院集中裁判频发

1. 审判压力大阻碍司法确认案件获得支持

随着司法制度的改革，立案登记制度的实施，法院诉讼案件受理数量不断增加。同时，从样本反映的情况来看，实践中调解协议司法确认案件的受理基本遵循了立案登记规定，大量的司法确认案件涌入了法院。法院为了迅速裁判而自发探索出新的解决路径：首先，实践采取立案但不登记的方式节流案件数量，即对案情简单、涉案标的额较低的案件，只收取材料但不发给回执，直到法院内部系统查核结案率时，才迅速立案并迅速结案；其次，由于基层法院案多人少，法官审判压力较大，实践中也存在法院将案件结案紧迫程度低、案情简单、只需要书面审查不需要开庭的案件都积压到年度最后同一时间、集中立案、集中处理的情况。

调解协议司法确认作为由基层法院受理且案情相对简单、到场核实不必严格遵循开庭程序的案件，较易发生上述现象。从样本分析情况来看，大量案件集中受理、集中审查、集中裁定的司法现状也验证了这一结论。但从长远来看，这种做法并不会从根本上缓解法院的工作压力，根据《民事诉讼法》第 195 条的规定，当法院裁定不予认可调解协议时，当事人的救济途径为变更或制定新的调解协议以及通过诉讼解决。一次纠纷解决的失败经验，导致当事人再次选择纠纷解决程序时将会青睐诉讼程序而失去再次调解的信心。这使得纠纷本来可以通过非诉途径解决但由于非诉途径不畅最后又进入诉讼程序，从而进一步加剧法院工作压力。

2. 考核机制压力引导法官迅速裁判

对于人民法院的绩效考核制度，虽然学界讨论并不多，但却是法官关

注度较高的一个问题。通过在网上检索"人民法院绩效考核办法"发现，虽然鲜有法院将其考核办法予以公布，但是实践中法官对于人民法院考核方式不足的讨论却较多。人民法院考核办法公布较少，这其中既有基层法院管理方式不健全的原因，其中更重要的是考虑到绩效考核办法主要涉及法院内部管理，诸多法院不愿意将其向社会公布。但是，从公布出来的为数不多的人民法院绩效考核办法依然可以发现其对调解协议司法确认案件审查的不利影响。①

从云南某法院考核办法来看，法院通过制定半年结案率、全年结案率、收结案件率、全年案件指标的形式督促法官勤勉办案，这种量化考核的初衷是好的，并且也具有较强的可操作性。但是一味地将法院办案细化量化为考核目标，将法官办案约束成机器加工零件式的简单操作行为却在实践中引发了不小的问题。最典型的就是"上有政策下有对策"的处理方式。从上文统计的不予受理和驳回申请调解协议司法确认案件情况可以看出，调解协议司法确认案件的裁判往往会大量出现在两个时间段，一个是年终阶段，一个是年中阶段。这两个阶段又恰好与人民法院绩效考核中的全年结案率与年中结案率对应起来。从案件裁判数量可以看出，案件的收案时间也往往较为集中，从年初办案指标来看，似乎存在着民事诉讼案件数量不够，特殊程序案件来凑的"看米下锅"情况。

从人民法院案件管理来看，设置科学、合理的内部绩效考核制度是有必要的，但是如果将案件绩效考核标准作为严格监管法官办案的工具，则会造成为了考核率来办案、为了考核标准而量身接收案件的弊病。这实际上也违背了司法规律。

（二）不收费问题引发消极办案

2011 年《人民调解协议司法确认解释》第 11 条明确规定，人民调解协议司法确认过程中不收取费用。随着多元化纠纷解决方式的不断拓展，对于其他调解机构主持下达成的调解协议原则上也不应该收费。这既体现了便民利民的原则，也有助降低当事人处理纠纷的成本。但在实践中，人民法院对于调解协议司法确认案件不甚积极，甚至在部分情况下存在推诿、

---

① 云南施甸县人民法院：《施甸县人民法院部门工作目标绩效考核办法》，见 http：//www.fy.shidian.gov.cn/info/1028/1681.htm，访问时间：2018 - 04 - 15。

消极的态度，这也与"不收费"有一定关系。

当前，法院的收入虽然处于收支两条线，但是对于其支出费用，上级财政主管审批机关采取的方法往往是通过下级人民法院受理案件诉讼费用的总额按照一定的比例进行划拨。也就是说，在一定时间范围内，人民法院必须优先受理和裁判标的额大以及能够获得较多诉讼费用的案件才能尽可能地为法院提供有力的财政支持。这导致的结果便是（从上文统计的数据中也不难发现）对于受理的调解协议司法确认案件，人民法院立案往往存在延迟或者有意拖延立案的情况；并且调解协议司法确认案件的裁判文书也存在粗糙的情况。

（三）责任规避意识导致审查标准把握过严

与调解协议司法确认案件相比，其他案件都是从纠纷产生后请求法院予以解决开始（其他非诉案件除外），一直到法院作出生效的法律文书定分止争为止。整个案件都是在法院法官的审理控制之下的。换句话说，就是自纠纷的发生诉至法院开始，法院对于整个案件的情况都始终了解并且主导案件走向，法官对于案件有充分的把控。但是调解协议司法确认案件则不同，其在提交法院司法确认之时已由调解机构辅助当事人完成纠纷解决。调解协议所内含的调解过程、调解协议制作过程、双方当事人合意的过程，法院都没有进行参与。此时，法院若对该调解协议进行司法确认，而调解协议内容又存在诸如违背当事人合意或违反法律规定等问题时，法院又需要为自身作出的司法确认行为而负责。因此，法官对并未全程经历纠纷处理过程的调解协议司法确认案件的审查通常会本能地采取审慎态度，采用较为严苛的案件审查标准。

三、受理前审查机制忽视案件的特殊性

2015 年《民诉解释》第 357 条规定了调解协议司法确认案件不予受理的若干情形。该规定本意在于，在人民法院收到调解协议司法确认申请后法院决定受理前，其应先对材料进行审查，符合受理条件的案件方可受理，对于不符合条件的案件则不予受理。只有在受理审查时通过形式审查没有发现而在受理后才发现问题的案件，才适用 2015 年《民诉解释》第 357 条第 2 款。由此看来，2015 年《民诉解释》第 357 条规定的审查内容有别于

其他案件的。根据《民事诉讼法》及《最高人民法院关于人民法院登记立案若干问题的规定》（法释〔2015〕8 号）（2015 年 4 月 13 日由最高人民法院审判委员会第 1647 次会议通过，2015 年 4 月 15 日公布，自 2015 年 5 月 1 日起施行，以下简称 2015 年《登记立案司法解释》）等相关法律和司法解释，一般诉讼案件只要符合《民事诉讼法》第 119 条的形式要求，都应对其进行立案受理。但调解协议司法确认案件的申请受理更为严格，除需要符合受理申请的一般要素之外，对于 2015 年《民诉解释》第 357 条规定的五种情形也应当进行严格的形式审查，一旦出现五种情形之一，则不予受理该调解协议司法确认申请。

从上文 2015 年《民诉解释》第 357 条适用情况的样本分析，绝大多数调解协议司法确认案件的裁定出现在法院受理申请后。本应在立案阶段就不予受理的案件却频频出现在案件受理之后，其原因可能是在立案登记制的影响下，法官忽视了调解协议司法确认案件案前审查的特殊性，致使大量涉及五种情形的案件在受理阶段未被不予受理，转而在审查确认阶段被大量驳回。

四、未严格执行驳回申请标准

从 2015 年《民诉解释》第 360 条调解协议司法确认驳回申请情况来看，司法实践中存在着适用法律不准确的现象。具体表现为：有相关法律条文却不引用①；引用法律条文错误②；裁判理由环节适用此法律条文的表述，而在裁判依据上却引用彼法条。③ 对于法律条文的错误理解和适用，既有条文设置的原因，也有法官自身的原因。

（2017）鄂 0625 民特 1994 号民事裁定书：本院于 2017 年 2 月 10

---

① 如湖北省谷城县人民法院（2017）鄂 0625 民特 1994 号民事裁定书，2012 年《民事诉讼法》第 195 条规定，调解协议应当在生效之日起 30 日内申请司法确认，案件中申请时间明显逾期，但裁判依据却未列明本条文。

② 如四川省遂宁市船山区人民法院（2016）川 0903 民特 29 号民事裁定书，2012 年《民事诉讼法》第 194 条规定调解协议司法确认必须由双方共同提出，而裁判依据为 2015 年《民诉解释》第 360 条第 6 项"其他不能进行司法确认的情形"。

③ 如湖北省十堰市郧阳区人民法院（2015）鄂郧阳民调确字第 00007 号民事裁定书，法院查明中认为涉及物权确权，而裁判依据又将"其他不能进行司法确认的情形"作为驳回依据之一。

日受理了申请人唐甲、杨某某因申请确认人民调解协议效力纠纷一案，申请人唐甲、杨某某要求确认 2016 年 9 月 26 日经谷城县民政局达成的调解协议有效。本院依法指定审判员余启斌审查此案，现已审查完毕……本院认为，申请人的申请在本院已进行过处理。依照《中华人民共和国民事诉讼法》第一百九十五条及《中华人民共和国民事诉讼法解释》第三百六十条第（六）项之规定，裁定如下：……

（2016）川 0903 民特 29 号民事裁定书：本院经审查认为，申请人于 2016 年 9 月 30 日达成的调解协议，因担保人唐某彬未向本院申请司法确认，不符合法律规定。

依照《中华人民共和国民事诉讼法》第一百九十五条、《最高人民法院关于适用〈中华人民共和国民事诉讼法〉的解释》第三百六十条第一款第六项之规定，裁定如下：……

（2015）鄂郧阳民调确字第 00007 号民事裁定书：申请人康某与肖某仙于 2015 年 6 月 15 日向本院提出调解协议效力确认申请。本院受理后，经审查认为，申请人康某与肖某仙之间经郧县城关镇人民调解委员会主持调解而达成的调解协议内容涉及物权确权，根据《最高人民法院关于适用〈中华人民共和国民事诉讼法〉的解释》第三百五十七条第一款第（五）项、第三百六十条第六项之规定，裁定如下：……

当前调解协议司法确认驳回情形设置仍存在不足。从司法解释文义来看，只要不是 2015 年《民诉解释》第 357 条、第 360 规定的情况，法院均应予以确认。但从司法确认程序法理来看却并非如此，调解协议获得司法确认不仅要求协议内容符合法律规定，也要求调解协议及申请程序本身符合法律规定。在我国，法官只有适用法律的职责，并没有创造法律的权力。[1] 这就导致一部分既不符合驳回理由又明显不能予以确认的案件，出现法官裁判混乱的情况。

从法官角度来看，2015 年《民诉解释》第 360 条规定，"经审查，调解协议有下列情形之一的，人民法院应当裁定驳回"。部分法官认为，裁定驳

---

① 陈贵民：《关于法官"造法"》，见中国法院网，https://www.chinacourt.org/article/detail/2002/10/id/16694.shtml，访问时间：2018 - 10 - 28。

回的理由有且只有 2015 年《民诉解释》第 360 条规定的 6 项情形。从条文
分析，2015 年《民诉解释》第 360 条规定的驳回理由都是针对调解协议内
容方面，并未涉及调解协议制作及司法确认申请程序方面的要求。对调解
协议司法确认的审查不仅要考虑调解协议内容所存在的问题，同样也要审
查调解协议制作和申请程序是否合法（如申请期限是否逾期、收案法院是
否拥有管辖权、调解书形式是否完备等）。这些审查内容虽然并没有被纳入
2015 年《民诉解释》第 360 条，但一般都以肯定句的方式在其他条文进行
了规定，例如，"必须在三十日内提出申请"、"调解协议司法确认程序应当
向调解机构所在的基层人民法院提出"等。但是从样本所反映的情况看，
部分法官陷入了唯法条论的错误思想，认为只要是驳回调解协议司法确认
申请必须依据 2015 年《民诉解释》第 360 条。这导致 2015 年《民诉解释》
第 360 条第 6 项变成了万能工具。

五、关于司法确认案由的规定不明确

2011 年《民事案件案由规定》将"请求确认人民调解协议效力"作为
一级案由"合同、无因管理、不当得利纠纷"下三级案由"合同纠纷"中
的四级案由，其编号为"127."；而该司法解释第十部分即一级案由"适用
特别程序案件案由"标题下并无司法确认案件。2012 年《民事诉讼法》修
改后，将司法确认案件作为特别程序中的一种。2011 年《民事案件案由规
定》并没有根据 2012 年《民事诉讼法》修改的情况及时进行修改，既没有
将人民调解协议司法确认案件的案由归属在一级案由"适用特别程序案件
案由"下，也没有对除人民调解协议外其他调解机构所作出调解协议司法
确认案件的案由进行规定。这可能是所选样本中的案件案由适用混乱的主
要原因。法院在审查程序中对调解协议司法确认案件案由定性不准确会带
来两方面弊端：一方面，从人民法院的角度来说，很容易将调解协议司法
确认程序与普通程序、简易程序混淆。另一方面，从当事人的角度而言，
适用案由不准确甚至比不适用案由的弊端更大。非特别程序案件案由中大
部分都带有纠纷二字，而调解协议司法确认案件并不涉及纠纷解决，仅是
双方当事人请求法院认可纠纷处理方案的程序。在调解协议司法确认中适
用非特别程序案件案由，很容易让当事人误以为司法确认环节实际上是解

决纠纷的环节。过分依赖非特别程序案件案由解决调解协议司法确认，可能会变相地削弱调解解决纠纷方式在当事人心目中的地位。

六、以诉讼审查标准审查司法确认申请

对于调解协议司法确认申请的审查，当前我国采取的是形式审查为主，实质审查为辅。只有在案情复杂或者涉案标的额大的案件中法院才应进行实质审查。但是部分法院曲解了法院对于调解协议的审查，在调解协议审查过程中，甚至引入了民事证据质证，要求当事人对案件事实真相、基础关系予以说明。[①]

（2016）皖 0103 民特 505 号民事裁定书：本院经审查认为，申请人于 2016 年 10 月 10 日达成的调解协议，不能反映双方真实的债务情况，因申请人自认约定利息为 3 分，且系分多次借款、还款，宜通过诉讼查明实际出借本金数额、利息是否超出法律规定、已偿付本息等事实，故本案适用司法确认程序，不符合法律规定。

（2016）冀 0111 民特 1 号民事裁定书：申请人益百公司向本院提交如下证据……申请人长城公司未提交证据，对申请人益百公司提交的证据均予以认可……

综上，该调解协议书存在瑕疵，本案关键证据不能查清，双方真实意思并非仅请求确认协议的效力，故对二申请人的确认协议效力申请，本院不予支持。根据相关法律规定，当事人可变更原协议或达成新的调解协议，也可以提起民事诉讼。依照《中华人民共和国民事诉讼法》第一百九十五条、《最高人民法院关于适用〈中华人民共和国民事诉讼法〉的解释》第三百五十八条、第三百六十条之规定，裁定如下：……

（2015）丰民调确字第 20196 号民事裁定书：经审查，本院认为，上述协议内容虽是申请人东方华辰公司、中视联公司的共同意思表示，申请人认可借款本金 4 253 761.81 元系双方结算的工程款转化而来，

---

① 如安徽省合肥市庐阳区人民法院（2016）皖 0103 民特 505 号民事裁定书、石家庄市栾城区人民法院（2016）冀 0111 民特 1 号民事裁定书、北京市丰台区人民法院（2015）丰民调确字第 20196 号民事裁定书等。

但并未提供充分证据证明双方当事人之间的债务来源，故申请人的申请不符合司法确认的条件。综上，依据《中华人民共和国民事诉讼法》第一百九十五条、《最高人民法院关于适用〈中华人民共和国民事诉讼法〉的解释》第三百六十条第六项之规定，裁定如下：

众所周知，调解是一门妥协的艺术，正是有了当事人之间的利益的妥协与忍让才使得调解协议能够得以高效的达成。当事人之所以愿意在调解协议中进行妥协让步，也是基于利益的可既得性。在调解协议司法确认案件中，将审查标准提高到一般诉讼审理的高度，实际上是将诉讼程序引入了司法确认程序中，当事人在这样的要求下，需要重新走一次纠纷解决的过程，既要对纠纷解决的合理性进行说明，还要确保纠纷解决结果的权利、义务对等。这使得调解解决纠纷的优势经过司法确认程序之后荡然无存，也很容易使当事人误解司法确认的目的。长此以往，当事人会误以为调解机构的调解是司法确认程序的补充，而非司法确认程序是调解协议的补充。这可能会造成两种不利情形：一是双方达成调解协议后，为了协议迅速履行，有意避开司法确认程序；二是双方为了一次性从根本上解决纠纷，直接选择通过诉讼途径解决，而不再走调解这条"弯路"。这两种情况，无论出现哪种情况都是与我国当前调解协议司法确认程序的设立宗旨和目的相违背的。

第五节　调解协议司法确认程序规范化路径

一、严格规范程序流程与文书制作

首先，完善司法确认程序的操作流程。为避免将特别程序中的司法确认程序与普通程序、简易程序的部分流程混淆适用，应当严格区分该类案件的审查流程，对其基本的特征和适用范围进行明确界定。

其次，完善调解协议司法确认文书制作。2012年《民事诉讼法》已经明确司法确认案件的文书形式为裁定，且《最高人民法院关于印发〈人民法院民事裁判文书制作规范〉〈民事诉讼文书样式〉的通知》（法〔2016〕

221 号，2016 年 2 月 22 日最高人民法院审判委员会第 1679 次会议通过，2016 年 6 月 28 日印发，自 2016 年 8 月 1 日起施行）专门规定了调解协议司法确认案件所使用的民事裁定文书样式。但是从样本分析来看，相关规定并未得到严格执行，样本裁判文书内容相对简单。当前，完善调解协议司法确认文书制作首先要严格执行相关规定，统一文本、统一格式、统一规范；同时考虑到参与调解协议司法确认程序的当事人一般法律素养不高，司法确认裁定书的格式和内容也应针对司法确认案件自身的特殊性，作出相应的调整，从而避免含糊不清、性质不明的表达，使司法确认程序更容易被当事人和调解组织所接受。此外，对于不予受理及驳回申请裁定理由的描述，《民事诉讼文书样式》虽然为裁判法官留下了较大的发挥空间，但是从实践看，不予受理理由和驳回理由往往较为简短且抽象，并未对理由进行充分论述，这既不利于未获得确认的当事人理性选择下一步纠纷解决路径，也不利于调解组织发现其调解存在的问题。

二、完善司法确认案件受理前筛查

从上文样本所反映的情况看，法院对于司法确认案件受理前筛查把控不严，导致诸多原本不符合确认条件的案件通过了立案受理，进入了确认程序，而又在后续司法确认审查过程中被发现存在不能予以司法确认情形从而被驳回。这种现象反映出目前司法确认的立案受理筛查机制存在两方面问题：一方面因为立案登记制等客观因素造成整体受理案件数量激增，使得法院工作压力巨大，无暇顾及；另一方面也使法院忽视了司法确认案件本身的特殊性。只有通过严格把控立案受理关，严格筛查不能予以司法确认的案件，才能尽量减少不符合标准的案件进入司法确认程序，避免造成司法资源的浪费。

严格把控司法确认案件的立案受理筛查，首先要对司法确认程序予以规范，对于受理申请的流程和审查的内容应进一步严格明确。其次，鉴于司法确认案件受理申请的特殊性，受理筛查过程应当有别于其他案件，充分考虑司法确认案件的性质。为此，本书提出以下建议：（1）司法确认案件申请提出后，应当依照立案登记制的要求先进行形式要件的审查，符合形式要件的初步立案；不符合形式要件的申请，裁定不予受理。（2）在完成对案件的形式审查之后，再结合 2015 年《民诉解释》第 357 条第 1 款的内容进行审查。对不包含五种情形的申请正式立案受理；而对于包含五种情形的申请再次裁定不予受理。简而言之，对于调解协议司法确认案件的审查应当分为两个步骤，首先，要对其进行立案登记审查；其次，还要对其不属于 2015 年《民诉解释》第 357 条第 1 款所涉五种情形进行审查。而 2015 年《民诉解释》第 357 条第 2 款作为例外情况应当尽量减少适用，真正提高调解协议司法确认案件的审查效率。

三、完善 2015 年《民诉解释》第 360 条所列驳回情形

从样本统计及分析情况看，调解协议司法确认的驳回面临"教条主义"浓厚的问题。虽然，2015 年《民诉解释》第 360 条已经规定调解协议司法确认驳回的六种情形，但当法院认为应当驳回申请却没有明确条文依据时，法官就会想方设法地将案件适用 2015 年《民诉解释》第 360 条。最典型的情况便是，由于超越申请期限案件没有明确的驳回条款适用，法院就将其纳入 2015 年《民诉解释》第 360 条第 6 项"其他不能进行司法确认的情形"中。

考虑到样本中的较为"呆板"适用 2015 年《民诉解释》第 360 条的处理方式，本书认为，应当对 2015 年《民诉解释》第 360 条予以修正。2015 年《民诉解释》第 360 条只规定了调解协议内容方面予以驳回的理由，但是没有考虑到调解协议本身以及申请程序法方面的理由。因此，对 2015 年《民诉解释》第 360 条的完善应当从两个方面展开：一方面，增加对调解协议制作规范以及申请程序规范的审查内容。这其中就包括了案件申请期限、管辖、调解协议本身的形式要件符合法律规定等事项。另一方面，严格限制兜底条款的适用。从立法（包括制定司法解释）操作来说，列举式往往会出现挂一漏万的情况，而且随着社会、科技的发展，法律条文的滞后性也会大大加快，兜底条款有其存在的现实需求。但是对于"其他不能进行司法确认的情形"应当严格限制其适用条件，这需要对 2015 年《民诉解释》第 360 条内容进行扩充，为本条文增加规定，并对哪些内容可以纳入"其他不能进行司法确认的情形"以及哪些内容严格禁止纳入本情形进行进一步规范。

四、统一调解协议司法确认程序案由

司法确认程序为 2012 年《民事诉讼法》所规定的特别程序之一种，而

2011年《民事案件案由规定》已经规定了特别程序案由。

　　对于调解协议司法确认的案由应当进行统一。2012年《民事诉讼法》和2015年《民诉解释》都将调解协议司法确认程序分类到特别程序中。而在2011年《民事案件案由规定》中，"请求确认人民调解协议效力"却是放在了合同纠纷当中。虽然两种分类方式将该类案件分在了不同部分，但其分类的区别只是实体和程序上两种角度的不同，2012年《民事诉讼法》和2015年《民诉解释》按照适用程序的不同将其和诉讼程序区分开来，放在了特别程序一章；而2011年《民事案件案由规定》则是按照实体法的范围，认为人民调解协议应当属于一种合同，人民调解协议司法确认应当属于合同纠纷案由。但是仔细看来，2011年《民事案件案由规定》的分类不甚合理。人民调解协议具备合同要件、属于合同的一种，但对其进行司法确认的过程并非处理合同纠纷的过程。人民调解协议司法确认程序本身不涉及对合同内容的争议，当事人在申请人民调解协议司法确认的目的中也不包括对合同效力的认定，当事人申请人民调解司法确认程序其目的只是使人民调解协议获得强制执行力，在一方怠于履行调解协议所达成事项时，可以直接申请司法强制执行而不必重新通过诉讼途径获得救济。因此，本书认为，将人民调解协议司法确认放入合同纠纷案由项下是不合理的。在对调解协议司法确认案由进行统一时，应当按照2012年《民事诉讼法》和2015年《民诉解释》所设立的体系，将其统一纳入《民事案件案由规定》第十部分"特别程序"中，对于案由的表述也应由当前的"请求确认人民调解协议效力"案由相应地转化为"请求确认调解协议"案由。

五、多渠道促进司法确认案件处理回归理性

　　从样本所反映出的情况看，当前调解协议司法确认程序面临着两方面不合理制约：一方面，部分法院将内部考核标准范围延伸到非诉程序；另一方面，现行法院财政制度也削弱了法院处理调解协议司法确认案件的积极性。基于上述两个制约因素，本书认为调解协议司法确认程序应改变以收案量和结案量来衡量调解协议司法确认效果的现状。过多强调调解协议司法确认的实践效果会促使法院尽量多地去收案，当无案可收的时候，部分法院便会出现为数字而裁判的局面。

第五章 调解协议司法确认制度存在的问题及完善建议

第一节 调解协议司法确认的管辖问题

2012 年《民事诉讼法》第 194 条规定，调解协议司法确认案件由调解组织所在地基层人民法院管辖，该规定既明确了地域管辖，也明确了级别管辖。

一、调解协议司法确认的级别管辖问题

（一）委派调解协议司法确认管辖法院

2011 年《人民调解协议司法确认解释》第 2 条第 2 款规定："人民法院在立案前委派人民调解委员会调解并达成调解协议，当事人申请司法确认的，由委派的人民法院管辖。"对此，权威的解释是："委派的人民法院在初次接触案件的时候，已经对案情有了初步了解，由其对调解协议进行审查确认，有利于提高效率。例如，一个中级法院将自己有一审案件管辖权的案件在立案前委派给人民调解委员会进行调解，达成调解协议后，如果当事人申请司法确认，就应当由该中级法院进行审查。需要明确的是，不是任何案件人民法院都可以在立案前委派调解。根据《若干意见》第 14 条的规定，人民法院可以委派调解的案件是属于人民法院受理民事诉讼的范围和受诉人民法院管辖的案件。也就是说，对不属于中级法院管辖的案件，不能利用中级法院通过委派调解后再进行司法确认的方式规避级别管辖。"①

---

① 卫彦明、蒋惠岭、向国慧：《〈关于人民调解协议司法确认程序的若干规定〉的理解与适用》，载《人民司法·应用》2011 第 9 期，第 35、36 页。

我们从中至少得出以下两个结论：中级人民法院也存在委派调解协议司法确认问题；调解协议司法确认法院一般本来对该案件就享有管辖权。

2016 年《特邀调解规定》第 5 条规定："人民法院开展特邀调解工作应当建立特邀调解组织和特邀调解员名册。建立名册的法院应当为入册的特邀调解组织或者特邀调解员颁发证书，并对名册进行管理。上级法院建立的名册，下级法院可以使用。"[①] 第 19 条第 2 款规定："委派调解达成的调解协议，当事人可以依照民事诉讼法、人民调解法等法律申请司法确认。当事人申请司法确认的，由调解组织所在地或者委派调解的基层人民法院管辖。"依照 2016 年《特邀调解规定》第 5 条，设置特邀调解组织和特邀调解员名册的法院，并不仅仅局限于基层人民法院，至少还应包括中级人民法院，否则就不存在"上级法院建立的名册，下级法院可以使用"的问题。[②] 但是依照 2016 年《特邀调解规定》第 19 条第 2 款，又不存在中级人民法院管辖问题。

但是，若依据 2016 年《特邀调解规定》第 5 条与 2011 年《人民调解协

[①]　对此，最高人民法院的同志指出："高级、中级和基层人民法院均可以建立名册，对于高级、中级法院建立的名册，辖区内所有法院都可以选择使用。"最高人民法院司改办胡仕浩、柴靖静：《规范特邀调解制度　完善诉调对接机制——〈最高人民法院关于人民法院特邀调解的规定〉的理解与适用》，载《人民法院报》2016 年 6 月 30 日，第 6 版。

[②]　最高人民法院的解读为："就建立名册的法院层级而言，各级人民法院均可以建立特邀调解名册。上级法院建立的名册，下级法院可以使用。如北京市高级人民法院建立了全市统一的特邀调解组织和特邀调解员名册，北京各中级、区县法院均可以使用该名册。到北京市各级法院诉讼的当事人，可从上级法院的名册中选择特邀调解员对纠纷特邀调解，这样可以大幅度提高名册的使用效率，节约建立名册的成本。下级法院使用上级法院特邀调解名册时，需要将相关情况进行登记，并及时报上级法院备案。"最高人民法院还推介了福建省莆田市中级人民法院建立特邀调解组织名册和特邀调解员名册的经验。"莆田市中级人民法院在改革试点中建立两本名册。一是特邀组织名册。记载进入法院特邀范围的非诉调解组织及其调解员。这些特邀调解组织是法院解决纠纷的重要联系点，有具有调处纠纷职能且所涉纠纷多发的国土、住建、人社、交警大队等行政机关下设的调解组织，有妇联、侨联等团体下设的调解组织，有村居人民调解委员会，有保险、消费者等行业协会、商会内的社会调解组织。二是特邀调解员名册。记载不属于法院特邀调解组织的特邀调解员。这些特邀调解员或者是具有一定调解工作经验的退休法官，或者是律师，或者是基层人民法院的人民陪审员等。特邀调解员常驻法院上班，负责在诉前调解案件。莆田法院将两本名册内容录入设在诉讼服务中心或其他显著位置的电子触摸屏，方便当事人选择。两本名册，前者载明各特邀调解组织及内部调解员的名称、姓名、联系电话等基本要素。后者载明特邀调解员的姓名、职业、职务、职称、专长以及所在单位等。两本名册根据特邀组织和特邀调解员化解纠纷情况适时更新。"李少平主编：《最高人民法院多元化纠纷解决机制改革意见和特邀调解规定的理解与适用》，北京，人民法院出版社 2017 年版，第 386、387 页。

议司法确认解释》第 2 条第 2 款，既然委派调解的法院至少应包括中级人民法院，且委派调解协议的确认管辖法院为委派的人民法院，那么从逻辑上讲，委派调解协议的确认管辖法院可能为中级人民法院。但若如此，显然是与 2012 年《民事诉讼法》第 194 条、2016 年《特邀调解规定》第 19 条第 2 款的规定是不一致的。

（二）专门法院调解协议司法确认问题

对于该问题，已有学者从知识产权纠纷角度对调解协议司法确认案件的级别管辖提出质疑，认为，"根据《最高人民法院关于调整地方各级人民法院管辖第一审知识产权民事案件标准的通知》（法发〔2010〕5 号）的规定，除由最高人民法院指定具有一般知识产权民事案件管辖权的基层人民法院管辖的以外，均由中级及以上人民法院管辖。这是关于知识产权案件级别管辖的规定，该规定明确除了经批准的基层法院外，其他基层法院对知识产权案件是没有管辖权的（以笔者所在的沈阳市为例，在 15 个基层法院中，只有 1 家法院在 2013 年经批准具有诉讼标的额在 10 万元以下的第一审商标权及著作权案件的管辖权）。那么，对于中级法院委派调解的知识产权纠纷（主要是由中级法院委派的争议标的不大、法律关系简单的纠纷），在当事人达成调解协议后的司法确认案件，根据现行法律规定，应由调解组织所在地的基层人民法院管辖，但如果该基层法院并无知识产权案件的管辖权，从未审理过知识产权案件，该法院如何对调解协议进行审查？众所周知，知识产权是无形财产权，其特征及相关法律规定与普通民商事案件中的有形财产权均有较大区别，对该类案件的审理和审查所要求的专业性非常强。如果由对知识产权案件无管辖权的基层法院受理司法确认案件，势必会造成极大的不便。……类似的问题，在涉外、海事海商等类案件中同样存在。"因此建议应当规定，"人民法院在立案前委派人民调解委员会调解并达成调解协议，当事人申请司法确认的，由委派的人民法院管辖。最高人民法院可以批复的形式规定，中级人民法院委派调解并达成调解协议的案件，需要进行司法确认的，由委派的人民法院管辖"①。

还有学者主张，"司法确认案件的管辖法院应包括地方人民法院序列中

---

① 曹蕾、汤涛：《司法确认案件管辖权问题探讨——以中级人民法院委派调解的知识产权案件为例》，载《人民法院报》2016 年 3 月 2 日，第 8 版。

的基层人民法院和专门人民法院中的基层军事法院、铁路运输基层法院、海事法院、知识产权法院"。其主要理由之一是，专门法院管辖的案件中，"有不少适宜通过人民调解达成协议解决并存在申请司法确认的必要，如不允许专门人民法院管辖这些司法确认案件，则会出现司法供给难以有效匹配司法需求和浪费专门人民法院之专业优势的现象，制度性地诱发民事纠纷的成案率和拉长民事纠纷的处置周期；这些司法确认案件若交由地方人民法院序列中的基层人民法院管辖，则会发生故意借助司法确认规避专门管辖的情形"①。

（三）本书的观点

本书认为，法律规定调解协议司法确认均由基层人民法院管辖，没有考虑到专门法院，尤其是海事法院和知识产权法院，且有些调解协议解决纠纷的标的额较大，超出了基层人民法院管辖的范围。因此，从制度完善角度看，不宜硬性规定调解协议司法确认案件均由基层人民法院管辖，而应当根据调解协议所涉及的标的额和案件性质确定其级别管辖。

二、调解协议司法确认的地域管辖问题

（一）调解协议司法确认地域管辖规定的来源

2012 年《民事诉讼法》第 194 条规定，调解协议司法确认由调解组织所在地基层人民法院管辖，该规定来源于 2011 年《人民调解协议司法确认程序规定》。

2004 年《民事调解司法解释》第 3 条第一次明确了对调解协议（非诉委托调解协议）进行司法确认的程序，并没有明确规定司法确认的地域管辖，但从其规定来看，无疑是由委托法院管辖的。

根据 2009 年《诉讼与非诉讼衔接意见》第 20 条和第 21 条规定，可以得出以下结论：（1）调解协议司法确认程序地域管辖首先要遵循专属管辖。（2）调解协议司法确认程序地域管辖允许协议管辖。（3）调解协议司法确认程序地域管辖的管辖依据有：当事人住所地与调解协议履行地。至于是当事人共同住所地还是任何一方的住所地，没有明确规定。

---

① 刘加良：《解释论视野中的司法确认案件管辖》，载《政治与法律》2016 年第 6 期，第 147 页。

2010 年《人民调解法》第 33 条规定了人民调解协议的司法确认，没有规定地域管辖。权威解读是："当事人应当向有管辖权的人民法院申请确认。根据《民事诉讼法》和《最高人民法院关于建立健全诉讼与非诉讼相衔接的矛盾纠纷解决机制的若干意见》的规定，当事人可以向当事人住所地、调解协议履行地、调解协议达成地、标的物所在地的基层人民法院申请确认。"① 该解读不同于 2009 年《诉讼与非诉讼衔接意见》关于调解协议司法确认地域管辖的规定，该解读没有提及专属管辖和协议管辖，也没有明确"调解协议达成地、标的物所在地的基层人民法院"管辖的理由。

2011 年《人民调解协议司法确认程序规定》第 2 条第 1 款，即"当事人申请确认调解协议的，由主持调解的人民调解委员会所在地基层人民法院或者它派出的法庭管辖"。这样规定的理由是，"人民调解委员会主要调解民间纠纷，多为婚姻家庭、继承纠纷，相邻关系纠纷，以及简单的民事合同、侵权责任纠纷，而且人民调解委员会与纠纷当事人之间联系密切，与当事人通常就在同一个村或者同一个街道。因此，就人民调解协议的司法确认管辖而言，没有必要规定若干个选择项供当事人选择。直接规定由调解委员会所在地的基层人民法院或其派出法庭管辖人民调解协议司法确认案件，不仅方便当事人申请确认，也方便人民法院开展必要的审查工作"。"也有人担心，由于人民调解法没有规定人民调解委员会的地域管辖范围问题，有些当事人可能会利用法律的疏漏，达到损人利己的目的。如有的当事人可能会在远离房产所在地的地方进行调解，对房产权利问题达成协议，并就地申请司法确认，使法院在不全面了解案情的情况下，确认调解协议，达到损害其他人合法利益的目的。应当说，这种担心不无道理，但《若干规定》没有就涉及不动产的司法确认案件是否应当参考民事诉讼法专属管辖规定予以明确。从目前人民调解工作情况看，大多数的当事人还是选择与纠纷有密切联系的人民调解委员会对案件进行调解。如果当事人通过调解损害了他人利益，应当承担相应的法律责任。人民法院在办理涉及不动产的司法确认案件的时候，应当要求当事人提供不动产财产权利

---

① 全国人大常委会法制工作委员会民法室、中华人民共和国司法部法制司编著：《中华人民共和国人民调解法解读》，北京，中国法制出版社 2012 年版，第 133 页。

证明等证明材料，并应当要求当事人提出选择异地调解的合理理由。"①

也有学者主张，"司法确认案件的标的是非民事权益争议，故其不适用协议管辖"。"'存在民事权益争议'是民事纠纷的必要条件和基本特征。简言之，若一事项不存在民事权益争议，则必定不属于民事纠纷，进而必定不能被纳入明示协议管辖的适用范围。而司法确认案件的构成要素之一是纠纷的当事人双方已经在人民调解委员会的主持下达成了调解协议，彼此之间的民事权益争议已不复存在，讼争性的特征在司法确认申请提出前已经消失。所以，讨论司法确认案件是否适用明示协议管辖几乎没有价值。"②

（二）本书对调解协议司法确认程序地域管辖的看法

2011年《人民调解协议司法确认程序规定》规范的对象是人民调解协议司法确认，而2012年《民事诉讼法》调解协议司法程序适用的对象并不仅仅限于人民调解协议，将人民调解协议司法确认程序的地域管辖规定一般化适用于所有的调解协议司法确认，其合理性、逻辑性并不充分。其一，传统上人民调解的对象是一些传统的简单的民事纠纷，当事人住所地、人民调解委员会所在地、纠纷发生地往往是一致的，调解协议司法确认由调解组织所在地法院管辖并无不妥。但是，现在人民调解的对象已不仅仅是传统上的简单的民事案件，可能是复杂的商事纠纷，如前述的邯郸县民健担保有限公司与武安市伟鑫煤炭洗选有限公司等合同案，此种情形下当事人住所地、人民调解委员会所在地、纠纷发生地相一致的可能性较低。调解组织所在地法院与案件的联系可能非常偶然。其二，2012年《民事诉讼法》调解协议司法程序适用对象中的行业调解、商事调解与人民调解存在诸多不同。其三，人民调解协议司法确认地域管辖本身就存在不足，如专属管辖问题。

本书认为，首先，专属管辖也适用于调解协议司法确认案件。其次，既然申请司法确认的非诉调解协议具有民事合同性质，那么就应当按合同纠纷确定地域管辖。单一的调解组织所在地法院域管辖可能造成调解组织向所在地法院"寻租"。最后，关于协议管辖问题，有学者认为："从协议

---

① 卫彦明、蒋惠岭、向国慧：《〈关于人民调解协议司法确认程序的若干规定〉的理解与适用》，载《人民司法·应用》2011第9期，第35页。

② 刘加良：《解释论视野中的司法确认案件管辖》，载《政治与法律》2016年第6期，第148页。

管辖看，双方当事人在不违反专属管辖的前提下，可以协议由当事人住所地、调解协议履行地、调解协议签订地、标的物所在地的基层人民法院管辖。"[①] 本书认为，为充分体现当事人意思自治，应当允许协议管辖。

第二节　调解协议司法确认程序中的诉讼费用问题

一、调解协议司法确认程序诉讼费用相关规定

2011 年《人民调解协议司法确认司法解释》第 11 条规定："人民法院办理人民调解协议司法确认案件，不收取费用。"

2012 年《诉讼与非诉讼衔接试点方案》第 11 条规定："落实调解协议的司法确认制度。经人民调解委员会调解达成协议的，当事人根据《中华人民共和国人民调解法》第三十三条的规定共同向人民法院申请确认人民调解协议的，人民法院应当依法受理。经行政机关、商事调解组织、行业调解组织或者其他具有调解职能的组织调解达成的协议，当事人申请确认其效力，参照《最高人民法院关于人民调解协议司法确认程序的若干规定》办理。"

《诉讼费用交纳办法》（2006 年 12 月 8 日国务院第 159 次常务会议通过，2006 年 12 月 19 日公布，自 2007 年 4 月 1 日起施行）第 8 条规定，依照民事诉讼法规定的特别程序审理的案件，不交纳案件受理费。

二、调解协议司法确认程序诉讼费用存在的问题

诉讼费用包括案件受理费、申请费和其他诉讼费用。其他诉讼费用是指在诉讼过程中实际支出的，应当由当事人负担的费用。其他诉讼费用的征收标准按实际支出计收。2011 年《人民调解协议司法确认司法解释》第 11 条中"费用"所包括的内容，尚不明确。

实践中也有地方法院指导意见对此作出规定，如 2013 年 6 月 6 日发布

[①] 　江伟主编：《民事诉讼法》，北京，高等教育出版社 2016 年版，第 357 页。

的《黑龙江省高级人民法院关于调解协议司法确认程序若干问题解答》第19条规定："司法确认案件暂不收取诉讼费用。"[①]

　　2006年《诉讼费用交纳办法》规定，按特别程序审理的案件，不交纳案件受理费。确认调解协议案件，属于按照特别程序审理的案件。照这样的逻辑，确认调解协议案件，属于不缴纳案件受理费的案件。不过，2006年《诉讼费用交纳办法》通过时，在法律上还没有确认调解协议案件。再者，按特别程序审理的案件不交纳案件受理费并非绝对不变，与调解协议司法确认案件同时被规定在2012年《民事诉讼法》特别程序章中的担保物权实现案件，就不属于不缴纳案件受理费的范畴。2015年《民诉解释》第204条第1款规定："实现担保物权案件，人民法院裁定拍卖、变卖担保财产的，申请费由债务人、担保人负担；人民法院裁定驳回申请的，申请费由申请人负担。"第2款规定："申请人另行起诉的，其已经交纳的申请费可以从案件受理费中扣除。"[②] 该规定尽管是针对实现担保物权案件申请费的

　　[①]　《黑龙江省高级人民法院关于调解协议司法确认程序若干问题解答》，见 http://www.hljcourt.gov.cn/public/detail.php? id=2368，访问时间：2018-10-15。

　　[②]　司法解释起草者对这一规定的解释是，"实现担保物权案件是2012年民事诉讼法新增加的内容，《诉讼费用交纳办法》对如何收费并未有明确规定。对此有两种不同的意见。一种意见认为，《诉讼费用交纳办法》第八条明确规定，依据民事诉讼法规定的特别程序审理的案件，不交纳案件受理费。鉴于实现担保物权案件规定在特别程序中，因此，按诉讼标的额收取案件受理费没有依据。《诉讼费用交纳办法》第十条、第十四条对交纳申请费的案件范围和交费标准分别采取列举的方式进行了界定，均未设有兜底条款。且上述办法出台时，民事诉讼法已有关于特别程序的规定，因此，实现担保物权案件按件收取申请费、收费多少均无相关依据。另一种意见认为，在对实现担保物权案件进行审查时，人民法院不仅要审核申请人提供的相应材料，如担保物权是否成立的证明文件（包括主合同、担保合同、抵押权登记证明或者他项权利证书等）、担保的债务是否已经届满、担保物的现状等事实，必要时还要依职权调查相关事实并询问相关当事人。与诉讼程序相比，司法成本并未因其是特别程序案件而减少。而担保物权利人为了缩短案件审理时间，为了不支出或少支出诉讼费，大多会将原来符合担保物权实现条件准备起诉的案件，改为申请特别程序审理，可能使债务人、抵押人合法地逃避承担诉讼费用的民事制裁，与立法的原意并不完全相吻合，同时造成了国家财产流失。因此，实现担保物权案件不收费或按件收取极少的诉讼费，是不符合民事诉讼的基本原则的。我们认为，实现担保物权案件程序的规定为了更好地保护担保物权人的合法权益，便利担保物权的实现，节约诉讼资源，但并不意味不诚信的人可以不受诉讼费用制度的制约，实现担保物权的案件虽然在民事诉讼法第十五章特别程序中，但一般标的额较大，完全不收费不符合司法资源合理使用的实际，因此，建议以申请实现抵押物权标的额为依据，按照诉讼费用缴纳标准的二分之一收取。对具体的收费标准还应当修订《诉讼费用交纳办法》，增加实现担保物权案件收费的内容。"最高人民法院修改后民事诉讼法贯彻实施工作领导小组编著：《最高人民法院民事诉讼法司法解释理解与适用》（上），北京，人民法院出版社2015年版，第549页。

预交和负担，但无疑同时也明确了申请实现担保物权案件应当缴纳申请费。

本书认为，从国家法律、行政法规层面讲，没有规定调解协议司法确认是否收费问题。2011年《人民调解协议司法确认司法解释》第11条规定人民调解协议司法确认案件不收取费用（以及2015年《民诉解释》第204条规定担保物权实现案件应当收取申请费）本身的合理性就值得研究。

三、完善调解协议司法确认程序的诉讼费用

有学者将调解协议司法确认程序的无偿性列为司法确认程序的优势之一，认为与赋强公证程序、督促程序相比，实行免费模式的司法确认程序对意图使非诉调解协议获得强制执行力的主体无疑会具有更大的吸引力。[①]

本书认为，调解协议司法确认案件是否应当收取诉讼费用问题，是一个立法价值取向问题。从国家鼓励民事纠纷当事人利用非诉调解机制以及国家鼓励非诉调解组织发展角度看，可以得出调解协议司法确认案件免缴诉讼费用的结论。但是，为了纠纷当事人自己的"私事"，调解协议司法确认程序中支出的成本由国家承担是否合理，同样是值得研究的。

第三节　调解协议司法确认申请审查制度的完善

一、调解协议司法确认申请审查形式的讨论与探索

关于调解协议司法确认申请审查的形式，在理论上，一种观点认为，法院对调解协议确认案件，"应采取一审终审制的形式审查方式进行，依简易程序由审判员一人独任审理。人民调解委员会、社区矛盾调解中心及负责调解的行政机关应将案件的案卷材料和有关证据移送法院。法院以书面审理为原则，如果审判员认为有必要时，可以通知当事人或证人到庭进行

[①]　刘加良：《司法确认程序的显著优势与未来前景》，载《东方法学》2018年第5期，第30、31页。

询问，以核清事实"[1]。另一种观点认为，"司法确认程序中的法院审查应侧重于形式方面（如主体是否适格、管辖是否正当、材料是否齐备等）；同时，将实体审查的内容降至最低程度，无需对案件的实体争议以及合意的形成过程和内容（即当事人是否自愿、意思表示是否真实等）予以关注，仅需着力于对可执行性的判断和认定，即调解协议中的给付内容是否明确并可能以及是否明显违背了法律、法规的禁止性规定和公序良俗"[2]。

在实务上，如前所述，2011 年《人民调解协议司法确认解释》第 6 条确立了书面审查与庭审相结合的审查原则。

二、调解协议司法确认申请审查形式的规定

2012 年《民事诉讼法》第 195 条没有规定对调解协议司法确认申请的审查形式，立法机关的解读为："审查调解协议是否符合法律规定，主要考虑以下情形：一是通过调解方式解决纠纷是否当事人自愿；二是调解协议的内容是否违反法律、法规的强制性规定或者社会公共利益；三是达成调解协议是否出于当事人自愿，是否有重大误解或者显失公平等严重违背其真实意思表示的情形。只有结论是肯定的，才应确认该调解协议有效。否则就要驳回申请。"[3] 从立法机关的解读来看，对调解协议司法确认申请的审查形式，应为实体审查。

2015 年《民诉解释》第 358 条规定："人民法院审查相关情况时，应当通知双方当事人共同到场对案件进行核实。人民法院经审查，认为当事人的陈述或者提供的证明材料不充分、不完备或者有疑义的，可以要求当事人限期补充陈述或者补充证明材料。必要时，人民法院可以向调解组织核实有关情况。"该条是关于调解协议司法确认案件审查形式的规定，司法解释起草者对该规定的解读为，该"司法解释明确规定，法院对调解协议的审查采取的是形式审查和有限的实体审查相结合的方式，也就是书面审查

---

[1]　杨雅妮：《诉外调解协议的"司法确认"程序探析——以"和谐社会"构建为背景的分析》，载《青海社会科学》2010 年第 6 期，第 218 页。

[2]　刘显鹏：《合意为本：人民调解协议司法确认之应然基调》，载《法学评论》2013 年第 3 期，第 133 页。

[3]　全国人民代表大会常务委员会法制工作委员会编：《中华人民共和国民事诉讼法释义：最新修正版》，北京，法律出版社 2012 年版，第 459、460 页。

和到庭审查相结合的方式"①。2015 年《民诉解释》第 358 条吸纳了 2011 年
《人民调解协议司法确认解释》第 6 条的相关内容。与 2011 年《人民调解协
议司法确认解释》第 6 条相比，2015 年《民诉解释》第 358 条作了精简：
第一，2015 年《民诉解释》第 358 条未规定人民法院"应当指定一名审判
人员对调解协议进行审查"。第二，2015 年《民诉解释》第 358 条删除了
2011 年《人民调解协议司法确认解释》第 6 条中的"当事人应当向人民法
院如实陈述申请确认的调解协议的有关情况，保证提交的证明材料真实、
合法"的规定。当事人如实向法庭陈述事实是其当然义务，2015 年《民诉
解释》第 358 条删除该规定，并不意味着当事人无须承担如实向法庭陈述事
实的义务。第三，2015 年《民诉解释》有专门的关于当事人撤回司法确认
申请的规定，为便于查阅、理解、适用，2015 年《民诉解释》将关于"当
事人无正当理由未按时补充或者拒不接受询问的，可以按撤回司法确认申
请处理"的规定与当事人撤回申请的规定共同作为单独一条，即 2015 年
《民诉解释》第 359 条。②

　　2015 年《民诉解释》第 358 条之所以这样规定，"主要是因为，如果仅
仅对调解协议进行程序性审查，即仅审查是否超过申请期限、申请确认的
事项是否属于法院的管辖范围、当事人是否具有相应行为能力等事项，不
足以排除一些违法或者违背社会公序良俗的调解协议，也不利于调解工作
健康发展。人民法院如果因为审查不严而确认了违法的调解协议，不仅会
损害人民法院的司法权威，还会损害国家、集体或社会公共利益以及当事
人、利害关系人的合法权益，同时也不利于彻底化解矛盾纠纷和维护社会
和谐。当然，如果每个司法确认案件都投入大量的司法资源进行实体审查，
也不利于提高司法确认案件的效率，不符合设立司法确认程序便捷高效解
决纠纷的目的。因此，法院应当针对具体情况采取灵活的处理方式。对于
案情相对简单的确认案件，法院可以在书面审查后直接作出裁定；对于案
情复杂或者涉案标的较大的案件，应当采取实质审查方式进行审查，必要

---

① 最高人民法院修改后民事诉讼法贯彻实施工作领导小组编著：《最高人民法院民事诉讼司
法解释理解与适用》（下），北京，人民法院出版社 2015 年版，第 936 页。

② 杜万华主编：《最高人民法院民事诉讼法司法解释实务指南》，中国法制出版社 2015 年版，
第 602 页。

时通知双方当事人到庭进行询问，并辅以必要的证据调查"。根据 2015 年
《民诉解释》第 358 条，"人民法院受理司法确认申请后，应当指定审判人员
对调解协议进行审查。如果审判人员认为通过书面审查尚不能审查清楚，
可以通知双方当事人同时到场。本司法解释中所说的审查'相关情况'，一
般属于与双方当事人都有利害关系的情况和事实，尤其是涉及当事人做出
一些利益上的让步或妥协的情况，需要进行重点核实。针对这些情况，法
院有必要通知双方当事人到场核实，当事人是否理解所达成协议的内容、
是否接受因此而产生的后果、是否愿意由人民法院通过司法确认程序赋予
该协议强制执行的效力"。"当事人在接受人民法院询问时，应当如实陈述
申请确认的调解协议的有关情况，保证提交的证明材料真实、合法。人民
法院在审查中，应当明确告知当事人恶意串通申请确认可能要承担的法律
后果，并可以在认为当事人的陈述或者提供的证明材料不充分、不完备或
者有疑义时，要求当事人限期补充陈述或者补充证明材料。当事人无正当
理由未按时补充或者拒不接受询问的，表明当事人没有申请司法确认的真
实意愿，人民法院可以按撤回司法确认申请处理。""必要时，人民法院可
依职权主动向调解组织相关人员了解和核实相关情况。人民法院在核实过
程中，可以调取调解组织留存的相关材料，或向调解人员调查了解调解时
的具体情况，但不得对当事人之间的纠纷再行主持调解。"①

三、关于调解协议司法确认申请审查方式的看法

（一）调解协议司法确认申请审查方式与司法确认程序的性质

在调解协议司法确认申请审查方式问题上，涉及对司法确认程序性质
的认识。如有观点认为："司法实践中，囿于民事诉讼法对调解协议确认案
件的非诉定位，人民法院在对调解协议审查方式问题上经常纠缠于形式审
查和实质审查之间。从我国目前司法实践和司法解释来看，法院对调解协
议的审查采取的是形式审查和有限的实体审查相结合的方式，也就是书面

---

① 最高人民法院修改后民事诉讼法贯彻实施工作领导小组编著：《最高人民法院民事诉讼法司
法解释理解与适用》（下），北京，人民法院出版社 2015 年版，第 936、937 页。

审查和庭审审查结合的审查原则，更符合这一特别程序的性质。"① 类似的观点认为："司法确认案件属于非讼案件，人民法院主要对调解协议的真实有效性进行审查，只要双方当事人认可协议真实性，调解组织对调解的事实无异议，协议内容不违反禁止性法律规定，……这样既可以保障诉讼效率，符合司法确认案件作为非讼案件的特点，也有利于人民法院根据个案需要进行较为细致的审查。"② 上述观点将司法确认程序的性质作为确定调解协议司法确认申请审查方式的理论依据。

何谓非讼程序，在大陆法系国家和地区有不同的理解，主要立法例有《德国非讼事件法》、《日本非讼事件程序法》③ 和我国台湾地区的"非讼事件法"。④ 非讼程序也非我国现行法上的术语，司法解释将包括调解协议司法确认程序的特别程序作为非讼程序。⑤ 不过，也有学者指出，"适用特别程序审理的案件未必都是民事非讼案件，民事非讼案件未必都适用特别程序审理"⑥。还有学者认为，不宜基于传统的诉讼程序与非讼程序"二元分离适用说"来认识司法确认程序的性质，而应以"交错适用说"为基础来判断司法确认程序的性质。司法确认由于具有非讼争性、解决纠纷的目的性以及程序保障的适中性，应该属于诉讼法理与非讼法理交错适用的民事案件，将其纳入诉讼程序或非讼程序均可，关键看立法政策如何取舍。⑦

本书认为，调解协议司法确认申请审查方式问题与司法确认是否属于

---

① 江必新主编：《最高人民法院民事诉讼法司法解释专题讲座》，北京，中国法制出版社 2015 年版，第 316 页。

② 杜万华主编：《最高人民法院民事诉讼法司法解释实务指南》，北京，中国法制出版社 2015 年版，第 603 页。

③ 郝振江：《非讼程序研究》，北京，法律出版社 2017 年版，第 4、41、56 页。

④ 齐树洁主编：《台湾地区民事诉讼制度》，厦门，厦门大学出版社 2016 年版，第 346 页。

⑤ 2015 年《民诉解释》第 297 条规定："对下列情形提起第三人撤销之诉的，人民法院不予受理：（一）适用特别程序、督促程序、公示催告程序、破产程序等非讼程序处理的案件；（二）婚姻无效、撤销或者解除婚姻关系等判决、裁定、调解书中涉及身份关系的内容；（三）民事诉讼法第五十四条规定的未参加登记的权利人对代表人诉讼案件的生效裁判；（四）民事诉讼法第五十五条规定的损害社会公共利益行为的受害人对公益诉讼案件的生效裁判。"第 380 条规定："适用特别程序、督促程序、公示催告程序、破产程序等非讼程序审理的案件，当事人不得申请再审。"

⑥ 刘加良：《司法确认程序的显著优势与未来前景》，载《东方法学》2018 年第 5 期，第 34 页。

⑦ 白彦、杨兵：《论司法确认程序的性质》，载《北京大学学报（哲学社会科学版）》2015 年第 2 期，第 138、139 页。

非讼程序问题之间没有太多的因果关系。即使是在非讼程序中,也存在职权探知问题,法官有权并有责任就构成裁判基础的事实与证据进行收集。[①]

(二)应当明确法院对司法确认申请进行实质审查的内容

2015年《民诉解释》关于人民法院对司法确认申请哪些实质内容进行审查的规定并不明确,2015年《民诉解释》第360条规定的情形属于实质审查的内容,但实质审查的内容是否仅限于这些情形并不明确。

司法解释起草者认为:"实质审查内容重点围绕调解协议的自愿性和合法性展开。具体包括:(1)当事人是否具有民事行为能力。代理人参加调解的,代理人是否有代理权。(2)协议内容是否违反法律强制性规定。(3)协议内容是否损害国家利益、社会公共利益、他人合法权益。(4)协议内容是否违背公序良俗。(5)调解协议是否违反自愿原则。因违背自愿原则而不予确认的情形主要包括:当事人在违背真实意思的情况下签订调解协议、调解协议显失公正、调解组织、调解员与案件有利害关系的情况等。(6)调解协议的内容是否明确。确认调解协议的目的之一是使调解协议获得现实的强制执行力,强制执行的前提是执行的内容明确具体,如果执行内容不明确不清楚,那么确认调解协议也就失去了意义。(7)是否存在其他不能进行司法确认的情形。如调解协议内容是否属于当事人处分权的范围;调解组织、调解员是否与案件有利害关系,是否存在强迫调解或者其他严重违反职业道德准则的行为等。"[②] 还有学者具体论证了法院对诉讼外调解协议自愿性进行审查的理由,认为诉讼外调解人员素质偏低,不能确保达成的调解协议符合当事人自愿。[③]

也有学者认为,"司法确认程序中的法院审查应侧重于形式方面(如主体是否适格、管辖是否正当、材料是否齐备等);同时,将实体审查的内容降至最低程度,无需对案件的实体争议以及合意的形成过程和内容(即当事人是否自愿、意思表示是否真实等)予以关注,仅需着力于对可执行性

[①] 郝振江:《非讼程序研究》,北京,法律出版社2017年版,第106~109页。

[②] 最高人民法院修改后民事诉讼法贯彻实施工作领导小组编著:《最高人民法院民事诉讼法司法解释理解与适用》(下),北京,人民法院出版社2015年版,第937、938页。

[③] 黄忠顺:《诉讼外调解协议自愿性的司法审查标准》,载《东方法学》2017年第3期,第121页。

的判断和认定，即调解协议中的给付内容是否明确并可能以及是否明显违背了法律、法规的禁止性规定和公序良俗"①。

本书赞同后一种观点，法院对司法确认的调解协议的实质审查内容不宜过宽，否则有违私法自治原则和处分原则。至于是否需要对诉讼外调解协议的自愿性进行审查，也值得研究。即便诉讼外调解过程中存在有违自愿原则的情形，但司法确认程序的启动是双方当事人申请，体现了自愿原则。在司法确认程序启动后法院再主动审查诉讼外调解协议的自愿性，似有过分干预当事人处分权之嫌。

第四节　调解协议司法确认程序的救济问题

一、调解协议司法确认程序救济规定的理解与评析

(一) 2015 年《民诉解释》第 374 条的理解与评析

2015 年《民诉解释》第 374 条第 1 款规定："适用特别程序作出的判决、裁定，当事人、利害关系人认为有错误的，可以向作出该判决、裁定的人民法院提出异议。人民法院经审查，异议成立或者部分成立的，作出新的判决、裁定撤销或者改变原判决、裁定；异议不成立的，裁定驳回。"第 2 款规定："对人民法院作出的确认调解协议、准许实现担保物权的裁定，当事人有异议的，应当自收到裁定之日起十五日内提出；利害关系人有异议的，自知道或者应当知道其民事权益受到侵害之日起六个月内提出。"

对于这一规定，司法解释起草者的解释是，因为确认调解协议的裁定一经作出即对双方当事人具有拘束力。而且，该裁定还有履行期限的问题，如果一方逾期不履行，另一方可以向人民法院寻求公权力的保障。所以，为了保障社会的安定和各方当事人利益，对该种裁定提出异议的时间为当

---

① 刘显鹏：《合意为本：人民调解协议司法确认之应然基调》，载《法学评论》2013 年第 3 期，第 133 页。

事人自收到裁定之日起 15 日内提出。① 令人有疑问的是，既然调解协议确认申请是双方当事人共同提出来的，法院按照双方当事人的意思作出调解协议有效的裁定，当事人何来异议？是否应当区分当事人的无特定理由的纯粹反悔与一方在达成协议过程中确实存在受欺诈、胁迫、重大误解等特定理由的情形？此外，确认调解协议有效的裁定可能涉及第三人的利益，而法律并没有明确规定对确认调解协议有效裁定中第三人的救济。

（二）2015 年《民诉解释》第 380 条的理解与评析

2015 年《民诉解释》第 380 条规定："适用特别程序、督促程序、公示催告程序、破产程序等非讼程序审理的案件，当事人不得申请再审。"

对于该规定，司法解释起草者的解读是，"特别程序、督促程序、公示催告程序、破产程序的性质均为非讼程序，程序功能并非解决民事权益争议，与再审系民事争讼程序的性质存在根本差异。非讼程序的判决、裁定作为申请再审的对象，既无必要，也与其价值功能相悖，故本条明确对于上述四类案件，当事人不得申请再审"。再者，2015 年《民诉解释》第 374 条对于特别程序裁判有错误的救济程序也作了专门规定。②

依照 2017 年《民事诉讼法》第 209 条的规定，法院纠错在先、检察监督断后，即申请检察监督以申请法院再审审查为前置。调解协议司法确认程序作为特别程序之一，适用调解协议司法确认程序的案件依据 2015 年《民诉解释》第 380 条，当事人不得申请再审，自然也不存在检察院抗诉再审问题。对此，2015 年《民诉解释》第 414 条也规定："人民检察院对已经发生法律效力的判决以及不予受理、驳回起诉的裁定依法提出抗诉的，人民法院应予受理，但适用特别程序、督促程序、公示催告程序、破产程序以及解除婚姻关系的判决、裁定等不适用审判监督程序的判决、裁定除外。"

值得讨论的是，人民法院是否可依职权对调解协议司法确认程序裁定决定再审？2015 年《民诉解释》第 380 条规定仅排除了当事人申请再审，从字面含义看并没有排除法院依职权决定再审。

---

① 最高人民法院修改后民事诉讼法贯彻实施工作领导小组编著：《最高人民法院民事诉讼法司法解释理解与适用》（下），北京，人民法院出版社 2015 年版，第 989 页。

② 最高人民法院修改后民事诉讼法贯彻实施工作领导小组编著：《最高人民法院民事诉讼法司法解释理解与适用》（下），北京，人民法院出版社 2015 年版，第 1007、1008 页。

二、调解协议司法确认程序中不予受理裁定和驳回申请裁定的救济问题

（一）不予受理裁定和驳回起诉裁定的规定

调解协议司法确认程序中的裁判文书有 3 种裁定：不予受理裁定（2015 年《民诉解释》第 357 条）、驳回申请裁定（2017 年《民事诉讼法》第 195 条）和调解协议有效裁定（2017 年《民事诉讼法》第 195 条）。

根据 2017 年《民事诉讼法》第 195 条规定，对于驳回申请裁定，当事人有变更原调解协议、达成新的调解协议、向法院提起诉讼三种救济途径。

法院在司法确认程序中作出的不予受理裁定或驳回申请裁定，均意味着当事人之间所达成的调解协议与向法院申请司法确认之前相比，内容上没有任何改变，法律效力也并没有更强化。可以说调解协议司法确认程序中法院的这两种行为本身并不对当事人以外人的合法权益造成影响，因而对这两种裁定并不存在当事人之外的其他人的救济问题。

（二）当事人对不予受理裁定和驳回申请裁定可否上诉

2017 年《民事诉讼法》第 154 条规定，当事人对不予受理裁定、驳回起诉裁定可以上诉。据此似乎可以理解为，对于调解协议司法确认程序中不予受理裁定和驳回申请裁定（当然，驳回起诉裁定与驳回申请裁定是有区别的），当事人不服的也可以上诉。但 2015 年《民诉解释》第 374 条又规定当事人对调解协议司法确认程序中的裁定可以向作出裁定的人民法院提出异议。若如此，既然当事人依法可以提起上诉，是否还有必要向原法院提出异议？法律规定调解协议司法确认程序当事人就不予受理裁定和驳回申请裁定可向原法院提出异议，体现了法律所赋予的一种选择自由。从调解协议的达成，到司法确认程序的启动，不难看出法律力图最大限度地保障当事人在纠纷解决过程中的最大自由，因此排除了法院在这一过程中的主动干预。[①] 规定于 2017 年《民事诉讼法》第 154 条之中的上诉并不是此类案件当事人的救济途径。根据《民事诉讼法》的规定，调解协议司法确认属于特别程序，适用一审终审。即 2017 年《民事诉讼法》第 154 条中所规定的可通过上诉救济的不予受理裁定和驳回起诉裁定并不包含调解协议

---

① 刘加良：《论人民调解制度的实效化》，载《法商研究》2013 年第 4 期，第 65 页。

司法确认程序中的不予受理裁定或者驳回申请裁定。司法确认程序作为特别程序之一，其审级规定于 2017 年《民事诉讼法》第 178 条，依据该条规定，司法确认程序实行一审终审。

（三）当事人对不予受理裁定和驳回申请裁定可否申请再审

根据 2015 年《民诉解释》第 380 条规定，对于调解协议司法确认程序中的裁定当事人不得申请再审；而 2015 年《民诉解释》第 381 条规定："当事人认为发生法律效力的不予受理、驳回起诉的裁定错误的，可以申请再审。"两个条文的规定属于特殊规定与普通规定的关系，第 380 条专门对调解协议司法确认程序中的裁定作了特殊规定，紧跟其后的第 381 条适用的范围排除了第 380 条规定的情形（包括调解协议司法确认程序）外的其他一般案件，故调解协议司法确认程序的裁定优先适用 2015 年《民诉解释》第 380 条的特殊规定，当事人不能申请再审。

调解协议司法确认程序的救济途径也不需要考虑设置再审这一途径。一方面，从当事人要实现的实际效果看，法院驳回申请或不予受理的裁定效果不同于直接对调解协议作出的无效或者部分无效的裁定，对调解协议本身并不产生影响。因此，裁定作出之后当事人如果愿意，仍然可以按约定继续履行调解协议。当事人双方申请司法确认意味着双方要么需要规避潜在的风险，要么认同这种规避风险的需求，若如此，即使没有司法确认所赋予的强制执行力，当事人也有足够的便捷途径来保证调解协议的实际效果，在有条件及时履行的情况下可以及时履行，因客观原因无法及时履行的情况下，可以通过约定履行时间、违约责任的形式来确保调解协议的有效履行。另一方面，法律明确规定了当事人在法院作出驳回申请裁定后可以变更调解协议、达成新的调解协议、向法院起诉，也保证了当事人在驳回申请裁定作出后的救济。

三、调解协议司法确认程序中确认调解协议有效裁定的救济问题

诉讼外调解协议经人民法院裁定有效，即具有强制执行的效力，该执行效力不仅影响到当事人的利益，而且在一定程度上还会影响到案外人的利益。因而，对调解协议有效裁定的救济，包括对当事人的救济和案外人的救济。

（一）确认调解协议有效裁定的既判力问题

该问题是确立当事人和案外人救济的前提条件。关于明确调解协议司法确认裁定是否具有既判力的问题，有观点指出："调解协议经法院司法审查并以裁定书的形式赋予了强制执行力，接下来的问题是确定裁定的内容是否具有既判力的问题。如果司法确认裁定的既判力不明确，司法确认之后，当事人就同一事件又起诉，法院该不该受理？确认裁定书所确认的内容，在以后的诉讼中是否应该无须审理而一律认可？确认裁定书对于将来其他的诉讼会有何种影响？司法确认之后，双方当事人之间争议是否完全了结？司法确认驳回当事人申请后，当事人如何救济？对于这些问题的不同理解，将直接影响当事人在是否利用司法确认程序这一问题上的判断，并导致法院和当事人在具体程序运行中的不同选择。因此，既判力的有无在极大程度上影响司法确认制度的运行价值，有必要对此作出明确回应。"[1]关于确认调解协议有效裁定既判力问题，有以下两种观点。

第一种观点认为，确认调解协议有效裁定具有部分既判力。一种表述为："非诉调解协议的合法性一经人民法院确认，就产生了司法意义上的止争效力，任何一方当事人都不得对该调解协议已解决的民事纠纷另行向人民法院起诉。止争效力其实就是既判力的消极效力，亦即'一事不再理'的效力。对司法确认能否产生'一事不再理'的消极既判力，虽然学界存在着不同的认识，但基于司法确认的立法意图和性质，以及基于解决民事纠纷的宏观性成本与效益的理性考量，人民法院对非讼调解协议的司法确认应当具有司法意义上的止争效力。"[2]另一种表述为："关于既判力问题，按照民事诉讼理论分析，作为前诉约束后诉的法律效果，可以分为'一事不再理'的'消极效力'和先决事项约束此后其他诉讼中法官判断的'积极效力'这两个方面。……结合司法确认制度自身的结构和特点，赋予确认裁定书以既判力及赋予何种程度的既判力，应该着重考量以下因素：（1）是否符合司法确认制度设立的根本目的。这是一个先决性和基础性的要素，是判断和检验赋予确认裁定书既判力妥当与否的首要标准。（2）是

---

① 最高人民法院民事诉讼法修改研究小组编著：《〈中华人民共和国民事诉讼法〉修改条文理解与适用》，北京，人民法院出版社 2012 年版，第 404、405 页。

② 蔡虹：《民事诉讼学》，北京，北京大学出版社 2016 年版，第 427 页。

否符合司法确认制度中的程序保障制度,包括:是否为发现和查明事实规定了严格的程序,是否为当事人充分展开证据对质提供了程序保障,是否在程序中严格遵循法律规定。(3)司法确认制度中是否具备当事人自我责任的基础。(4)调解协议对司法确认最终效果的影响程度。根据上述因素的考量,司法确认裁定应当具有一定的消极意义上的既判力,即法院对调解协议内容确认后,当事人不得就相关内容再行起诉,法院也不得受理相关内容的起诉,这主要基于以下两点理由:一是司法确认制度本身化解纠纷的'制度性效力'。司法确认制度设立的主要目的,是方便民众简便、快捷、经济和彻底地解决纠纷,同时促进调解的发展,使其在纠纷解决方面发挥更大的作用。如果作为司法确认程序最终成果的确认裁定书不具有消极意义上的既判力,那么就意味着当事人在确认程序结束后,依然可以就同一纠纷再行起诉。换句话说,就是调解协议经过确认程序之后,除了增加强制执行力外,依然与普通民事合同无异;当事人之间的纠纷并未得到彻底解决,依然处于一种待定状态,随时可能陷入纷争再起的境地。对当事人而言,造成时间和精力上无谓的消耗,最后导致当事人失去利用司法确认程序的兴趣和热情;于法院而言,也是一种极大的司法资源的浪费。这显然与司法确认制度的目的背道而驰。二是司法确认中当事人程序保障的自我责任。尽管司法确认程序并不具有普通民事审判程序一样的程序保障,但依然存在产生当事人自我责任的基础,即双方当事人的合意。既然当事人自愿达成调解协议,并共同自愿地选择将调解协议交由法院确认,那么就应该承认法院作出的确认裁定书,并自觉接受其对自己的约束。这是民事领域处分原则的应有之意,也是诚实信用原则的必然要求。因此,赋予确定裁定书以消极意义上的既判力,是一种必然选择。""确认裁定书不具有积极意义上的既判力,主要理由有以下三点:一是司法确认的程序保障程度较弱。司法确认程序以双方当事人合意提起,审查程序较为简便快捷,主要以书面审查为主,不以当事人到场和对质为原则,当事人之间也很少进行辩论。这种弱化对抗、强调合作、简便快捷的特点,无法确保司法确认的内容完全是纠纷本来的面目。二是司法确认并不要求调解协议恪守法律规定,只要求协议内容不违法就行,一些具有地域性特色的乡规民约或风俗习惯等,只要不违法都可以作为调解规范,但在这种规范下被确认的调解协议，显然不适合对将来所有的纠纷产生普遍约束力。三是司法确认的绝大部分调解协议，都是当事人双方相互让步的结果，而当事人为了让步一般不会去追究案件事实的本来面目，因此司法确认调解协议所依据的事实，很可能并非纠纷的真实情况，那么，在此基础产生的确认裁定，自然不适合对后诉的审判产生预决效力。如果赋予确认裁定书积极意义上的既判力，不利于司法确认制度目的的实现。一方面，法院进行司法审查时，为了尽量避免确认错误对将来的诉讼造成不利的影响，会选择加大实质审查力度，甚至可能产生确认程序'诉讼化'趋势，导致确认程序原有的优势荡然无存。另一方面，当事人在调解时，会慎重考虑其在本案纠纷中是否'让步'，会担心他的'让步'经过司法确认后，对于其将来与本案纠纷相关的诉讼造成不利影响，从而放弃达成调解协议或者放弃申请司法确认。综上所述，不宜赋予确认裁定书积极意义上的既判力。"①

第二种观点认为，调解协议司法确认程序中的裁定具有既判力，即确认调解协议有效裁定具有完全既判力。②

本书赞同第一种观点。

（二）当事人的救济

调解协议的达成、调解协议司法确认程序的启动都要求是双方当事人的共同意愿，从情理上看确认调解协议有效裁定符合了双方当事人的预期以及利益。为什么当事人在法院作出确认调解协议有效裁定的情形下还需要救济？鉴于调解协议的民事合同属性，可以参考借鉴合同的效力问题来理解。③当事人之间达成调解协议以及申请调解协议司法确认程序过程中所表示出来的这种"合意"实质上不属于真实意思表示时，当事人的救济需求就有了存在的基础。在现行法律规定之下，提出异议是当事人享有的一种救济途径。根据 2015 年《民诉解释》第 374 条规定，当事

---

① 最高人民法院民事诉讼法修改研究小组编著：《〈中华人民共和国民事诉讼法〉修改条文理解与适用》，北京，人民法院出版社 2012 年版，第 405～407 页。

② 刘辉、姜昕：《诉调对接中的司法确认制度解析》，载《河南教育学院学报（哲学社会科学版）》2010 年第 6 期，第 112 页；胡军辉、赵毅宇：《论司法确认裁定的既判力范围与程序保障》，载《湘潭大学学报（哲学社会科学版）》2018 年第 4 期，第 36 页。

③ 陈凯：《论诉调对接机制中公证强制执行制度的价值——以与"司法确认程序"进行制度比较为视角》，载《中国司法》2018 年第 6 期，第 82 页。

人对调解协议司法确认程序中的裁定可以向作出裁定的人民法院提出异议。

但当事人对确认调解协议有效裁定的异议如果不作界定或者区分，则意味着当事人即使是在调解协议被司法确认之后，还存在随时无条件反悔的空间。如当事人在调解协议司法确认程序结束后仅仅因为情感上的反悔而提出异议，应当明确予以排除。因为经过法院依法确认有效的调解协议体现了法院在民事纠纷处理过程中的司法权运行，是民事诉讼裁判的一种，需要维护其稳定性。[①] 调解协议是双方当事人就争议权益自由协商达成的真实意思表示，且调解协议司法确认程序的启动以双方当事人共同向法院申请作为前提。两个环节都基于当事双方的自愿，尤其是程序启动环节所设置的"双方共同申请"启动条件在诉讼程序中是比较严格甚至"严苛"的准入条件，使得这一程序更多排除了当事人在调解过程及调解协议司法确认过程中存在违背其意愿的可能性。从纠纷开始，到调解过程、调解协议司法确认程序的启动及审理过程当事人都在全程参与，法律都赋予其足够的自由，当事人有足够的时间、空间随时表示自己的异议。此外，每一项被司法确认的调解协议背后都占用了一定社会公共资源和当事人个人资源。调解协议的达成往往经历了相对烦琐的调解过程，耗费了巨大的社会资源，调解协议的司法确认程序又耗费了司法资源，当事人也花费了时间精力。[②] 调解协议司法确认制度的设置就是要在调解协议民事合同效力之外赋予一个强制执行力，保证调解活动的有效性并同时实现非诉讼纠纷解决机制与诉讼制度更好地衔接。如果当事人在司法确认之后仍可以随意反悔，这会与司法确认制度设置的价值初衷相背离，既造成同一纠纷反反复复处理的司法及其他社会资源浪费，又使得诉讼外调解活动的价值被否定。

可以作为法律意义上的异议提出的情形应当是存在当事人达成的调解协议存在合同无效的法定情形，如因调解过程确有欺诈、胁迫等情形导致了当事人在调解过程中所作出的意思表示不是其真实意思表示。因为调解

[①] 胡军辉、赵毅宇：《论司法确认裁定的既判力范围与程序保障》，载《湘潭大学学报（哲学社会科学版）》2018年第4期，第38页。

[②] 刘加良：《论人民调解制度的实效化》，载《法商研究》2013年第4期，第64页。

协议具有民事合同的性质，从生效之日起就给双方设置了相应的合同义务，调解协议的司法确认也仅仅是在尊重双方当事人约定义务的基础上赋予调解协议以强制执行力，并没有对当事人的合法权益作进一步的处理。因此在调解协议有效裁定作出后，法律认可的当事人异议应当是调解协议本身存在效力问题，也就是当事人在进入司法程序之前的那个赋予了双方合同义务的协议存在效力瑕疵的问题。

在对提出异议的具体情形作出限定的基础上，对提出异议所依据的证据也需要设置相应的规定，即必须符合诉讼过程中的法定新的证据的提出时间及条件，其原理可类比诉讼中新的证据提出的理论基础与价值基础。对于有证据证实存在意思表示不真实但是未及时提出的属于不积极行使权利的行为。

此外，在异议提出之后，法院对异议的审查方式及处理亦需要进行进一步的规范。

（三）案外人的救济

司法确认程序的案外人，可以对法院确认调解协议有效的裁定提出异议。根据 2015 年《民诉解释》第 374 条第 1 款，案外人（即利害关系人）认为调解协议司法确认程序中的裁定有错误，可以向作出该裁定的人民法院提出异议。从实际效果上看，提出异议对于案外人的救济而言更多情况下是虚设的。因为调解过程、调解协议司法确认过程的启动及推进过程案外人知悉的途径非常有限，调解协议司法确认裁定作出之初，案外人一般难以得知权益受侵害并提出异议。

关于调解协议司法确认程序是否适用第三人撤销之诉问题。2017 年《民事诉讼法》第 56 条第 1 款规定："对当事人双方的诉讼标的，第三人认为有独立请求权的，有权提起诉讼。"第 2 款规定："对当事人双方的诉讼标的，第三人虽然没有独立请求权，但案件处理结果同他有法律上的利害关系的，可以申请参加诉讼，或者由人民法院通知他参加诉讼。人民法院判决承担民事责任的第三人，有当事人的诉讼权利义务。"第 3 款规定："前两款规定的第三人，因不能归责于本人的事由未参加诉讼，但有证据证明发生法律效力的判决、裁定、调解书的部分或者全部内容错误，损害其民事权益的，可以自知道或者应当知道其民事权益受到损害之日起六个月内，向作出该判决、裁定、调解书的人民法院提起诉讼。人民法院经审理，诉讼请求成立的，应当改变或者撤销原判决、裁定、调解书；诉讼请求不成立的，驳回诉讼请求。"对案外人能否就确认调解协议有效裁定提出撤销之诉问题，2015 年《民诉解释》第 297 条明确规定，对适用调解协议司法确认程序处理的案件，提起第三人撤销之诉的，人民法院不予受理。其理由为，第三人撤销之诉针对的是具有既判力的法律文书，调解协议司法确认程序属于非讼程序，非讼程序作出的裁定不具有诉讼程序中裁决的既判力，因而不适用第三人撤销之诉。[①] 需要指出的是，2011 年《人民调解协议司法确认解释》第 10 条规定，案外人可以申请撤销确认调解协议的决定。调解协议司法确认文书在 2012 年《民事诉讼法》中已改为裁定书，而依据 2015 年《民诉解释》第 297 条对司法确认案件不适用第三人撤销之诉，因而，上述 2011 年《人民调解协议司法确认解释》第 10 条的规定不再适用。

第五节　委派调解协议司法确认适用问题

一、委派调解制度的发展确立进程

（一）委派调解的法律依据——《民事诉讼法》中的协助调解

委派调解并非我国《民事诉讼法》中的立法术语，与其相关的法律条文是 1991 年《民事诉讼法》第 87 条，该条规定："人民法院进行调解，可以邀请有关单位和个人协助。被邀请的单位和个人，应当协助人民法院进行调解。"[②] 1991 年《民事诉讼法》第 87 条的内容来源于 1982 年《民事诉讼法（试行）》第 99 条。1982 年《民事诉讼法（试行）》第 99 条规定："人民法院进行调解，根据案件需要，可以邀请有关单位和群众协助。被邀请

[①] 最高人民法院修改后民事诉讼法贯彻实施工作领导小组编著：《最高人民法院民事诉讼法司法解释理解与适用》（下），北京，人民法院出版社 2015 年版，第 991 页。

[②] 该条文在 2007 年《民事诉讼法》中的序号仍是第 87 条，在 2012 年《民事诉讼法》中的序号是第 95 条。

的单位和个人，应当协助人民法院进行调解。"① 可见，1991年《民事诉讼法》第87条仅仅是删除了1982年《民事诉讼法（试行）》第99条中的"根据案件需要"，并将"群众"替换为"个人"，本质上并无不同。

　　吸收社会力量协助法院进行调解，是为了贯彻党的群众路线。1963年8月28日《最高人民法院关于民事审判工作若干问题的意见（修正稿）》第三部分"民事审判工作的方针和组织建设问题"标题下规定："'调查研究，就地解决，调解为主'的方针是民事审判工作的根本工作方法和工作作风，它体现了主席关于正确处理人民内部矛盾的思想，是党的群众路线在民事诉讼中的具体化。为了把案件处理的正确及时，必须全面地认真地贯彻这一方针。""法庭在调解婚姻问题时，可吸收妇女干部参加，在调解山林、水利纠纷时可吸收农林、水利干部和年老的贫农、下中农参加。"② 这是笔者看到的最早的吸收案外人参与法院调解的文献，其体现了党的群众路线，是党的群众路线的具体化。1979年2月2日最高人民法院印发的《人民法院审判民事案件程序制度的规定（试行）》没有涉及该内容。

　　从1991年《民事诉讼法》第87条字面理解，"邀请有关单位和个人"协助人民法院进行调解，无疑应属于协助调解；也就是说，协助调解制度原本就在立法中有所规定。对于1991年《民事诉讼法》第87条，立法机关同志的解读是："人民法院进行调解，根据案件需要，可以邀请当事人所在单位、纠纷发生地基层组织以及当事人的亲友、邻居等个人协助人民法院进行调解。有关单位和个人一般了解案情或者为当事人所信任。他们参加调解工作，对当事人进行说服、疏导工作，容易促使双方当事人达成协议。被邀请的单位和个人有义务协助人民法院进行调解，不得推脱。"③ 1991年

---

　　① 关于1982年《民事诉讼法（试行）》第99条的解读："本条是关于协助调解的规定。根据案件的实际情况，人民法院认为需要人民调解委员会或其他基层组织、当事人工作单位或其他有关单位、在群众中有威望或当事人信赖的人协助调解工作时，可以邀请他们协助。'案件需要'指：对当事人进行思想工作，促使互谅互让、达成协议，解决某些实际困难，或为以后协助执行等需要。被邀请的单位和个人应协助人民法院在查明事实、分清是非的基础上，帮助当事人进行说服教育，提出解决纠纷的建议，促使当事人达成协议。但不是调解协议要经过当事人单位批准。"程延陵、朱锡森、唐德华、杨荣新：《中华人民共和国民事诉讼法（试行）释义》，长春，吉林人民出版社1984年版，第115、116页。

　　② 唐德华：《民事诉讼法立法与适用》，北京，中国法制出版社2002年版，第65、66页。

　　③ 江流、孙礼海等：《民事诉讼法讲话》，北京，人民日报出版社1991年版，第99页。

《民事诉讼法》第87条规定是党的群众工作路线在民事诉讼中的具体体现。诉讼实践中有的地方在庭审工作中，积极贯彻执行了这一规定，案件调解结案率达到94%。"实践证明，在民事诉讼中邀请有关单位和个人协助调解，既坚持了专门机关与群众路线相结合的原则，又有利于说服教育当事人，促使当事人互谅互让，在法庭主持下依法达成调解协议。"如原告吴某起诉儿子赡养一案，在诉前已经村干部及亲属调解，达成了赡养协议。但四子陈某以协议不公为由，拒不履行义务。吴某拿着协议起诉到法庭。法庭受理后，邀请了村干部及亲友到庭，让他们参与调解，法庭侧重于对陈某进行法律宣传教育，村干部及其亲友则侧重于从人情、社会道德方面进行开导，终于使陈某心悦诚服，双方很快达成调解协议。又如，原告刘某诉被告岳某离婚一案，原、被告婚后四年未同居生活，没能建立起夫妻感情。在审理中，被告岳某坚决不同意离婚，并声称如离婚就自杀不活。为此，审理该案的法庭找到与被告一同来庭的被告同学，给他们讲解了婚姻法有关离婚的规定，告诉他们夫妻感情是维持夫妻关系的最重要纽带等，并欢迎他们一块做当事人的调解疏导工作。他们表示愿意接受，经他们耐心地劝解，该案仅用5天时间，就调解结案。[①] 1991年《民事诉讼法》第87条所规定的协助调解，调解的主持人是已经受理案件的人民法院。

（二）委托调解的出现——2004年《民事调解司法解释》创设的委托调解

2004年《民事调解司法解释》第3条第1款将1991年《民事诉讼法》第87条中的"有关单位和个人"具体化，即"有关单位"是指"与当事人有特定关系或者与案件有一定联系的企业事业单位、社会团体或者其他组织"，"有关个人"是指"具有专门知识、特定社会经验、与当事人有特定关系并有利于促成调解的个人"。第2款创设了委托调解制度。

2007年3月，最高人民法院印发的《关于进一步发挥诉讼调解在构建社会主义和谐社会中积极作用的若干意见》（法发〔2007〕9号）第11条规定："人民法院可以根据法律以及司法解释的规定，建立和完善引入社会力量进行调解的工作机制。人民法院可以引导当事人选择办案法官之外的有利于案件调解的人民调解组织、基层群众自治组织、工会、妇联等有关组

---

① 景永利：《"邀请有关单位和个人协助"调解的做法好》，载《人民司法》1992年第2期，第17页。

织进行调解，也可以邀请人大代表、政协委员、律师等个人进行调解。经当事人同意，法官助理等审判辅助人员受人民法院指派也可以调解案件。对疑难、复杂和有重大影响的案件，人民法院的庭长或者院长可以主持调解。"第12条规定："人民法院应当健全调解规范，完善调解程序，注重增强调解工作的亲和力、透明度、效率，方便当事人参与调解。应当根据案件实际情况，灵活选择调解方式和方法，为当事人创造自由协商、互谦互让的宽松条件和氛围。人民法院调解案件，当事人要求公开调解的，人民法院应当允许；办案法官和参与调解的有关组织以及其他个人，应当严格保守调解信息，当事人要求不公开调解协议内容的，人民法院应当允许。"第17条规定："当事人同意由办案法官之外的社会组织或者个人主持调解，达成调解协议的，主持调解的社会组织或者个人应当在调解协议上签名或者盖章。但是人民法院根据调解协议制作的调解书，主持调解的社会组织或者个人不签名或者盖章。"应当说，该文件对协助调解、委托调解的规定是极不明确的：(1) 第11条根据参与调解的社会力量是组织还是个人，法院采取"引导"与"邀请"两种不同的方式，这不仅与1991年《民事诉讼法》第87条与2004年《民事调解司法解释》第3条第1款不分组织与个人均采"邀请"不同，而且对有关组织采取"引导"方式的具体含义也不明确。值得注意的是，该条文还出现了"法官助理等审判辅助人员受人民法院指派也可以调解案件"，即指派调解。(2) 第12条中的"参与调解的有关组织以及其他个人"，具体包括哪些组织和个人，也不明确。(3) 第17条中"当事人同意由办案法官之外的社会组织或者个人主持调解"，也不明确。至此，协助调解、引导调解、邀请调解、指派调解、参与调解等概念相互之间的关系混乱。

　　规范性文件规定的模糊不清，导致司法实践出现混乱现象。例如，《人民法院报》曾报道，2005年，"南京市法院调解的1 123件案件中，共邀请协助调解案件936件，调解结案518件；委托调解案件187件，调解结案56件，取得了良好的法律效果和社会效果"①。从该报道来看，似乎法院调解仅包括协助调解与委托调解，但出现了"邀请协助调解"这一新的提法。

---

　　① 赵兴武等：《南京委托调解架设司法新干线》，载《人民法院报》2006年5月20日，第1版。

在理论上，学者们撰文论述协助调解与委托调解的区别。如有学者指出，协助调解是指由人民法院出面邀请有关单位和个人到人民法院协助法官进行调解，是一种"请进来"的调解方式，仍然是在法官的具体主持下进行的诉讼调解；所谓委托调解，是指在征得各方当事人同意的前提下，人民法院将自己受理的案件委托给有关单位或个人进行调解，且在调解达成协议后对之依法予以确认的制度安排，是一种"托出去"的调解方式。[①]也有学者指出，委托调解与协助调解是法院借助社会力量处理民事纠纷的两种方式，也是法院在大调解格局下实行"诉调对接"的两种主要形式。委托调解，是指法院对起诉到法院的民事案件，在征得当事人的同意后，委托人民调解委员会等组织或个人进行调解。从调解的主体看，进行委托调解的是人民调解委员会；而在协助调解中，调解的主体仍然是法院，人民调解委员会和其他组织的成员只是应邀协助法院做调解工作。从委托的时间看，有立案前的委托；有立案后开庭前的委托。对委托调解的性质，要依据法院介入调解活动的程度来定性：如果法院介入的程度很深，那么无疑应定性为法院调解；在某些情形下，委托调解也可定性为人民调解。[②]还有学者认为，委托调解与协助调解不同：协助调解，顾名思义，乃强调法官主导，协助调解人在法官的指导下进行调解；与协助调解相比，委托调解是接受法院委托的调解人（单位或个人）独立履行调解职责，具有更大的自主权。[③]

应当说，上述三种观点，在一定程度上代表了我国民事诉讼法学界对委托调解、协助调解的看法。就主持调解的主体而言，李浩教授、赵钢教授、肖建国教授都认为协助调解中主持调解的仍然是法院；对委托调解的主持主体，赵刚教授、肖建国教授认为委托调解的主持人是接受委托的组织或者个人，李浩教授主张根据委托调解的不同情况确定其性质。就委托调解的时间来看，赵钢教授主张委托调解是在立案之后；李浩教授认为，

---

① 赵钢、王杏飞：《我国法院调解制度的新发展——对〈关于人民法院民事调解工作若干问题的规定〉的初步解读》，载《法学评论》2005 年第 6 期，第 62、63 页。

② 李浩：《委托调解若干问题研究——对四个基层人民法院委托调解的初步考察》，载《法商研究》2008 年第 1 期，第 133、135、140 页。

③ 肖建国：《司法 ADR 建构中的委托调解制度研究——以中国法院的当代实践为中心》，载《法学评论》2009 年第 3 期，第 136 页。

委托调解可以在立案前，也可以在立案后。应当说，就主持委托调解的主体而言，根据 2004 年《民事调解司法解释》第 3 条第 2 款的规定，具体的调解工作应是接受委托的组织或者个人主导的，但由于法院是委托方，且委托调解程序是由法院启动的，因而委托调解从整体来看是法院与受托人共同进行的；就委托调解的时间而言，赵钢教授的看法是基于 2004 年《民事调解司法解释》第 3 条第 2 款的规定；李浩教授的看法是基于司法实践。

（三）委派调解合理性讨论——关于诉前委托调解的争议

就司法实践而言，如前所述，2006 年上海市高级人民法院、上海市司法局制定的文件将委托调解分为诉前委托调解、审前委托调解和审中委托调解，即承认诉前委托调解；而 2008 年安徽省高级人民法院和安徽省司法厅的文件中的委托调解仅发生在案件审理过程中，即不承认诉前委托调解。

在理论上，李浩教授是赞同诉前委托调解的，不过，李浩教授所说的诉前是起诉后立案前。在当事人起诉后法院立案前，法院在仅征得原告同意的前提下，可以把纠纷直接交给相关的调解组织调解。①

刘加良博士认为，委托调解不宜在诉前进行，理由有以下三点：(1) 委托调解发生的前提是"各方当事人同意"，在法院受理前诉讼法意义上的"当事人"尚未确立，向他们征求是否同意委托调解的意见无法进行。(2) 诉前委托调解将导致暂缓立案，因诉前委托调解而暂缓立案构成对必为性义务规则的违反，属于法外行为。(3) 立案前法院尚未取得对民事案件的管辖权，法院与特定的单位或个人之间的委托关系不具有合法性。②

肖建国教授指出，委托调解有三种实践模式：法院立案前的委托，称为"诉前委托调解"；立案后开庭审理前的委托，称为"审前委托调解"；开庭审理过程中的委托称为"审中委托调解"。诉前委托调解发生于法院立案受理之前，通常做法是：法院收到当事人的书面诉状或口头起诉后，如

---

① 李浩：《委托调解若干问题研究——对四个基层人民法院委托调解的初步考察》，载《法商研究》2008 年第 1 期，第 137 页。

② 刘加良：《诉前不宜委托调解》，载《人民法院报》2008 年 11 月 11 日，第 5 版。

当事人有意调解，可为其提供各种形式的调解，暂缓立案。如调解成功，当事人需要制作调解书的，补办立案手续，根据双方达成的调解协议制作民事调解书，否则无须立案。这一看似严谨而实用的诉前委托调解程序其实蕴含着潜在的问题或风险，容易触犯民事权利司法保护的"高压线"。原因有二：一是法院对于当事人的起诉承担着限期审查的法定义务。法院接到起诉后，不履行审查受理的职责，而是劝告、引导当事人接受委托调解，固然可能便于纠纷的解决，但同时也会带来对法院行为合法性的质疑，以及剥夺或妨碍当事人行使诉权的理论上的非难；即使是在当事人同意接受委托调解的情况下，当事人的同意能否构成法院豁免立案审查义务的理由，也颇值得怀疑，所谓"暂缓立案"之说也师出无名。二是诉前委托行为的定性，究竟系司法行为还是非司法行为，特别需要理论上的解释和论证。实践中，各种性质的诉前委托调解并存：既有司法性的诉前委托调解，也有"去司法化"的诉前委托调解，还有性质介于二者之间的诉前委托调解。许多法院的诉前委托调解尝试正在背离司法的规律而走上了一条不归路。如对于已诉至法院但尚未立案的纠纷，片面地强调法院的积案压力和案多人少的困难，片面追求调解率，无视当事人的裁判请求权，像甩包袱一样将纠纷转移给其他机构、个人调处解决，使法院变成了纠纷处理的最大中转站而非实现司法正义的最后堡垒。其实际效应，无非是利用法院这个平台，来重新振兴我国的人民调解制度。但是在司法资源本已捉襟见肘、司法权威每况愈下的背景下，以占用和消耗大量的司法资源为代价，实现人民调解的复兴，未必是一种最佳选择。①

（四）委派调解的确立——立案前吸收社会力量参与调解

2004年《民事调解司法解释》第3条第2款规定的委托调解，并没有明确委托的时间，即或者是在收到起诉后立案之前，或者是在立案之后，或者二者皆可。

2009年《诉讼与非诉讼衔接意见》第14条规定："对属于人民法院受理民事诉讼的范围和受诉人民法院管辖的案件，人民法院在收到起诉状或

---

① 肖建国：《司法 ADR 建构中的委托调解制度研究——以中国法院的当代实践为中心》，载《法学评论》2009 年第 3 期，第 137～139 页。

者口头起诉之后、正式立案之前，可以依职权或者经当事人申请后，委派行政机关、人民调解组织、商事调解组织、行业调解组织或者其他具有调解职能的组织进行调解。当事人不同意调解或者在商定、指定时间内不能达成调解协议的，人民法院应当依法及时立案。"第15条第1款规定："经双方当事人同意，或者人民法院认为确有必要的，人民法院可以在立案后将民事案件委托行政机关、人民调解组织、商事调解组织、行业调解组织或者其他具有调解职能的组织协助进行调解。当事人可以协商选定有关机关或者组织，也可商请人民法院确定。"第2款规定："调解结束后，有关机关或者组织应当将调解结果告知人民法院。达成调解协议的，当事人可以申请撤诉、申请司法确认，或者由人民法院经过审查后制作调解书。调解不成的，人民法院应当及时审判。"第16条第1款规定："对于已经立案的民事案件，人民法院可以按照有关规定邀请符合条件的组织或者人员与审判组织共同进行调解。调解应当在人民法院的法庭或者其他办公场所进行，经当事人同意也可以在法院以外的场所进行。达成调解协议的，可以允许当事人撤诉，或者由人民法院经过审查后制作调解书。调解不成的，人民法院应当及时审判。"2009年《诉讼与非诉讼衔接意见》第14条规定的是立案前的委派调解；第15条规定的是立案后的委托调解，且委托调解程序的启动并非一定需要经双方当事人同意，法院亦可依职权主动将案件委托给有关组织进行调解，且委托调解协议还可司法确认，这与司法确认是针对非诉调解协议而言的含义不同；第16条规定的是协助调解。2009年《诉讼与非诉讼衔接意见》可以说将之前的诉前委托调解改称为委派调解，并区分了委派调解、委托调解和协助调解。

2010年《"调解优先、调判结合"意见》第8条第1款规定："进一步做好诉前调解工作。在收到当事人起诉状或者口头起诉之后、正式立案之前，对于未经人民调解、行政调解、行业调解等非诉讼纠纷解决方式调处的案件，要积极引导当事人先行就近、就地选择非诉讼调解组织解决纠纷，力争将矛盾纠纷化解在诉前。"第11条规定："继续抓好委托调解和协助调解工作。在案件受理后、裁判作出前，经当事人同意，可以委托有利于案件调解解决的人民调解、行政调解、行业调解等有关组织或者人大代表、政协委员等主持调解，或者邀请有关单位或者技术专家、律师等协助人民法院进行调解。调解人可以由当事人共同选定，也可以经双方当事人同意，由人民法院指定。当事人可以协商确定民事案件委托调解的期限，一般不超过 30 日。经双方当事人同意，可以顺延调解期间，但最长不超过 60 日。延长的调解期间不计入审限。人民法院委托调解人调解，应当制作调解移交函，附送主要案件材料，并明确委托调解的注意事项和当事人的相关请求。"该规定显然不同于 2009 年《诉讼与非诉讼衔接意见》的有关规定：一是委派调解的内容换成另一种"身份"——诉前调解；二是委托调解的启动必须经当事人同意，且 2009 年《诉讼与非诉讼衔接意见》为"双方当事人同意"，2010 年《"调解优先、调判结合"意见》仅为"当事人同意"；三是受委托进行调解的主体不仅包括有关组织，还包括个人。

2011 年《人民调解协议司法确认解释》第 2 条第 2 款规定："人民法院在立案前委派人民调解委员会调解并达成调解协议，当事人申请司法确认的，由委派的人民法院管辖。"该司法解释明确规定了立案前的委派调解。

最高人民法院的解读为："'委派调解'，也称为'诉前调解'。它通常是当事人到法院起诉时，人民法院在收到起诉状或者口头起诉之后、正式立案之前，可以依职权或者经当事人申请，委派行政机关、人民调解组织、商事调解组织、行业调解组织或者其他具有调解职能的组织进行调解。"[①]

（五）现行法上的委派调解——立案前的特邀调解

委派调解本来就不属于《民事诉讼法》这一基本法律上的制度，属于最高人民法院的创新。这一制度引起一定的混乱。对同一内容，存在多个称呼，如诉前委托调解、委派调解、诉前调解、立案前调解等。最高人民法院经过试点将之上升为司法解释，并创设了另一个新的制度——特邀调解制度，并以立案前后为标准分为委派调解与委托调解。

2012 年 4 月，最高人民法院印发《关于扩大诉讼与非诉讼相衔接的矛

<hr/>

① 最高人民法院修改后民事诉讼法贯彻实施工作领导小组编著：《最高人民法院民事诉讼法司法解释理解与适用》（下），北京，人民法院出版社 2015 年版，第 939 页。

盾纠纷解决机制改革试点总体方案》(法〔2012〕116 号),其重要特点之一是建立特邀调解组织名册制度与特邀调解员名册制度以及法院专职调解员队伍制度。其第 9 条规定:"落实委派调解或者委托调解机制。经双方当事人同意,或者人民法院认为确有必要的,按照《最高人民法院关于建立健全诉讼与非诉讼相衔接的矛盾纠纷解决机制的若干意见》第十四条、第十五条的规定,将民商事纠纷在立案前委派或者立案后委托给特邀调解组织或者特邀调解员进行调解。"

2016 年《特邀调解规定》第 1 条规定:"特邀调解是指人民法院吸纳符合条件的人民调解、行政调解、商事调解、行业调解等调解组织或者个人成为特邀调解组织或者特邀调解员,接受人民法院立案前委派或者立案后委托依法进行调解,促使当事人在平等协商基础上达成调解协议、解决纠纷的一种调解活动。"

二、委派调解协议司法确认制度评析

(一) 委派调解协议司法确认制度的不足

1. 委派调解制度的前提——特邀调解制度的缺陷与不足。特邀调解包括立案前委派调解与立案后委托调解,作为委派调解制度的上位概念的特邀调解制度,其本身就存在诸多缺陷与不足:(1) 特邀调解制度缺乏法律依据。尽管 2016 年《特邀调解规定》在前言部分说明"……根据《中华人民共和国民事诉讼法》《中华人民共和国人民调解法》等法律及相关司法解释,结合人民法院工作实际,制定本规定",但是《民事诉讼法》中并没有特邀调解制度,仅有与此相关的协助调解制度(2017 年《民事诉讼法》第95 条),从内容上来看,特邀调解与协助调解完全是两种不同的制度。而《人民调解法》更是没有与特邀调解相接近的制度。(2) 特邀调解制度中的"特邀",名不副实。特邀二字,就字面而言,其意为特别邀请,其在我们的政治生活与法律生活中也经常被使用,如会议的特邀代表、特邀律师①

---

① 1984 年司法部《兼职律师和特邀律师管理办法(试行)》第 3 条第 2 款规定:"符合《中华人民共和国律师暂行条例》第二章第八条规定的离休、退休人员,经省、自治区、直辖市司法厅(局)批准,并报司法部备案,可取得律师资格,担任特邀律师。"

等。会议的特邀代表一般不同于正式代表，没有表决权；特邀律师也不同于一般律师，其不通过全国的统一考试。可见，被特邀的对象在被特邀之前是不具有某种资格的。而从 2016 年《特邀调解规定》来看，特邀调解组织或者特邀调解员本身就具有调解的职能，有些甚至是专司调解的。（3）特邀调解组织和特邀调解员名册制度，不仅缺乏法律依据，且与国家减少职业资格许可和认定的政策相悖。（4）特邀调解制度，有使立法规定的协助调解制度闲置之嫌。（5）特邀调解组织和特邀调解员的管理，耗费了有限的司法资源，不符合法治所要求的效率价值。（6）特邀调解制度有使人民法院垄断解决民事纠纷之嫌，在入册调解组织和调解员与未入册调解组织和调解员之间造成解决民事纠纷的机会不平等；在入册的调解组织和调解员内部，各个调解组织和调解员解决民事纠纷的机会也取决于人民法院的自由裁量。

2. 委派调解中"委派"，名不副实。入册的调解组织和调解员，与人民法院之间不存在隶属关系，人民法院无权对其委派。

3. 委派调解与委托调解无本质上的不同。委派调解与委托调解仅在启动时间、结束方式上存在区别，本质上并无区别，委派调解实际上就是诉前委托调解。例如，在 2015 年 12 月北京朝阳区人民法院对一起标的额达4 000 万元的版权纠纷的调解协议司法确认案件中，法院将委派调解的情形称为"立案阶段委托调解"[①]。

（二）委派调解协议司法确认规定的不足

其一，入册的调解人包括特邀调解组织和特邀调解员。特邀调解员进行的委派调解，不存在司法确认问题；只有特邀调解组织进行的委派调解才存在司法确认问题。如此，将会使入册的特邀调解员所进行的委派调解所达成的调解协议处于尴尬境地。

其二，委派调解协议司法确认地域管辖与一般调解协议司法确认地域管辖的协调问题。依 2016 年《特邀调解规定》第 19 条第 2 款规定，委派调解协议司法确认的管辖法院是"调解组织所在地或者委派调解的基层人民

---

① 曹玉乾、赵萌：《首例委托北京多元调解发展促进会调解的案件完成司法确认》，载《法庭内外》2016 年第 2 期，第 62 页。

法院",而依据 2017 年《民事诉讼法》第 194 条规定,调解协议司法确认的管辖法院仅是"调解组织所在地基层人民法院",委派调解法院不一定是调解组织所在地法院。

第六节　调解协议司法确认制度的体系化问题

一、调解协议司法确认要做到"有法可依"

2017 年《民事诉讼法》第 194 条中规定,"申请司法确认调解协议,由双方当事人依照人民调解法等法律……",且如前所述,最高人民法院将此处的"法律"作广义的解释,认为申请司法确认调解协议的范围并不限于人民调解协议,而是包括行政机关、商事调解组织、行业调解组织或其他具有调解职能的调解组织等调解达成的调解协议。[①] 依照《立法法》(2000年 3 月 15 日第九届全国人民代表大会第三次会议通过,根据 2015 年 3 月 15日第十二届全国人民代表大会第三次会议《关于修改〈中华人民共和国立法法〉的决定》修正),我国的广义上的法律包括宪法、法律(狭义上的)、法律解释、行政法规、地方性法规、自治条例、单行条例、规章、军事法规、军事规章和司法解释(包括审判解释和检察解释)。至今,非诉调解协议的司法确认,除了人民调解协议有 2010 年《人民调解法》及其司法解释作为其法律依据外,其他非诉调解协议的司法确认仍然处于"无法可依"的状态。

目前关于调解协议司法确认的规定,不同法律效力的文件混杂在一起,存在一定程度的混乱。除了人民调解协议有法律依据外,其他非诉调解协议的司法确认依据就是属于司法解释性质的文件,如 2016 年 6 月 28 日发布

---

① 最高人民法院修改后民事诉讼法贯彻实施工作领导小组编著:《最高人民法院民事诉讼法司法解释理解与适用》(下),北京,人民法院出版社 2015 年版,第 922、923 页。

的《最高人民法院关于人民法院进一步深化多元化纠纷解决机制改革的意见》①（法发〔2016〕14）第 31 条规定："完善司法确认程序。经行政机关、人民调解组织、商事调解组织、行业调解组织或者其他具有调解职能的组织调解达成的具有民事合同性质的协议，当事人可以向调解组织所在地基层人民法院或者人民法庭依法申请确认其效力。登记立案前委派给特邀调解组织或者特邀调解员调解达成的协议，当事人申请司法确认的，由调解组织所在地或者委派调解的基层人民法院管辖。"这类文件的性质应当属于司法解释性质文件。甚至出现 2012 年《诉讼与非诉讼衔接试点方案》第 11 条，一个试点方案指引司法解释。两个文件的法律效力存在较大差异，且试点方案的适用范围仅限于试点，不具有一般规则属性。

二、调解协议司法确认程序规定应当系统化

目前，有关调解协议司法确认程序的规定，不同效力的文件混在一起，存在大量重复性、矛盾性规定。

---

①　该文件在性质上应当属于司法解释性质文件。"司法解释性质文件"并非我国《立法法》中的法律术语。1987 年 3 月 31 日《最高人民法院关于地方各级人民法院不应制定司法解释性文件的批复》（〔1987〕民他字第 10 号）中指出："广西壮族自治区高级人民法院……我们认为：你院下发的上述具有司法解释性的文件，地方各级法院均不应制定。对审判实践中遇到一些具体问题，建议你们在调查研究的基础上，可写一些经验总结性的文章，供审判人员办案时参考，或者召开一定范围的会议，总结交流经验。"该文件中提出"司法解释性的文件"。2010 年 5 月 31 日最高人民检察院第十一届检察委员会第三十六次会议通过、2010 年 11 月 19 日公布实施的《最高人民检察院关于废止部分司法解释和司法解释性文件的决定》中，又提出了"司法解释性文件"术语。与 1987 年《最高人民法院关于地方各级人民法院不应制定司法解释性文件的批复》中的"司法解释性的文件"术语相比，2010 年《最高人民检察院关于废止部分司法解释和司法解释性文件的决定》中的"司法解释性文件"术语少了一个"的"字。"司法解释性质文件"的提法出现在 2012 年以后。2012 年 1 月 18 日，最高人民法院、最高人民检察院发布《关于地方人民法院、人民检察院不得制定司法解释性质文件的通知》（法发〔2012〕2 号）。该文件第一次提出了"司法解释性质文件"。2012 年 8 月 21 日公布的《最高人民法院、最高人民检察院关于废止 1979 年底以前制发的部分司法解释和司法解释性质文件的决定》（法释〔2012〕12 号）第一次用司法解释的形式确立了"司法解释性质文件"这一术语。此后最高人民法院、最高人民检察院各自或者共同发布若干废止有关"司法解释性质文件"的文件。从"司法解释性质文件""司法解释性文件""司法解释性的文件"三个术语所针对文件的内容，应是指相同的对象。

例如，关于调解协议司法确认管辖问题，2009 年《诉讼与非诉讼衔接意见》这一司法解释性质文件规定了协议管辖，而法律和司法解释并没有规定协议管辖。

2016 年《最高人民法院关于人民法院进一步深化多元化纠纷解决机制改革的意见》第 28 条基本上重复了 2016 年《特邀调解规定》的相关规定。

关于法院受理调解协议司法确认申请后不予确认的情形，2009 年《诉讼与非诉讼衔接意见》第 24 条、2011 年《人民调解协议司法确认解释》第 7 条、2015 年《民诉解释》第 360 条均有规定，但具体内容不尽相同。

2011 年《人民调解协议司法确认解释》第 10 条允许案外人申请撤销确认决定；而 2015 年《民诉解释》第 297 条又规定，对适用调解协议司法确认程序处理的案件，提起第三人撤销之诉的，人民法院不予受理。

2011 年《人民调解协议司法确认解释》第 4 条第 2 款与 2015 年《民诉解释》第 357 条对司法确认申请不予受理的情形的规定也不相同。

调解协议司法确认程序作为一项法律制度，其内部应当协调一致。

三、调解协议司法确认制度要与相关法律制度相协调

调解协议司法确认制度作为非诉调解协议法律保障机制之一，要与其他法律保障机制相协调。如同是非诉调解协议法律保障机制，公证程序、仲裁程序等均不免费，甚至同为民事诉讼程序的督促程序也不免费，而唯独司法确认程序是免费的。这虽然可以鼓励纠纷当事人利用调解这一非诉机制，有利于调解组织的发展，但造成多元非诉调解协议法律保障机制之间，甚至多元民事纠纷解决机制之间法律上的不平等。

调解协议司法确认制度作为一种程序制度，还应注意与相关的实体法律制度相协调。如既然肯定了非诉调解协议的民事合同性质，那么对调解协议效力的认定就应适用民法中认定合同效力的标准。又如，关于违法性的判断标准，2015 年《民诉解释》第 360 条第 1 项将

调解协议的违法性界定为"违反法律强制性规定"①。但在基本法律方面，1999 年《合同法》第 52 条第 5 项②③④和 2017 年《民法总则》第 153

①　司法解释起草者对 2015 年《民诉解释》第 360 条第 1 项的解读为，"这主要是审查调解协议是否存在违法的情形。虽然调解是以利益为导向以及当事人的自治因素促进争议解决的一种技术或活动，其优点体现在当事人之间重新相互信任，当事人的自愿与自我负责，程序保密、信息对称以及结果的开放等方面。但是，调解合法原则也是调解协议达成的基础条件。法官依职权审查调解协议时，发现调解协议存在违反法律强制性规定的情形时，应当裁定驳回申请。之所以在此取消了《人民调解协议司法确认程序规定》中'违反行政法规强制性规定'的内容，主要理由是：调解是以化解纠纷为目的，在许多情况下允许超越规范的限制，但必须设定一个'规范'的最低门槛，即不得违反法律强制性规定。至于行政法规、地方性法规等，不应当作为限制当事人自愿达成调解的'规范'。"最高人民法院修改后民事诉讼法贯彻实施工作领导小组编著：《最高人民法院民事诉讼法司法解释理解与适用》（下），北京，人民法院出版社 2015 年版，第 943 页。

②　《合同法》第 52 条规定："有下列情形之一的，合同无效：（一）一方以欺诈、胁迫的手段订立合同，损害国家利益；（二）恶意串通，损害国家、集体或者第三人利益；（三）以合法形式掩盖非法目的；（四）损害社会公共利益；（五）违反法律、行政法规的强制性规定。"

③　《最高人民法院关于适用〈中华人民共和国合同法〉若干问题的解释（一）》（法释〔1999〕19 号，1999 年 12 月 1 日最高人民法院审判委员会第 1090 次会议通过，1999 年 12 月 19 日公布，自 1999 年 12 月 29 日起施行，简称《合同法司法解释（一）》）第 4 条规定："合同法实施以后，人民法院确认合同无效，应当以全国人大及其常委会制定的法律和国务院制定的行政法规为依据，不得以地方性法规、行政规章为依据。"该规定明确了"法律、行政法规"的范围，强调人民法院只能依据全国人大及其常委会制定的法律和国务院制定的行政法规认定合同无效，而不能直接援引地方性法规和行政规章作为判断合同无效的依据。

④　2009 年《合同法司法解释（二）》第 14 条规定："合同法第五十二条第（五）项规定的'强制性规定'，是指效力性强制性规定。"这对《合同法》第 52 条第 5 项中"法律、行政法规的强制性规定"作了进一步的限缩性解释。《最高人民法院〈关于当前形势下审理民商事合同纠纷案件若干问题的指导意见〉》（法发〔2009〕40 号，2009 年 7 月 7 日最高人民法院印发）第 15 条规定："正确理解、识别和适用合同法第五十二条第（五）项中的'违反法律、行政法规的强制性规定'，关系到民商事合同的效力维护以及市场交易的安全和稳定。人民法院应当注意根据《合同法解释（二）》第十四条之规定，注意区分效力性强制规定和管理性强制规定。违反效力性强制规定的，人民法院应当认定合同无效；违反管理性强制规定的，人民法院应当根据具体情形认定其效力。"第 16 条规定："人民法院应当综合法律法规的意旨，权衡相互冲突的权益，诸如权益的种类、交易安全以及其所规制的对象等，综合认定强制性规定的类型。如果强制性规范规制的是合同行为本身即只要该合同行为发生即绝对地损害国家利益或者社会公共利益的，人民法院应当认定合同无效。如果强制性规定规制的是当事人的'市场准入'资格而非某种类型的合同行为，或者规制的是某种合同的履行行为而非某类合同行为，人民法院对于此类合同效力的认定，应当慎重把握，必要时应当征求相关立法部门的意见或者请示上级人民法院。"

条第 1 款①均将合同的违法性界定为"违反法律、行政法规的强制性规定"。

可见，目前关于调解协议司法确认的有关规定与相关的程序规定和实体规定之间，还存在不协调之处，需要进一步完善，以使其协调一致。

---

① 《民法总则》第 153 条第 1 款规定："违反法律、行政法规的强制性规定的民事法律行为无效，但是该强制性规定不导致该民事法律行为无效的除外。"立法机关对该规定的解读为："法律规范分为强制性规范与任意性规范。任意性规范的目的是引导、规范民事主体的行为，并不具备强制性效力，民事法律行为与任意性规范不一致的，并不影响其效力。任意性规范体现的是法律对主体实施民事法律行为的一种指引，当事人可以选择适用，也可以选择不适用。与任意性规范相对的是强制性规范，后者体现的是法律基于对国家利益、社会公共利益等的考量，对私人意思自治领域所施加的一种限制。民事主体在实施民事法律行为时，必须服从这种对行为自由的限制，否则会因对国家利益、社会公共利益等侵害而被判定无效。但是，民事法律行为违反强制性规定无效有一种例外，即当该强制性规定本身并不导致民事法律行为无效时，民事法律行为并不无效。这里实际上涉及对具体强制性规定的性质判断问题。某些强制性规定尽管要求民事主体不得违反，但其并不导致民事法律行为无效。违反该法律规定的后果应由违法一方承担，没有违法的当事人不应承受一方违法的后果。"李适时主编：《中华人民共和国民法总则释义》，北京，法律出版社 2017 年版，第 481、482 页。

附　录

定西市中级人民法院关于人民调解协议
诉前司法确认机制的实施意见（试行）

（2007 年 11 月 21 日定西市中级人民法院
审判委员会第 109 次会议讨论通过）

一、人民调解协议诉前司法确认机制，是指人民调解委员会、行政机关等非诉调解组织对当事人之间的矛盾纠纷调解达成协议后，经当事人申请，人民法院审查认为协议合法有效，出具法律文书确认该调解协议，赋予该调解协议以强制执行效力的制度。确认书送达后即发生法律效力，当事人必须履行，不能反悔，不能另行起诉；如果一方拒绝履行，另一方可依据确认书依法申请人民法院强制执行。

二、人民法院受理的确认案件是发生在公民、法人和其他社会组织之间涉及民事权利义务关系且属于基层人民法院管辖的民商事纠纷案件。主要包括人身损害赔偿、债务、分家析产、赡养、抚育、抚养、继承、相邻关系、婚约财产、宅基地、财产权属、合伙、农业承包合同、劳务合同、借款合同、保管合同、运输合同、建设工程施工合同、承揽合同、租赁合同、借用合同、赠与合同等纠纷。

三、下列案件，人民法院不予受理和确认：

1. 不属人民法院主管的案件；

2. 离婚及涉及身份关系确认和认定的民事案件；

3. 适用特别程序审理的案件；

4. 调解协议内容不规范、不具体、不明确，无法确认和执行的案件；

5. 其他不宜由人民法院受理和确认的案件。

如受理后经审查属上列情形的，人民法院不予确认。

四、市、县（区）城区调解组织调解的案件，由各县（区）人民法院民事审判庭受理和确认；各乡（镇）、村调解组织调解的案件，由调解组织所在辖区的人民法庭受理和确认。

五、人民调解协议诉前司法确认程序主要包括以下步骤：

1. 当事人提出确认申请：当事人申请人民法院确认调解协议应当具备如下条件：

（1）双方当事人提出申请，或由一方提出申请另一方同意。

（2）申请可以书面形式提出，也可以口头形式提出。口头提出的，由人民法院记入笔录。

（3）申请可由当事人自己提出，也可委托他人提出。委托他人提出的，受托人必须持有委托人（申请人）委托的书面委托书。

（4）当事人提出申请时必须附经调解组织调解达成的调解协议书。协议书上必须有各方当事人和调解人员的签名，并盖有调解组织的印章。还必须附申请人的送达地址、收件人、电话号码及其他联系方式。

2. 当事人申请确认的期限：调解协议无履行期限的，应在调解协议达成后三个月内提出；调解协议有履行期限的，应在调解协议载明的首次履行期限届满 20 日前提出。超过期限提出的，人民法院不予受理和确认。

3. 人民法院受理：人民法院审查当事人提交的前述材料齐全的，应予受理，并当即向双方当事人送达受理通知书。

当事人收到通知书后应在 3 日内预交申请费。不予预交的，人民法院不予确认，按自动撤回申请对待，并将情况告知另一方当事人和记入笔录。

4. 人民法院审查：人民法院受理后，原则上由一名审判员审查，必要时也可以组成合议庭进行审查。

审查人员遇有民事诉讼法规定的回避情形的，参照民事诉讼法有关回避的规定执行。

审查以书面形式进行，必要时可以询问当事人。主要从以下五方面进行：

（1）当事人是否具有完全民事行为能力，代理人参加调解的，代理人是否有代理权；

（2）调解协议是否是当事人的真实意思表示；

（3）调解协议是否违反法律、行政法规的强制性规定和社会公共利益，是否损害国家和集体利益及第三人的合法权益；

（4）调解协议内容是否属于当事人处分权的范围；

（5）调解协议是否以合法形式掩盖非法目的。

必要时，人民法院可以调阅调解组织查存的关键性证据，向调解人员调查了解调解时的情况，但不得对当事人间的纠纷再行主持调解。如原调解协议个别语言不规范，人民法院可以在征询当事人同意后，在不改变协议原意的情况下对原协议进行规范，规范后交当事人签字认可，人民法院即按此协议予以确认。

审查工作应在受理后的第二天起 10 个工作日内完成。审查完毕后，审查人员要写出书面审查报告。

5. 作出确认与否的决定：经审查，调解协议合法有效，或属可变更、可撤销但当事人明确表示放弃变更、撤销权的，人民法院应予确认；调解协议无效，或部分有效、部分无效，或属可变更、可撤销的，当事人提出变更、撤销的，人民法院不予确认。当事人请求人民法院对其纠纷主持调解，人民法院告知其撤回确认申请后以原纠纷依法向人民法院起诉。

决定确认的，人民法院要制作"××人民法院人民调解协议确认书"，用送达回证送达双方当事人及有关调解组织，送达时一方拒收的，视为不同意确认，按自动撤回申请对待，并告知另一方当事人和记入笔录；决定不予确认的，人民法院要制作"××人民法院不予确认通知书"，说明不予确认的理由，送达双方当事人及有关调解组织。

六、当事人撤回确认申请的，人民法院应予准许，并记入笔录。

七、人民法院不予确认或当事人撤回申请或按自动撤回申请对待的，若当事人以原纠纷起诉的，人民法院应依法予以受理。

八、人民法院确认调解协议后，当事人提出申诉或人民检察院提出抗诉的，经审查，原确认确有错误的，人民法院应采用决定书撤销原确认书。

确认书被撤销后，当事人以原纠纷起诉的，人民法院应依法予以受理。

九、当事人申请人民法院确认调解协议应当交纳申请费。确认案件没有标的金额的，每件收取 50 元；有标的金额的，参照《诉讼费用交纳办法》中关于财产案件受理费的办法和调解案件的收费规定计算收取。申请费用由双方当事人在申请时各半预交。案件审结后由双方各半负担，但当事人自愿协商负担的除外。当事人符合司法救助条件的，按有关规定执行。不予确认或当事人撤回申请的，申请费不予收取。

十、确认案件应形成卷宗（不分正副卷），装订整齐后归档管理。

确认案件要统计在司法统计报表民商事表的其他栏中，并予以注明。

十一、本意见未尽事宜，可参照民诉法及有关司法解释的有关规定执行。

十二、本意见自 2008 年 1 月 1 日起试行。解释权归定西市中级人民法院。①

---

① 《定西市中级人民法院关于人民调解协议诉前司法确认机制的实施意见（试行）》，见 ht-tp：//www. chinagscourt. gov. cn/zyDetail. htm? id＝122667，访问时间：2018 - 01 - 12。

主要参考文献

一、期刊论文类

1. 韩延龙. 我国人民调解工作的三十年. 法学研究，1981（2）

2. 梁贤一. 第一讲 什么是人民调解?. 人民司法，1982（3）

3. 梁贤一. 第五讲 人民调解工作的原则和纪律. 人民司法，1982（8）

4. 朱长立. 关于人民调解若干问题的研究. 法学研究，1992（5）

5. 王坚平. 关于人民调解协议的争议. 河北法学，1988（6）

6. 刘家兴. 关于人民调解的几个理论问题. 法学研究，1987（6）

7. 贺剑强. 人民调解协议应具有法律效力. 法学，1987（6）

8. 杨少春. 人民调解协议不应具有法律效力. 法学，1987（6）

9. 柴发邦，李春霖. 改革与完善人民调解制度. 政法论坛，1986（1）

10. 东其. 谈谈《人民调解委员会组织条例》的几点新发展. 人民司法，1989（9）

11. 联合调研组. 人民调解的新发展——新时期人民调解制度的调研报告. 上海市政法管理干部学院学报，1999（2）

12. 孙东民，王学译. 《人民调解法》应当突破的几个问题. 当代司法，1998（1）

13. 孙士祯. 论人民调解协议核准制度. 当代司法，1999（1）

14. 郑耀抚. 人民调解制度的新发展——关于试行人民调解协议公证制的报告. 中国司法，2000（11）

15. 上海市司法局. 人民调解——社会稳定的重要元素. 人民论坛，2001（12）

16. 刘忠定. 人民调解协议书审核制的试行及实践意义. 上海市政法管理干部学院学报，2001（1）

17. 刘俊生等. 丰台区实现人民调解与诉讼程序接轨. 法制日报，2011 - 10 - 14

18. 刘昕. 为发挥人民调解作用　上海市高院决定：调解书具有法律效力. 新闻晚报，2002 - 07 - 11

19. 林世钰. 人民调解协议将具有法律效力. 检察日报，2002 - 09 - 28

20. 张卫平. 人民调解：完善与发展的路径. 法学，2002（12）

21. 陈彬，覃东明. "调解协议为民事合同"质疑. 政法学刊，1989（4）

22. 谢钧. 加强人民调解工作需依法规范进行. 上海市政法管理干部学院学报，2001（2）

23. 江伟，廖永安. 简论人民调解协议的性质与效力. 法学杂志，2003（2）

24. 王亚新. 《民事诉讼法》修改与调解协议的司法确认. 清华法学，2011（3）

25. 陈永辉. 健全诉讼与非诉讼相衔接的矛盾纠纷解决机制. 人民法院报，2009 - 08 - 05

26. 王芳，柴永祥. 定西中院诉前司法确认机制引热议. 甘肃法制报，2009 - 11 - 11

27. 江伟，范跃如. 民事行政争议关联案件诉讼程序研究. 中国法学，2005（3）

28. 廖永安. 论我国民事与行政争议交叉案件的协调处理. 中南大学学报（社会科学版），2005（5）

29. 黄学贤. 行民交叉案件处理之探究. 法学，2009（8）

30. 卫彦明，向国慧. 《关于建立健全诉讼与非诉讼相衔接的矛盾纠纷解决机制的若干意见》的理解与适用. 人民司法·应用，2009（17）

31. 张先明. 最高法院出台规定规范人民调解协议司法确认程序. 人民法院报，2011 - 03 - 30

32. 卫彦明，蒋惠岭，向国慧. 《关于人民调解协议司法确认程序的若

干规定》的理解与适用. 人民司法·应用, 2011（9）

33. 翟小芳, 张倩晗. 构建符合国情的人民调解协议司法确认制度——兼评《最高人民法院关于人民调解协议司法确认程序的若干规定》. 法学杂志, 2011（S1）

34. 高绍安. 最高人民法院出台司法解释 规范人民调解协议司法确认程序. 中国审判, 2011（4）

35. 王逸吟, 任生心. 最高法明确调解协议司法确认程序. 光明日报, 2011-03-31

36. 何练红, 舒秋簪. 论专利纠纷行政调解协议司法确认的审查边界与救济路径. 知识产权, 2017（1）

37. 王亚新. 诉调对接和对调解协议的司法审查. 法律适用, 2010（6）

38. 王嘎利. 民事司法确认程序与公证调解制度的耦合. 云南大学学报（社会科学版）, 2017（6）

39. 杨雅妮. 诉外调解协议的"司法确认"程序探析——以"和谐社会"构建为背景的分析. 青海社会科学, 2010（6）

40. 胡辉. 人民调解协议的司法确认程序初探——以程序的启动为中心. 石河子大学学报（哲学社会科学版）, 2011（5）

41. 刘显鹏. 合意为本：人民调解协议司法确认之应然基调. 法学评论, 2013（3）

42. 唐力. 非讼民事调解协议司法确认程序若干问题研究——兼论《中华人民共和国民事诉讼法修正案（草案）》第38、39条. 西南政法大学学报, 2012（3）

43. 张自合. 论人民调解协议司法确认程序的完善. 山东警察学院学报, 2013（1）

44. 王国征, 刘谢慈. 调解协议司法确认与相关法律保障机制比较分析. 湖湘论坛, 2018（2）

45. 张守增. 开创人民法院调解工作新局面——最高人民法院副院长黄松有答记者问. 人民法院报, 2004-09-17

46. 韩波. 诉讼调解的实证分析与法理思辨——对最高人民法院《关于人民法院民事调解工作若干问题的规定》的实施调查. 法律适用, 2007（4）

47. 黄海涛. 案外人参与调解制度之完善问题研究——以《关于人民法院民事调解工作若干问题的规定》第 1 条为对象. 法律适用, 2015（2）

48. 陈曦. 调解协议的担保人能否被要求强制执行?. 福州晚报, 2016 - 11 - 08

49. 刘平, 柯胥宁. 公证赋予人民调解协议强制执行效力问题探讨. 中国公证, 2012（1）

50. 张自合. 论人民调解协议司法确认程序的完善. 山东警察学院学报, 2013（1）

51. 陈凯. 论诉调对接机制中公证强制执行制度的价值——以与"司法确认程序"进行制度比较为视角. 中国司法, 2018（6）

52. 陈道友. 上海浦东探索人民调解协议便捷执行新途径. 人民调解, 2004（5）

53. 焦凯. 证券期货纠纷中调解制度的建设研究. 山西法制报, 2017 - 06 - 30

54. 崔清新, 周英峰. 盘点人民调解法七大亮点. 人民法院报, 2010 - 08 - 29

55. 周文轩. 婚姻家庭案件的审判应审慎运用道德话语. 法律适用, 2004（2）

56. 闻长智. 建立国际商事争端解决平台 为"一带一路"建设提供司法服务和保障. 人民法院报, 2011 - 09 - 19

57. 张维.《纽约公约》推动中国仲裁法治建设进程. 法制日报, 2018 - 09 - 22

58. 胡仕浩, 柴靖静. 规范特邀调解制度 完善诉调对接机制——《最高人民法院关于人民法院特邀调解的规定》的理解与适用. 人民法院报, 2016 - 06 - 30

59. 曹蕾, 汤涛. 司法确认案件管辖权问题探讨——以中级人民法院委派调解的知识产权案件为例. 人民法院报, 2016 - 03 - 02

60. 刘加良. 解释论视野中的司法确认案件管辖. 政治与法律, 2016（6）

61. 刘加良. 司法确认程序的显著优势与未来前景. 东方法学, 2018（5）

62. 白彦，杨兵. 论司法确认程序的性质. 北京大学学报（哲学社会科学版），2015（2）

63. 黄忠顺. 诉讼外调解协议自愿性的司法审查标准. 东方法学，2017（3）

64. 刘加良. 论人民调解制度的实效化. 法商研究，2013（4）

65. 刘辉，姜昕. 诉调对接中的司法确认制度解析. 河南教育学院学报（哲学社会科学版），2010（6）

66. 胡军辉，赵毅宇. 论司法确认裁定的既判力范围与程序保障. 湘潭大学学报（哲学社会科学版），2018（4）

67. 景永利. "邀请有关单位和个人协助"调解的做法好. 人民司法，1992（2）

68. 赵兴武等. 南京委托调解架设司法新干线. 人民法院报，2006 - 05 - 20

69. 赵钢，王杏飞. 我国法院调解制度的新发展——对《关于人民法院民事调解工作若干问题的规定》的初步解读. 法学评论，2005（6）

70. 李浩. 委托调解若干问题研究——对四个基层人民法院委托调解的初步考察. 法商研究，2008（1）

71. 肖建国. 司法 ADR 建构中的委托调解制度研究——以中国法院的当代实践为中心. 法学评论，2009（3）

72. 刘加良. 诉前不宜委托调解. 人民法院报，2008 - 11 - 11

73. 曹玉乾，赵萌. 首例委托北京多元调解发展促进会调解的案件完成司法确认. 法庭内外，2016（2）

二、著作类

1. 廖永安主编. 中国调解学教程. 湘潭：湘潭大学出版社，2016

2. 最高人民法院民事诉讼法修改研究小组编著. 《中华人民共和国民事诉讼法》修改条文理解与适用. 北京：人民法院出版社，2012

3. 全国人大常委会法制工作委员会民法室编著. 2012 民事诉讼法修改决定条文释解. 北京：中国法制出版社，2012

4. 全国人民代表大会常务委员会法制工作委员会编. 中华人民共和国民事诉讼法释义：最新修正版. 北京：法律出版社，2012

5. 江伟主编. 民事诉讼法学. 北京：北京大学出版社，2015

6. 宋朝武主编. 民事诉讼法学. 北京：高等教育出版社，2017

7. 汤维建主编. 民事诉讼法学. 北京：北京大学出版社，2014

8. 江伟主编. 民事诉讼法. 北京：高等教育出版社，2016

9. 张卫平. 民事诉讼法. 北京：法律出版社，2016

10. 蔡虹. 民事诉讼学. 北京：北京大学出版社，2016

11. 王福华. 民事诉讼法学. 北京：清华大学出版社，2015

12. 程延陵，朱锡森，唐德华，杨荣新. 中华人民共和国民事诉讼法（试行）释义. 长春：吉林人民出版社，1984

13. 唐德华. 民事诉讼立法与适用. 北京：中国法制出版社，2002

14. 方昕主编. 中华人民共和国民事诉讼法释义. 北京：红旗出版社，1991

15. 最高人民法院修改后民事诉讼法贯彻实施工作领导小组编著. 最高人民法院民事诉讼法司法解释理解与适用（下）. 北京：人民法院出版社，2015

16. 最高人民法院编写组编. 公正司法的理论与实践探索. 北京：人民法院出版社，2015

17. 最高人民法院民事审判第一庭编著. 最高人民法院民间借贷司法解释理解与适用. 北京：人民法院出版社，2015

18. 廖永安等. 民事诉讼制度专题实证研究. 北京：中国人民大学出版社，2016

19. 李少平主编. 最高人民法院多元化纠纷解决机制改革意见和特邀调解规定的理解与适用. 北京：人民法院出版社，2017

20. 全国人大常委会法工委民法室，中华人民共和国司法部法制司编著. 中华人民共和国人民调解法解读. 北京：中国法制出版社，2010

21. 全国人大常委会法制工作委员会民法室编. 民事诉讼法立法背景与观点全集. 北京：法律出版社，2012

22. 杜万华主编. 最高人民法院民事诉讼法司法解释实务指南. 北京：

中国法制出版社，2015

　　23. 江必新主编. 最高人民法院民事诉讼法司法解释专题讲座. 北京：中国法制出版社，2015

　　24. 郝振江. 非讼程序研究. 北京：法律出版社，2017

　　25. 齐树洁主编. 台湾地区民事诉讼制度. 厦门：厦门大学出版社，2016

　　26. 江流、孙礼海等. 民事诉讼法讲话. 北京：人民日报出版社，1991

后　记

本书是湖南省哲学社会科学基金项目"调解协议确认程序研究"（16YBA331）的最终成果，同时也是国家社科基金重大项目"构建全民共建共享的社会矛盾纠纷多元化解机制研究"（15ZDC029）阶段性成果。

本书的主要内容是在研究生课程"民事诉讼法学"教案的基础上整理而成的，许多内容在调解员培训班也讲授过。

该成果由我和我所指导的研究生共同完成，他们是：孔凡琛（湘潭大学法学院博士研究生）、刘谢慈（法学博士、湖南工业大学教师）、楚京琴（法律硕士、长沙师范学院教师）、方媛（法学硕士、湖南工业大学教师）。写作大纲由我拟定，并负责全书的主要参考文献整理、最后统稿与审订工作。具体撰写分工如下：

第一章、第二章：王国征；

第三章第一、二、三、四、五节：王国征、刘谢慈；

第三章第六节：刘谢慈、方媛；

第四章：孔凡琛；

第五章第一、二、三、五、六节：王国征；

第五章第四节：王国征、楚京琴。

此外，湘潭大学法学院硕士研究生曹轶曦参与了第四章第一节材料收集的部分工作。

本书参阅了国内外有关学者的一些论著，从中得到启发。在此，谨对有关学者表示感谢！感谢出版社编辑为本书顺利出版所付出的艰辛劳动。

由于研究水平和研究能力有限，书中难免存在不妥之处，恳请批评指正！

王国征

2019 年 8 月于湘潭大学法学院

图书在版编目（CIP）数据

调解协议司法确认程序研究/王国征等著. —北京：中国人民大学出版社，2019.10
（中国调解研究文丛/廖永安总主编 . 理论系列）
ISBN 978-7-300-27498-0

Ⅰ.①调… Ⅱ.①王… Ⅲ.①调解（诉讼法）-司法制度-研究-中国 Ⅳ.①D925.114.4

中国版本图书馆 CIP 数据核字（2019）第 221896 号

中国调解研究文丛
（理论系列）
总主编 廖永安
调解协议司法确认程序研究
王国征 等 著
Tiaojie Xieyi Sifa Queren Chengxu Yanjiu

出版发行	中国人民大学出版社			
社　　址	北京中关村大街 31 号	**邮政编码**	100080	
电　　话	010－62511242（总编室）	010－62511770（质管部）		
	010－82501766（邮购部）	010－62514148（门市部）		
	010－62515195（发行公司）	010－62515275（盗版举报）		
网　　址	http://www.crup.com.cn			
经　　销	新华书店			
印　　刷	涿州市星河印刷有限公司			
规　　格	170 mm×228 mm　16 开本	**版　　次**	2019 年 10 月第 1 版	
印　　张	13.75 插页 2	**印　　次**	2019 年 10 月第 1 次印刷	
字　　数	205 000	**定　　价**	45.00 元	

版权所有　侵权必究　　印装差错　负责调换